产品管理与运营系列丛书

ToB产品之美

SaaS 产品的构建、打磨与商业化

赵世哲 ◎ 著

THE BEAUTY OF TOB PRODUCT

Construction, Polishing and
Commercialization

机械工业出版社

CHINA MACHINE PRESS

图书在版编目（CIP）数据

ToB 产品之美：SaaS 产品的构建、打磨与商业化 / 赵世哲著 . —北京：机械工业出版社，2023.10

（产品管理与运营系列丛书）

ISBN 978-7-111-73820-6

Ⅰ. ① T…　Ⅱ. ①赵…　Ⅲ. ①企业管理 – 产品管理　Ⅳ. ① F273.2

中国国家版本馆 CIP 数据核字（2023）第 171811 号

机械工业出版社（北京市百万庄大街 22 号　邮政编码 100037）
策划编辑：杨福川　　　　　责任编辑：杨福川　韩　蕊
责任校对：王荣庆　陈　洁　责任印制：单爱军
保定市中画美凯印刷有限公司印刷
2024 年 1 月第 1 版第 1 次印刷
147mm×210mm・17.125 印张・380 千字
标准书号：ISBN 978-7-111-73820-6
定价：129.00 元

电话服务	网络服务
客服电话：010-88361066	机 工 官 网：www.cmpbook.com
010-88379833	机 工 官 博：weibo.com/cmp1952
010-68326294	金 书 网：www.golden-book.com
封底无防伪标均为盗版	机工教育服务网：www.cmpedu.com

在数字化时代，SaaS产品已经成为企业和用户必不可少的工具。如何打造高质量、易用的SaaS产品，如何不断优化产品和提高用户满意度，是每个SaaS行业从业者需要思考的问题。

本书内容涵盖了SaaS产品的市场定位、规划与设计、开发与上线、打磨提升、商业化运营等全过程，不仅提供了丰富的理论知识，还分享了大量实践经验和案例，能够帮助读者更好地理解和掌握SaaS产品开发的关键技术和方法。此外，本书还解析了SaaS产品经理的职业素养和底层能力，旨在帮助读者成长和晋升。

对SaaS产品开发者来说，本书实用性强、可操作性强，可帮助他们更好地开发和优化SaaS产品，提高产品的用户满意度和市场竞争力。同时，本书也适用于企业管理者、技术人员和投资者等SaaS行业相关人士，帮助他们更好地了解和把握SaaS市场的发展趋势和商业机会。

希望本书能够帮助SaaS行业从业者在SaaS市场中不断创

新、提高竞争力，能够为推动 SaaS 市场的健康发展尽绵薄之力。

读者对象

❑ SaaS 产品的采购者。

❑ SaaS 产品经理及相关岗位的策划者、设计者、决策者、
开发者。

❑ 开设相关课程的大专院校师生。

本书特色

笔者担任互联网产品经理十多年，曾就职于京东等互联网
头部企业，先后完成了 4 个 SaaS 产品或项目开发，包括通用
智能办公系统、垂直医药零售系统、电商中台系统等。笔者这
些年对 SaaS 产品的热情尽倾于本书中，通过总结、提炼呈现给
读者。

本书内容分为四部分。

第一部分"SaaS 产品基础知识"（第 1 ～ 5 章），介绍 SaaS
的相关理论、市场洞察、企业架构、产品架构等，帮助读者了解
SaaS 产品的背景知识和行业基础等。

第二部分"SaaS 产品构建方法"（第 6 ～ 10 章），着重讲解
SaaS 体系，包括客户体系、安全体系、数据体系等的建设方法，
以及案例和注意事项。

第三部分"SaaS 产品打磨方法"（第 11 ～ 15 章），通过讲
解 SaaS 产品的可配置性、生态化、平台化，帮助读者了解提升

SaaS 产品价值的突破口。

第四部分"SaaS 产品商业化"（第 16、17 章），重点讲解了 SaaS 产品的商业化特点、商业模式、定价策略、SaaS 推广销售、实施与客户成功等内容。商业化是 SaaS 产品的归宿，产品经理是实现产品商业化的重要推动者。

第五部分"SaaS 产品经理能力模型与底层思维"（第 18、19 章），包括 SaaS 产品经理应当具备的需求处理能力、决策能力、软实力，以及面向对象思维、矩阵思维、系统思维、抽象思维、模型思维等，可以帮助产品经理成就产品及其自身的价值。

致谢

感谢曾就职过的公司给我提供项目机会，感谢优秀的同事们。

感谢我的父母。我从他们那里继承了坚韧不拔的意志、勤于思考的习惯和努力进取的精神。感谢父母时时刻刻为我提供信心和力量！

感谢我的妻子、孩子。数不清的夜晚我放弃了陪伴他们而选择伏案写作，回家的时候又把他们从梦中惊醒。感谢他们的理解和支持！

谨以此书献给关心我的所有人，以及众多关注 SaaS 的朋友！

|目录|

第二部分　SaaS 产品构建方法

第一部分　SaaS 产品基础知识

　　无论进行 SaaS 产品构建、产品打磨，还是实现 SaaS 产品的商业化，都需要我们对 SaaS 产品有基本的认识。在第一部分，我们将介绍 SaaS 产品的重要概念、行业洞察、赛道选择、市场分析、客户画像、组织结构、企业架构、SaaS 产品架构和规划等基础知识，并明确构建 SaaS 产品之前要做哪些准备工作。

|第1章| C H A P T E R

SaaS 产品的重要概念

SaaS 是云技术应用的体现之一，也是软件在信息化时代的阶段性产物。从传统软件到 SaaS 产品，服务理念和交付模式发生了巨大的转变。在介绍 SaaS 产品实践之前，我们有必要回溯它的发展历程，了解 SaaS 产品相关的概念以及背后的原理。

1.1 客户需要的只是服务

第一台计算机问世后，软件也随之发展起来。软件是硬件能力的拓展，在某些方面的表现甚至超过了硬件。从图 1-1 中可以看出，软件的耐久性远大于硬件，软件提供服务的周期相对更长。

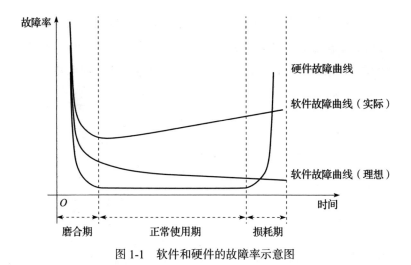

图1-1 软件和硬件的故障率示意图

凭借生命周期长、韧度强等优势，软件迅速发展，种类、形式多种多样，积极满足客户多方面的需求。然而很长一段时间里，客户想使用软件，就绕不开购买、安装、升级等环节，甚至需要搭建机房，由专人维护。一方面客户想要借助软件达成目标，另一方面使用软件会遇到阻力，这就形成了一组供需矛盾。

矛盾是事物发展的动力，在长期的磨合中，软件的形态和交付方案发生着变化，唯一不变的就是来自客户侧的诉求——客户需要的只是软件所提供的服务。只要降低获得软件服务的成本，就会有更多客户购买软件。这也是今天 SaaS 模式命中市场需求靶点的主要原因之一。

1.1.1 软件分层架构

软件架构的种类很多，分层架构是其中比较容易理解的一种。

上一层连接着下一层，每一层都对其上层隐藏更低的层；较高层使用诸多较低层的定义和提供的服务，较低层并不会察觉较高层的存在。基础的软件架构分为三层，表现层、业务层和持久层，如图1-2所示。

1. 持久层

持久层持续为系统提供数据服务。软件操作行为会产生数据记录，持久层负责记录数据并将其作为信息展示给客户。持久层建立实体类和数据库表的映射，比如哪个类对应哪个表，哪个属性对应哪个字段，目的是完成对实体对象的数据化。

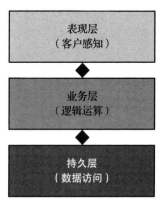

图1-2　软件三层架构示意图

2. 业务层

业务层是将业务中所有的逻辑规则运算进行封装，可以简单理解为业务层是完成逻辑运算的地方，比如条件判断、计算规则等。

3. 表现层

表现层供客户查看信息和进行操作。客户的操作会触发业务层的逻辑运算，逻辑运算调动持久层的数据，令数据发生变化，数据变化再次呈现在表现层。

通过软件的三层架构，我们可以更好地理解客户使用软件时的交互步骤，如图1-3所示。

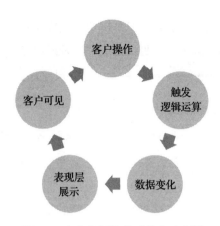

图1-3 客户使用软件时的交互步骤

从图1-3所示的交互步骤可以看出，与客户有直接关系的步骤是表现层展示、客户可见和客户操作，而这三步都属于表现层的范畴。大部分客户不关心软件的实现、运行和维护，只关心软件的使用效果。就像买蛋糕的人不需要了解蛋糕的原料选择和加工环节，享用蛋糕才是目的。

那么客户为什么不规避其他部分带来的麻烦，直接采购软件表现层的服务呢？这个问题的答案就在软件交付的演变过程中。在这个演变过程中，软件服务商其实一直在思考和尝试去解决这个问题，但是因为种种限制，很长一段时间内都没有找到成熟的模式。这个演变过程，是我们了解和改善SaaS产品的钥匙。

1.1.2 软件交付的演变

了解软件交付的演变过程，我们就能够站在服务商的角度思考解决方案。笔者将软件（主要指企业级应用软件）的交付粗略分为 5 个时期。这 5 个时期没有绝对的时间边界，更多是交叉过渡的。

1. 定制化软件时期

软件最初主要是有实力和特殊需求的大企业或组织内部开发自用的，在准备环节需要搭建机房和服务器，并进行各种调试。

硬件成本的降低、软件技术的飞速发展，让更多企业使用软件成为可能，也催生了早期的第三方专业服务公司。它们承接客户项目，开发定制化专业软件，部署的服务器设备可以由客户采购或者租用。

这个时期，各个软件如孤岛般存在，共性部分并未得到通用。我们可以用图 1-4 表示这一时期的软件情况。

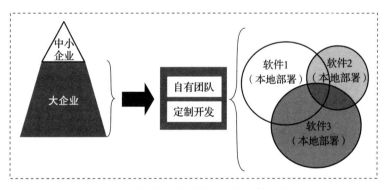

图 1-4 定制化软件时期的软件交付示意图

2. 分时系统时期

在第三方服务商做定制化软件期间，大多数中小企业仍旧无力承担服务器的费用。于是诞生了分时系统，即用一台主机轮流为多个终端客户提供服务。这在当时是相对经济的模式，可以让更多企业得以享用先进的计算机技术。

20世纪90年代，随着计算机的价格不断下降，企业可以为员工配备台式机，于是分时系统逐渐被抛弃。

3. 通用软件时期

分时系统代表了在硬件设备和部署方式上的尝试，与此同时，在软件功能开发方面，也发生着变化。服务商将多个项目中相同的功能模块提炼出来，封装成一个通用软件，这样就不用为每个客户重复开发了。如图1-5所示，在项目一、项目二和项目三中，都出现了功能1、功能3和功能5，说明这3个功能在不同项目中都有应用。将这3个功能提取出来组合成标准软件，就可以销售给不同的客户。

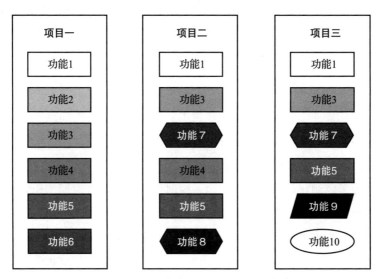

图1-5 不同的软件具有相同的功能部分

早期的软件产品公司就这样诞生了，产生了软件商品化的销售行为。

4. 托管软件时期

尽管从定制到购买成品软件，在时效性上提升了很多，但是仍旧存在一个问题：企业客户往往因为企业服务软件庞大，并源源不断产生企业私有的数据，需要搭建复杂的服务环境（这一阶段的软件几乎都是面向 B 端的），这无疑是一个沉重的负担。

于是 ASP（Application Service Provider，应用程序服务提供商）出现了。客户无须亲自部署，通过托管或者租用服务商的服务器，就可以通过网络获得服务商提供的软件服务。很显然这种软件服务模式已经有了 SaaS 的雏形。

从服务模式上看，ASP 是一种不错的尝试，但是 ASP 本身技术并不成熟，缺少定制、集成的响应能力，而且在 2000 年前后，网速也的确比较慢。后来风险资本撤离互联网企业，导致大批 ASP 厂商破产，托管软件时期随之终结。

5. SaaS 时期

前面 4 个时期可以理解成为了解决企业及服务的痛点而出现的多种服务模式。因为硬件性能、软件开发技术、社会认知等方面的限制，这些服务模式都无法稳定下来并成熟。如图 1-6 所示，经历了定制化软件时期、分时系统时期、通用软件时期、托管软件时期之后，SaaS 逐步发展完善起来。

在诉求方面，SaaS 满足了客户对业务和服务升级的需要。在技术方面，SaaS 是云计算应用的产物，实现机制比 ASP 模式复杂、能力、成本、效果方面也比 ASP 模式优越。

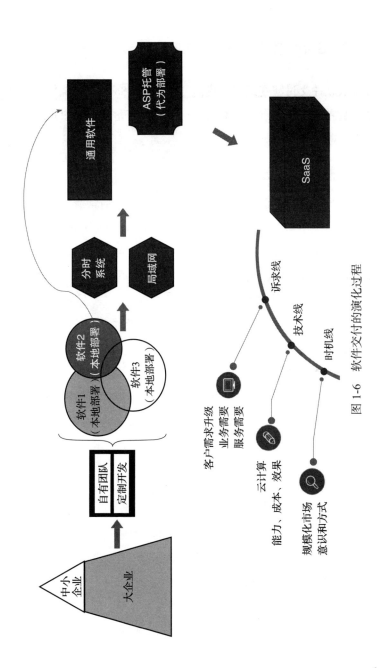

图 1-6 软件交付的演化过程

1.1.3　SaaS 符合供需双方的诉求

从软件交付演变过程中我们可以看出，SaaS 是围绕传统软件服务商和客户的痛点发展而来的，从服务商角度和客户角度都可以找到对 SaaS 的诉求。

1. 服务商对 SaaS 的诉求

传统软件服务商有较为成熟的交付模式，通常流程是销售和售前根据线索参与招投标，中标后项目实施团队入驻客户现场，根据客户的需求开发或改造功能。完成软件部署交付并经客户业务验收后，核心团队离场，由维护人员接手更新。这种模式看似成熟流畅，其实局限性也很明显。

- ❑ 销售成本、部署人力成本和维护人力成本高。
- ❑ 交付速度慢、回款速度慢。
- ❑ 可复制性低。

传统的软件项目成交依赖售前人员对行业的见解和对客户动机的洞察，对特定能力的需求以及点对点实施导致成本较高，大大限制了传统软件服务商的扩张。因此，服务商继续寻找 SaaS 模式来降低成本、提高可复制性。

2. 客户对 SaaS 的诉求

对客户而言，传统软件交付模式的局限性主要包括硬件价格高、搭建部署慢、升级难、失败风险高等。这无疑给客户带来很大的不确定性，于是客户渴望寻找一种相对简单的交付模式。

在需求满足方面，SaaS 的实践路线是放弃一部分个性化需求，通过对通用功能进行标准化来满足客户 70% 的需求。而个性化需求往往来自头部客户，因此对中小型企业客户的兼容性较好，中小型企业客户的大多数需求也能被 SaaS 满足。

在客户体验方面，SaaS 发挥了云服务的特质，大大提升了客户体验，比如随时随地开箱即用、界面交互友好、与旧系统的数据资源打通以发挥数据价值等。

1.2　云计算如何为 SaaS 赋能

SaaS 快速发展的因素很多，比如规模化的供需关系、网络技术的发展等，其中一个不得不提的重要因素是云计算技术的飞速发展。了解云计算，能让我们理解信息科学的目标和潜力，也有助于我们更好地理解和创新云时代的信息化赋能。本节介绍云计算的技术原理、云技术的服务层次和云服务的部署及特点。

1.2.1　云计算的技术原理

1. 云计算

云可以简单理解为网络、互联网或底层基础设施的抽象形态。一方面，它不像实体机器或者实体终端一样看得到、摸得着，而是远离我们，就像飘在天上的云彩一样；另一方面，从更专业的角度看，云是一种技术以及技术所提供的能力，这种能力来源于对物理机群虚拟化后所形成的虚拟资源池。

如图 1-7 所示，云计算具备 5 个特征，分别是自助服务、广泛网络访问、资源共享、快速的弹性、计费服务。云计算可以提供 3 种服务，SaaS、PaaS、IaaS。云计算有 4 种主要的部署模式，分别是私有云、公有云、混合云、社区云。

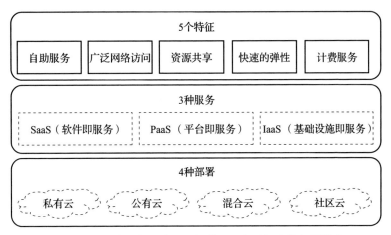

图 1-7　云计算具备的特征、提供的服务及拥有的部署模式

笔者将云计算的弹性提炼为 3 个层面，分别是实现、应用、感知。

- ❑ 实现：通过技术实现计算能力的虚拟化和分配。
- ❑ 应用：基于互联网，以服务的形式提供能力。
- ❑ 感知：提供的能力可以随意分割，便捷应用。

2. 云计算的理想

互联网领域的资源主要体现在服务器上，服务器输出的峰值代表了资源能力瓶颈，服务器持续续航代表了资源能力的耐久性，服务器资源的最大化利用代表了资源能力的效能。

服务器的本质是物理计算设备，客户希望摆脱或者降低物理计算设备的局限，让应用变得更加灵活。例如，通过互联网，客户可以享受到计算设备提供的服务，甚至连基本的存储能力都可以省略。无论客户走到哪里、使用什么样的终端，只要登录自己的账号，就可以随时随地获取数据。

实现上述客户侧的诉求，前提是实现资源层面的灵活性管理，因为资源是服务的承载体。这里的资源主要包括计算资源、网络资源、存储资源，灵活性指的是随时、随地、随量，包括时间灵活性和空间灵活性。

3.虚拟化资源池

虚拟化技术可分为存储虚拟化、计算虚拟化、网络虚拟化。利用虚拟化技术，我们可以从物理CPU、内存、硬盘中虚拟出一部分供客户使用。物理资源基本实现了空间灵活性和时间灵活性。图1-8即为将一台主机虚拟到云端资源池中，再通过网络按需分发给各个应用端的效果。

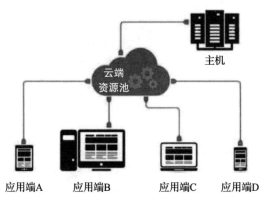

图1-8　将一台主机虚拟到云端资源池中

4.分布式调度

单独的虚拟化软件可以实现"一虚多"，即一台物理机虚拟出多台虚拟机，以"榨干"实际的物理资源。随着集群规模的扩大，虚拟化切割的过程越来越复杂，需要一些调度算法自动处理，以实现高效地分配资源。分布式调度就是一种处理思路。

为了方便理解，我们把分布式调度视为一个调度中心。当客户需要一台虚拟机的时候，该调度中心根据客户的需求，自动在资源池里面找一个能够满足需求的配置方案。

虚拟化和分布式在共同解决一个问题，那就是将物理资源重新配置形成逻辑资源，并在计算、存储和网络上实现二次分配。需要注意的是，如果对云技术的注意力局限于底层技术的实现，就容易忽略对服务模式、商业模式等方面的探索和思考，低估云计算的社会推动作用。我们应该站在客户动机侧规划云计算的理想场景。

1.2.2 云技术的服务层次

"云"是一种具体的技术能力，也是一种服务理念，比如 CaaS（Communications as a Service，通信即服务）、NaaS（Network as a Service，网络即服务）、MaaS（Monitoring as a Service，监测即服务）等。

1. 软件的层次

云服务的能力往往是通过软件展示的。以前开发一个软件，需要很多资源。为了方便理解，我们将这些资源划分为 9 个部分，如图 1-9 所示。

如图 1-9 所示，左侧的应用和数据是离客户最近的部分。中间的运行库、中间件、运行系统是利用基础设施的平台，承载左侧的应用和数据。右侧的资源统称为基础设施，包括虚拟化技术、服务器、存储、网络，是制作软件的基础条件。

图1-9　软件开发所需资源

　　由于软件服务商的规模、财力、人力配置不同，客户对于软件开发条件的配备能力不同，因此产生了形形色色的需求，于是诞生了云服务常见的3个层面：IaaS、PaaS、SaaS。图1-10展示了租用IaaS、PaaS、SaaS所对应的具体资源。

IaaS	PaaS	SaaS
应用	应用	应用
数据	数据	数据
运行库	运行库	运行库
中间件	中间件	中间件
运行系统	运行系统	运行系统
虚拟化技术	虚拟化技术	虚拟化技术
服务器	服务器	服务器
存储	存储	存储
网络	网络	网络

浅色：客户自己提供
深色：云服务厂商提供

图1-10　IaaS、PaaS、SaaS服务项目的对比

从 IaaS 到 SaaS，客户需要付出的成本越来越少，云化程度也越来越高。

2. 运维层面的云服务：IaaS

IaaS 提供的一般是通用计算、存储和网络三大基础资源，虚拟化、分布式等大多集中在本层。IaaS 的使用者自然是技术人员，通常是数据中心的系统管理员或运维人员。

当企业想搭建一套系统时，不用再自己购买主机、搭建机房，可以租用 IaaS 服务商的设备。企业保持对软件的控制，将设备、存储和维护留给 IaaS 服务商。

对于企业而言，IaaS 的价值是无须额外投资利用率很低的服务器，因为 IaaS 很好地解决了底层资源管理复杂性的问题。

3. 开发层面的云服务：PaaS

IaaS 实现了资源层面的弹性，省去了客户在基础资源上的等待。但这对于应对开发、运维工作的困局是远远不够的，在存储、计算、网络之上还有支撑应用运行的各类中间件，需要将存储、计算、网络、中间件等资源绑定成一个整体，还需要对代码发布进行严格的安全控制。

对于电商而言，平时 10 台虚拟服务器就足够了，而大促期间峰值极高，需要额外增加服务器。增加服务器之后，还需要一点点部署应用程序、数据存储，让程序员临时写程序显然不是最佳方式。

于是在 IaaS 平台之上又加了一层，用于管理资源以上的应用弹性，这一层通常称为 PaaS。PaaS 组件包括数据库、Web 容器、共享内存等被上层引用依赖的模块或中间件，这样开发人员只要专注应用的开发即可。将应用和数据部署到 PaaS 环境中后，PaaS

负责保证这些服务的可用性。

PaaS 服务商不仅要保证 IaaS 原有的规模效应，还要提高代码发布的效率。在部署上，PaaS 实现的是自动部署，或者免部署。

2007 年，Salesforce 发布了全球首个在统一架构上部署的 PaaS 产品 Force.com，让客户和第三方开发人员能够根据需要创建应用程序，并将其和企业的 CRM（Customer Relationship Management，客户关系管理）结合在一起。第三方应用程序在 Salesforce 的应用程序交易市场 AppExchange 上供客户购买。

4. 应用层面的云服务：SaaS

云技术提供的底层基础服务和中间层服务都是为服务商提供的，SaaS 可以让客户也感受到这种便捷。SaaS 客户只需要登录并使用应用，无须关心应用使用什么技术实现、应用部署在哪里。SaaS 的覆盖面比较广，具有一定复杂度。放在企业级市场里，SaaS 比较好界定，指以云的方式取代企业软件系统的服务。

SaaS 是对软件开发水平和服务水平的综合考验，竞争点不止技术，还包括对客户的理解以及设计水平和创意。如果原来就是卖不出去的软件，没有任何改进就放到云上，也不会有人买单。SaaS 绝不是单机软件到云上的简单迁移，而是自始至终贯穿服务的思想和云的思想。我们虽然看好这个市场，但是并不看好无价值的 SaaS。

1.2.3 云服务的部署及云计算的特点

1. 云服务的部署

云服务的部署有 4 种类型：公有云、私有云、混合云、社区云。

（1）公有云　公有云是由供应商运行的服务，可能包括一个或多个数据中心的服务器。与私有云不同，公有云由多个企业共享，如图1-11所示。通过虚拟机，不同的企业可以共享服务器，这种情况称为多租户。

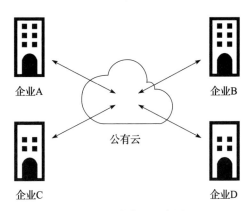

图1-11　公有云示意图

公有云强调弹性和共享，小到单一云主机，大到计算集群，都可以按需调配，由云服务商拥有和管理，通过互联网向企业或个人提供计算资源。这就好比城市的水电是居民共享的，每家每户各取所需，按量统计付费。

（2）私有云　私有云是完全由一个企业专享的服务器、数据中心或分布式网络，如图1-12所示。

私有云是安全的专用基础设施，适合有一定规模而且对安全性要求较高的企业。与传统的本地部署模式不同，私有云强调"云化"，基于一系列虚

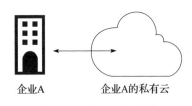

图1-12　私有云示意图

拟化和自动化技术，私有云可以提供类似公有云的弹性和敏捷体验，同时又能提供灵活的功能和可控的安全性。

私有云使用门槛低，灵活可调整，适用于从无到有、快速成长型企业或者创新业务。私有云可以在内部管理，也可以由第三方云服务提供商托管。公有云与私有云的区别，就好比自家的洗衣机（私有）和干洗店（对公）的区别。

（3）混合云　混合云部署是将公有云和私有云组合在一起，甚至可以包括本地服务器，如图1-13所示。

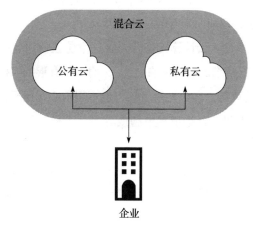

图1-13　混合云示意图

企业可以将私有云用于某些服务，将公有云当作私有云的备份。公有云和私有云组合起来，一部分业务使用公有云，一部分业务使用私有云，这就是混合云。

严格来讲，混合云不是一种云的形态，而是一种部署模式，但企业需要一些技术来实现统一管理、监控、调度、数据同步。与只使用一种形态的云相比，混合云的部署更复杂。

（4）社区云 社区云指特定组织或行业共享的云计算服务方案。社区云由几个具有类似关注点（例如安全性、隐私性和合规性）的多个组织共享，比如金融机构、政府组织或医疗等特殊客户群体，需要满足一定的行业规范和数据安全标准。

2. 云计算的特点

（1）超大规模 "云"具有相当大的规模，Google 云计算已经拥有 100 多万台服务器，Amazon、IBM、微软、Yahoo 等"云"拥有几十万台服务器，企业私有云一般拥有成百上千台服务器。"云"能赋予客户前所未有的计算能力。

（2）虚拟化 云计算支持客户在任意位置使用各种终端获取应用服务。所请求的资源来自"云"，而不是有形的实体。应用在"云"中某处运行，客户无须了解，也不用担心应用运行的具体位置。客户只需要一台笔记本电脑或者一部手机，就可以通过网络获得服务。

（3）高可靠性 "云"使用了数据多副本容错、计算节点同构可互换等措施来保障服务的高可靠性，使用云计算比使用本地计算机更可靠。

（4）通用性 云计算不针对特定的应用，在"云"的支撑下可以构造出千变万化的应用，同一个"云"可以同时支撑不同的应用运行。

（5）高可扩展性 "云"的规模可以动态伸缩，满足应用和客户规模增长的需要。

（6）按需服务 "云"是一个庞大的资源池，可按需购买。

（7）极其廉价 由于特殊的容错措施可以采用廉价的节点来

构成"云","云"的自动化集中式管理使大量企业无须负担高昂的数据中心管理成本。"云"的通用性使资源的利用率较传统系统大幅提升，客户可以充分享受"云"的低成本优势，只要花费几百美元、几天时间，就能完成以前需要数万美元、数月时间才能完成的任务。

（8）潜在危险性　云计算服务除了提供计算服务外，还可以提供存储服务。云计算服务当前垄断在私人机构手中，且仅能够提供商业信用。对于政府机构、商业机构（特别是银行这样持有敏感数据的商业机构），选择云计算服务时应保持足够的警惕。

对于社会而言，数据安全至关重要。云计算中的数据对于数据所有者以外的客户是保密的，但是对于提供云计算的商业机构而言确实毫无秘密可言。所有这些潜在的危险，是商业机构和政府机构选择云计算服务、特别是国外机构提供的云计算服务时，不得不考虑的重要问题。

1.3　SaaS 产品的属性及特点

前面我们了解了 SaaS 演变的过程、技术原理等内容，在本节我们将视角拉近，了解 SaaS 产品的属性及特点。

1.3.1　从 8 个角度透视 SaaS

1. SaaS 的本质体现在"aaS"上

概念或理论的引入往往先于实体，甚至是超前的。比如图灵机在理论上解决了计算复杂性以及算法表示的问题之后，计算机诞生。同样，SaaS也有前瞻性理论假设，那就是Salesforce的创始人兼CEO马克提出的设想：一定有一种方式，让购买软件更加方便和便宜，客户无须把软件买回来放在自己的服务器上，也能够享受其带来的服务。

最早实现SaaS产品化并应用于市场的，是Salesforce的CRM系统。SaaS化CRM系统的核心开始从软件如何部署，转变为提供的服务好不好，以及服务背后配套的经营模式是否持久。

2. SaaS的载体

从狭义的定义上看，SaaS产品是以网页为载体的，客户无须下载、安装和升级软件，而是经由网页来实现功能访问。软件本身并没有被下载到客户的硬盘上，而是存储在服务商的服务器中。

广义地看，SaaS的载体可以是Web页面，也可以是App，或终端内嵌的H5页面，更多情况下是一系列多端产品构成的软件组合。以小鹅通为例，在教师端，教师可以在网站上，也可以在手机设备上通过小程序或App完成教学内容维护；在学生端，学生同样可以在网站和移动端观看课程。看起来是多端的软件共同构成了一套完整的软件组合，使用的是SaaS化的交付模式和服务机制，可以说整套服务是SaaS化的。

SaaS更多体现在模式和机制上，Web应用程序并不都是SaaS。简单地使用Web功能来代替传统的软件功能，只是实现了软件的在线化。这种浅显的SaaS没有深入到SaaS产品价值本身，没有真正关注软件的通用性、多租户兼容、营收模式等方面。

3. 服务存储

SaaS一定要使用云服务器吗？答案是否定的。SaaS软件及其相关数据集中托管给服务商，服务商可以自行搭建实体机房，也可以租用第三方的云服务（IaaS 或 PaaS）来支撑 SaaS 产品，或者部分自建，部分租用云端服务能力，这都不影响 SaaS 产品的交付。

SaaS 不一定要用到 IaaS 或 PaaS 这种底层的云服务，但是通常情况下，使用云服务资源是一种趋势。

4. SaaS 与共享经济

SaaS 和共享经济的理念有着异曲同工之妙，都需要考虑资源的集中和再次分配。但是 SaaS 不等于共享经济。

共享经济的目的是高效利用大量过剩产能，通过科技手段建立共享平台，让更多人参与，通过规模化效应产生互动和收益，是一种对固定资源分割、整合后再进行合理分配的供应过程。不同的客户共享同一个产品，该产品并没有被复制，而是在不同的时间被不同客户使用。

SaaS 对每个客户而言，使用权都是独有的，且客户之间不存在时间冲突。SaaS 更像是一种预制模式，省去了前期投入，直接触达末端应用场景。从运作机制上看，SaaS 软件厂商将应用软件统一部署在自己的服务器上，客户可以根据需求，通过互联网向厂商定购软件服务，按定购的服务量支付费用。

显然 SaaS 的可扩展空间更大，对客户更加友好，服务模式更先进。

5. SaaS 的内在矛盾

如果参与过 SaaS 运营，就会了解 SaaS 的内在矛盾。

❑ 满足广大客户的通用需求和满足大量个性化长尾需求的矛盾。

❑ 客户的需求多和付费意愿少的矛盾。

❑ 承诺客户的效果和实际交付能力的矛盾。

❑ 历史功能沉积和新产品诉求的矛盾（通常发生在传统软件商转型 SaaS 服务商的过程中）。

❑ 产品功能和漏洞增加维护成本的矛盾。

❑ 付费者和使用者话语权的矛盾。

在 SaaS 行业，这些矛盾都是不可避免的，也是长期共生的。我们需要权衡取舍，在矛盾中找到主次，有针对性地化解矛盾中的不利因素。

6. SaaS 对传统 IT 的影响

SaaS 打破了传统软件的产品模式，实现了服务产品化和产品服务化的融合。作为一个传统的软件公司，如果长期缺乏软件创新，可能会被同赛道的 SaaS 公司碾压。

7. SaaS 的优势

（1）快速灵活　无论个体还是企业客户，无须自己开发或部署软件，只要联网就可以获得 SaaS 的服务。在客户体验上是前所未有的，节省了时间成本、物料限制，实现了时间和空间的灵活性。

（2）门槛低　客户构建和维护硬件设备的边际效益较低，SaaS 采用订阅收费模式，比购买软件证书的初始成本低。尤其对中小型企业客户比较友好，降低了企业接触信息系统的门槛，并且可以快速试错，避免沉没资本浪费，降低资金风险。

（3）维护便捷　SaaS 供应商不仅负责管理所有硬件设备，还负责软件的更新和升级，企业无须下载或安装软件补丁，按需使用，即停即止。

（4）价值共生的双赢愿景　SaaS的服务模式促使服务商更加重视客户的意见，将客户的需求与企业利润绑定在一起，有利于供需双方形成价值共生、追求双赢的局面。

8. SaaS 的劣势

（1）安全信任较差　平台被多租户共享，数据信息交互复杂。通常SaaS客户不能进行数据存储，也不参与数据备份、灾难恢复和安全策略的统筹等工作。这在理论上是有一定风险的，尤其是大企业客户，不希望自己的核心数据放在服务商的服务器上。

（2）定制化程度低　传统软件的定制只针对某一具体的客户，而SaaS的定制化很难实现，因为SaaS追求的是让软件满足多租户的需求。

（3）收费模式特殊　对于服务商来说，SaaS的前期投入较大，需要依赖规模效应实现缓慢盈利。因此客户是否能够持续和稳定增长，决定SaaS企业的存亡。这给企业的运营思路、产品销售策略带来更大的挑战。一旦某个环节出错，可能导致SaaS产品变成"伪SaaS"。

1.3.2　SaaS 产品的分类

SaaS产品的分类角度很多，如图1-14所示。

1. 2B SaaS 和 2C SaaS

从客户群体的角度，SaaS产品可以分为2B SaaS和2C SaaS。

2B SaaS 的市场规模和价值较大，以至于提到 SaaS 时默认是企业级 SaaS。实际上 2C SaaS 产品出现得更早。最早的 SaaS 服务之一，当属在线电子邮箱，极大降低了个人与企业使用电子邮件的门槛，进而改变了人与人、企业与企业之间的沟通方式。

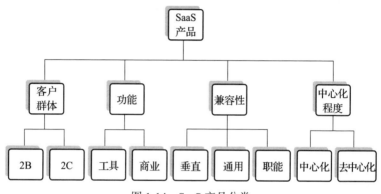

图 1-14　SaaS 产品分类

　　面向企业客户的 SaaS 服务包括：在线存储管理、网上会议、项目管理、CRM、ERP（Enterprise Resource Planning，企业资源管理）、HRM（Human Resource Management，人力资源管理）以及针对特定行业和领域的应用服务等。面向个人客户的 SaaS 服务包括：账务管理、文件管理、照片管理、在线文档编辑、表格制作、资源整合、日程表管理、联系人管理等。

　　其实个人应用和企业应用也是有交叉、可以相互转化的。典型的例子就是企业微信与个人微信打通之后，企业员工不需要使用个人微信来沟通工作。企业可以更方便地管理员工，并要求他们通过企业微信与客户联系。这样客户的信息在员工离职之后依旧可以保留在企业手中。

除了从企业应用向个人应用转化之外，还有一些典型的从个人 SaaS 升级到企业 SaaS 的案例，比如 QuickBooks。QuickBooks 的服务商 Intuit 发现很多小型企业不喜欢使用正规的财务软件，因其操作烦琐。小型企业的员工更多在使用定位为个人财务的软件 Quicken。基于这个现象进行数据分析之后，Intuit 公司决定在 Quicken 的基础上推出一款 SaaS 产品 QuickBooks，定位是专为小型企业提供财税服务的 SaaS 产品，并取得了巨大的成功。

2. 通用 SaaS、垂直 SaaS、职能 SaaS

明道的创始人任向晖从兼容性角度将 SaaS 产品分为三类：通用 SaaS、垂直 SaaS、职能 SaaS。

（1）通用 SaaS　通用 SaaS 不分行业和职能，市场空间巨大，但同质化竞争也激烈。通用 SaaS 的产品竞争力通常源于对特定类型企业的匹配度。

（2）垂直 SaaS　垂直 SaaS 往往着眼于解决特定行业"一条线"的问题，甚至参与到行业交易处理环节中。

由于垂直 SaaS 过于聚焦某个行业，因此不同行业的业务流程差别很大。比如医药行业由于监管合规要求，在进销存方面就有特殊的管控；电商业务中台的 SaaS 化往往更加聚焦于商品和订单。

（3）职能 SaaS　职能 SaaS 是一类为企业特定职业人群提供职业服务的软件，需要具备深厚的职业知识，比如财务系统、客户关系管理系统、办公室系统、考勤薪资工具等。这类产品的竞争力源于对细分市场的选择、对领域知识的理解和服务耐心，即使跨行业但业务流程相似，竞争较激烈。

3. 更具体的 SaaS 产品分类

在实践过程中，往往需要锁定自身定位，上述分类方式显然过于粗糙，我们需要更加精细地划分 SaaS 产品类别。比如可以进一步分为经营管理业务类、办公沟通工具类、业务流程外包类、数据分析服务类、信息安全服务类等，这样就可以从更加具体的范围内找到产品定位，分析经营战略。

1.3.3　国内 SaaS 市场的情况

国内 SaaS 市场的发展可以分为 4 个重要阶段，分别是萌芽阶段、起步阶段、快速成长阶段、业务延展阶段。

❑ 萌芽阶段（2005—2010）：SaaS 行业刚进入我国，厂商以国际大厂为主。国内企业对 SaaS 认知不足，还处在传统软件普及阶段，对于 SaaS 市场多为试水的态度。

❑ 起步阶段（2010—2015）：头部企业开始对 SaaS 的概念有所认知，更多互联网企业涌入 SaaS 市场。客户对 SaaS 的安全性、实用性持怀疑的态度。

❑ 快速成长阶段（2015—2020）：SaaS 技术逐渐成熟，大型 SaaS 企业纷纷入局，出现了更多细分 SaaS 赛道，投资人开始关注 SaaS 领域。

❑ 业务延展阶段（2020 年之后）：企业客户对 SaaS 服务的需求增加。客户需要更具创新能力、更符合自身业务、能够解决核心痛点的 SaaS 产品。

目前我国 SaaS 企业客户以中小型企业为主，看起来是比较适合 SaaS 模式的客户群体，但是许多 SaaS 企业的发展并不顺利，原因如下。

❑ 有付费能力的企业较少。根据用友软件2020年报，国内SaaS客户数量约200万个，加上金蝶的客户，合计约400万个。公开数据显示，同期国内大中小型企业约4 000万个，相当于国内只有10%的企业采购了财税系统。

❑ 整体付费意愿低、付费观念不强。国内大部分企业对数字化工具的付费认可度不高，发展重心主要在营销获客上，而非内部管理。

❑ 我国SaaS行业主要机会集中在2B领域，C端软件应用领域有限，赢家通吃，且服务商的竞争力提升难度很大。

❑ 中国的云计算技术发展较晚，国内企业信息化程度低，国产软件行业落后，云计算基础设施建设较晚，相关营收占比也较低。在云计算行业内部，依然存在明显的结构性分化，SaaS的收入占比相比IaaS偏低。

1.4 SaaS与B端

很多人提及SaaS就认为是B端产品，那么SaaS模式 = B端吗？本节介绍二者的区别和联系。

1.4.1 B端客户需求的洞察

20世纪90年代，Oracle公司认为ERP系统只是一堆表格和工作流程，于是投资上亿元开发ERP市场，效果不尽如人意，最终只能通过收购两家现成的ERP软件公司进入市场。

这一现象比较典型，很多 IT 公司进入新市场的时候（通常是 B 端市场），初期往往忽视了 B 端市场和客户需求的复杂性。制约发展的瓶颈，通常不是对产品或技术的掌握不够精湛，而是对客户需求的洞察不够深刻。

1. B 端客户的需求层次

B 端需求是搭建在业务规则上的，B 端需求与 C 端需求的分层对比如表 1-1 所示。

表 1-1　B 端需求与 C 端需求的分层对比

C 端需求	B 端需求
生理需求	生产资料需求
安全需求	政策、监管需求
社交需求	效率提升需求
	价值创造需求
	❑ 用户价值
尊严需求	❑ 品牌价值
自我实现	赋能需求
	❑ 改变竞争格局
	❑ 实现二次增长曲线

B 端需求从基础的生产资料需求，到赋能需求，需求层次越高，产品增益越高。越是基本的需求，越是刚需，也越容易做到标准化。

2. B 端产品的交付流程

B 端产品的交付流程相对漫长，从提出需求，到可行性分析，再到立项、财务审批等，环节诸多。

在整个交付过程中，有多方主体参与。可以将参与者简单分为三类：决策者、需求者、使用者。决策者和需求者的角度不同，导致决策者不关心需求者的需求，只关心最终的收益。需求者与使用者的利益可能存在冲突，比如部门要求员工使用钉钉沟通工作，但是钉钉消息的"已读"标识可能让员工产生尽快回复的压力。凡此种种，导致B端交付的产品虽然链路流程很长，但是满足的需求与带来的价值可能不匹配。

3. 客户价值、客户问题与客户需求之间的关系

我们经常说客户需求、客户问题、客户价值和产品，那么它们之间的关系是怎么样的呢？笔者认为，客户的需求可能是具体的，也可能是碎片化的。需求背后是客户的问题，但是客户未必能够将问题以需求的形式展现出来。产品能否满足需求，能否解决客户的问题，都将影响客户价值。

为企业客户提供服务的时候，更多是先从客户的价值目标出发，找到影响客户价值的问题，然后将解决问题转化为需求，将需求转化为产品。特德·莱维特有句名言："客户购买的不是商品，而是解决问题的办法。"客户购买软件时关心的是能否满足需求，我们在制定解决方案时应该关心客户的问题能否解决。解决方案往往比产品更重要。正是因为这一点，解决方案驱动的商业模式SaaS出现了。

SaaS服务商只有正视为客户解决问题的态度，才能挖掘深层的客户价值。我们来看一个例子。

在游戏服务行业，时间是影响服务质量的重要因素。游戏是一种沉浸式活动，尤其是在线对战类游戏，对多并发情况下网络的稳定性要求极高，对于早期的云计算行业是巨大挑战。

UCloud 为游戏公司提供服务的时候，不单是提供一套云服务，而是为游戏公司保驾护航，一旦发现服务异常，就以最快的速度解决问题，以便恢复业务。在游戏上线前后两周，UCloud 会入驻现场，第一时间关注宕机等情况并予以解决。

在销售模式上，UCloud 采用的是直销方式，这样销售团队可以直接了解客户的差异化需求，为客户提供量身定做的解决方案。UCloud 的"铁四角团队"是由客户经理、架构师、技术服务经理与客户组成的，通过快速协同工作，对客户的问题立即响应、快速解决，让客户感受到服务就在身边。

1.4.2　B 端会朝着 SaaS 方向发展

1. B 端产品的价值

B 端产品的价值可以总结为三点：提高工作效率、节约成本、整合资源。通过提高客户的工作效率，助力其更快地完成任务；通过减少重复建设、统一管理，减少成本投入；通过组织数据中台，整合资源。

2. SaaS ≠ B 端

SaaS 是否等于 B 端呢？答案是否定的。B 端产品是根据服务的目标客户来定义的，SaaS 是以服务方式来划分的。

SaaS 的本质特征是交付给客户的软件是部署在云端的。而 B 端产品、C 端产品都可以采用云端部署。那么为什么很少提到 C 端的 SaaS 产品呢？因为 C 端客户生产的数据量通常较少，C 端客户的业务性也不强，逻辑复杂度较低，C 端 SaaS 服务商的投入成本通常可以通过流量的方式赚回来，所以干脆就不收费了。反观 B 端产品，比如钉钉、知学云，这些产品通常为一个行业大量的业务提供服务，企业客户原本需要自己部署服务器，如今租用专业公司的应用即可。

SaaS 产品通常具有如下特点。

- ❑ 多为 B 端产品，业务数据量较大。
- ❑ 基础功能轻便，多为免费，但深度功能往往需要付费才能使用。
- ❑ 收费模式有租用时长、内存大小、单据数量等。
- ❑ 在设计产品方面，既考虑客户体验，也考虑客户对功能的付费意愿。

3. B 端和 SaaS 模式的相遇

随着商业市场和商用软件的发展，B 端产品在迭代过程中有向易用性、轻量化等方向发展的趋势，而 SaaS 模式恰好符合这个趋势。B 端一般来说是单边市场，产品的网络效应比较弱，在 B 端场景中，客户量越大、产品越好用的场景是比较少的。B 端产品要取得网络效应，就需要通过 SaaS 模式连接上游和下游。

| 第 2 章 | CHAPTER

行业洞察、赛道选择与市场分析

了解 SaaS 的概念和相关知识后，本章从创业者的视角出发，对 SaaS 产品所服务的行业、赛道和市场等进行分析、思考和探索。

2.1　行业洞察

2B 的 SaaS 产品通常带有很强的行业属性，无论市场导向还是产品导向，在找到最佳切入点之前，都需要做好行业洞察。

2.1.1 行业、赛道与市场的关系

行业、赛道与市场的概念乍一看没有太大区别，它们之间其实存在层次关系，如图 2-1 所示。行业包含若干赛道，比如医药行业有中药赛道、西药赛道。每个赛道会圈定市场范围，比如老年人市场、儿童市场，而市场的主要组成是客户。

图 2-1 行业、赛道与市场的关系

上述分层并不绝对，行业、赛道、市场、客户之间的关系是环环相扣和层层限制的。它们之间不是绝对隔离的，而是相互交叉的。如果我们把图 2-1 中的行业，赛道与市场换个立体的视角来看，那么行业、赛道与市场三者可以构成如图 2-2 所示的三维空间。

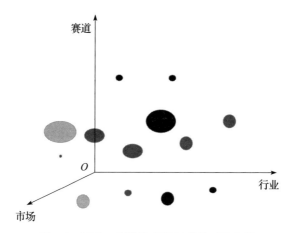

图 2-2　行业、赛道和市场构成的三维空间

在这个三维空间中，不同的行业可能有相似的赛道，比如社区购物行业和跨境软件销售行业都有 CRM 赛道，只不过这两个行业的 CRM 所关注的重点有很大区别。行业和赛道组成的泳道能挖掘多大的机会，要看其与市场的契合度所构建的客户体量空间有多大。

由此可见，行业、赛道与市场相互交叉，构成了 SaaS 的创业机会，甚至决定了 SaaS 的商业天花板。这就要求我们在创业之前做好行业洞察、赛道分析等前置性分析工作。

2.1.2　通过行业洞察进行布局

对于 SaaS 服务商而言，要服务好某个行业的客户，就要先了解这个行业的发展阶段、发展趋势、竞争优势，因势利导进行布局。

1. 行业的发展阶段

随着社会的发展，行业会发生变化，有的行业会逐渐消失，也会出现新行业，可见行业也是有生命周期的。行业的生命周期可以分为萌芽期、成长期、成熟期及衰退期，只有清楚地知道行业所处的阶段，才能做出正确的战略布局。

行业的萌芽期是行业开始起步发展的时期。多数情况下，一个新行业的诞生往往和一项重大技术突破有很大关系。换言之，技术的突破往往会催生一个全新的行业。比如内燃机的发明带动了汽车工业的起步与发展，互联网技术的突破带动了线上零售和数字营销的兴起。当行业处于萌芽期的时候，最重要的就是利用内外部资源快速发展企业的核心竞争力，从而奠定先发优势。

行业的成长期是参与者快速进入行业的时期。这个时期市场需求旺盛，市场空间处于快速提升的阶段。这个阶段由于市场需求旺盛，因此行业的竞争不是特别激烈。企业在该阶段最重要的战略目标是巩固和扩大市场份额。

行业的成熟期往往伴随着存量竞争，市场竞争格局大局已定。企业一方面要千方百计地巩固自己的市场份额，提升客户的忠诚度，另一方面只能去竞争市场份额。行业处于洗牌期，优胜劣汰比较明显。

出于各种原因，很多行业最终会走向衰退期，该时期行业的总体需求开始萎缩或大幅下滑。行业一旦进入衰退期，企业需要在行业消亡之前退出，或者拓展新的行业空间。

了解行业的生命周期，有助于SaaS服务商审时度势地决定是否进入某个行业以及对某个行业的投入份额。

2. 行业的发展趋势

了解行业的发展趋势必须要与宏观环境结合起来，具体而言就是政治、经济、社会以及技术环境，也就是经典的 PEST 分析[⊖]。比如随着消费者需求升级，餐饮业出现了连锁化、品牌化、互联网化的趋势。

和了解行业的发展阶段相似，了解行业的发展趋势，可以帮助 SaaS 服务商做好战略规划和布局。

3. 行业的竞争优势

SaaS 服务商需要了解所服务行业的竞争优势，比如餐饮业比拼的是食品的口味、就餐环境等，零售业比拼的是为客户提供方便快捷的购物体验等。抓住行业的竞争优势，才能有针对性地打造垂直于行业的 SaaS 服务能力，使客户获得行业赋能。

SaaS 服务商可以通过 SWOT（Strengths，Weaknesses，Opportunities，Threats，优势，劣势，机会，威胁）分析等方式分析、研究行业的竞争优势，也可以通过研究友商（竞争对手）的 SaaS 服务特点来推测行业的竞争优势。

2.1.3　SaaS 与行业、业务的契合度

并不是所有的行业都适合 SaaS 化，也不是所有客户场景下的诉求都可以通过 SaaS 服务满足，SaaS 落地是一个相互选择和磨合的过程。

1. SaaS 与行业的契合

在面向行业提供 SaaS 服务的过程中，我们会发现一些行业更

⊖　企业在做重大战略决策时会用到 PEST 模型，该模型由美国学者 Johnson G 与 Scholes K 提出。P、E、S、T 分别代表政治（Politics）、经济（Economy）、社会（Society）、技术（Technology）。

容易推广 SaaS 服务，且服务模式较为成熟。另一些行业则相反。

（1）金融 在金融行业，SaaS 服务商通过金融科技赋能金融业务，主要分布在零售银行、支付清算、信贷融资、资产和财富管理、保险科技、监管科技等板块。虽然金融行业存在敏感性和逻辑复杂性，但是在业务层面几乎是标准化的，这就提升了 SaaS 的契合度。

（2）教育 教育行业的 SaaS 服务分为内容管理和后台管理两个方面，内容管理指将教学内容云端化，主要涵盖视频直播和录播等类型，后台管理包括招生、学院管理等模块。

（3）电商 电商行业的 SaaS 服务商通常基于互联网、移动互联网等网络平台和终端，帮助企业构建以客户为中心、完善的电子商务模式和系统。电商是相对成熟的领域，其差异化基本可以忽略。电商的绝大多数业务段都可以实现 SaaS 化。

（4）医疗 医疗行业的 SaaS 服务商从业务和技术两个层面为医疗机构深度赋能，助力基层医疗机构进行内部流程优化、外部拓展，并提供医疗技术支持。由于医疗行业的产业链在深度和广度上都比较复杂，因此只是局部场景适用于 SaaS 服务，大部分场景还有待探索。

（5）物流 物流行业的 SaaS 服务作为开放的智能化平台，可以连通物流各环节，打破信息壁垒，为客户提供数字化物流解决方案。物流行业的核心业务流程固定，即使加入冷链、跨境等特殊场景，依然容易实现行业标准化。

2. 适合 SaaS 的业务场景

不同行业可能有相同的业务场景，比如电商、教育、金融行业都有客户管理业务。有的业务场景适合 SaaS 化，有的不适合。适合 SaaS 化的客户场景或业务通常具有如下特点。

- ❑ 组织结构跨地域，需要异地合作。SaaS 模式下不再需要企业本地部署，可以随时随地打开网站。异地出差办公方面，比如"拜访客户""远程会议"等，可以充分利用 SaaS 服务的异地访问特性实现异地合作。
- ❑ 客户正处于创业期或快速发展期，对 IT 前期资金的投入比较敏感，希望凭借租赁的方式来降低软件的使用门槛。
- ❑ 客户希望将注意力集中到自身核心业务上，不想自行维护设备和培养 IT 人员，于是借助专业软件公司提供的专业服务来支撑企业的发展。
- ❑ 客户希望信息能够公开，将协同信息及时提供给利益相关者（员工、股东和合作伙伴等），借助 SaaS 服务提供的各类门户网站来实现信息共享和实时协同，从而建立良好的企业内外环境。
- ❑ 对于快速发展的动态、多组织企业，可以借助 SaaS 服务良好的可扩充性，在世界范围内快速复制成功的商业管理模式。
- ❑ 如果希望实现产业链整合和重构，可以构建 SaaS 平台或利用第三方提供的 SaaS 服务来黏合产业链上下游的企业，从而占据产业链的主导地位。
- ❑ 利用互联网海量数据和 SaaS 服务来发现商机，实现电子商务。

2.2 赛道选择

选定行业之后，我们继续分析和选择适合的赛道。

2.2.1 赛道分析

赛道分析有助于我们了解赛道的属性，更好地选择赛道。本小节从以下几个方面对赛道进行分析：竞争属性，细分赛道，赛道宽度、长度、竞争格局，赛道的"供需竞"关系。

1. 竞争属性

通常我们认为行业大于赛道，行业中可以竞争的领域，才叫赛道。不能构成竞争的，虽然处于同一个行业，但不是同一赛道，赛道更强调在某个领域内的竞争。例如医药行业可以分为创新药赛道、中药赛道等，它们虽然都属于医药行业，但是属于同行业的不同赛道。

赛道思想就是SaaS服务商致力于某个行业的细分领域，熟悉竞争属性，提高SaaS创业的成功率。

2. 细分赛道

正如行业有细分，赛道也可以细分。以教育行业为例，大致可以分为8个赛道。

- ❑ 早幼教赛道：主要包含母婴教育、亲子教育、幼儿教育等。
- ❑ K12赛道：该赛道垂直于K12领域，主要包含K12课外辅导、师资培训、学校工具类应用等。
- ❑ 职业教育赛道：主要包含各种成人技能培训。
- ❑ 语培留学赛道：主要包含少儿语言、成人语言、外教服务、出国留学等领域。
- ❑ 素质教育赛道：主要围绕音乐、体育、美术、国学等才艺内容。

❑ 教育信息化赛道：主要为公立学校、K12 培训机构、高
等院校等提供信息化服务。

❑ 泛教育类赛道：比如网易、百度、腾讯等大而全的平台
以及知识付费平台、自媒体等。

❑ 其他赛道：比如民办高校、家庭教育、蓝领教育等。

赛道除了对外竞争，自身的细分赛道也存在竞争。如泛教育
类赛道和职业教育赛道在课程内容和客户群体上就有明显的重叠，
存在竞争关系。

3. 赛道宽度、长度、竞争格局

赛道宽度就是市场规模，赛道长度代表行业的阶段，赛道竞
争格局体现了竞争的激烈程度。

以跨境出口电商为例，2021 年前后的业务发展是相对波折的，
有很多龙头企业遭受重创。那么跨境出口电商这个赛道还有前途
吗？答案是肯定的。从赛道宽度上看，整个市场处于增长状态。
相关报告预测中国跨境出口电商的增速将长期保持在 20% ~ 30%
的水平，如图 2-3 所示。

图 2-3　某报告预测中国跨境出口电商的规模和增速

从赛道长度来看，"一带一路"倡议覆盖的国家互联网基建正在崛起，为下一段的增量市场铺路。

从赛道竞争格局来看，中国制造已经成为高品质的代名词，祖国的强大也给我们带来更多的机会。

整体上看，部分企业跌落神坛属于小范围洗牌。与此同时，安克创新、杰美特、晨北科技、致欧网络、赛维时代等跨境出口电商公司的市值已达到百亿美元级别，纷纷成为焦点，为跨境出口电商赛道的可行性分析提供了数据支撑。

4. 赛道的"供需竞"关系

SaaS 服务的赛道存在"供需竞"关系，即供应、需求、竞争关系。某些赛道供大于求，竞争激烈。比如 CRM、办公协同等赛道，移动化、标准化程度高，客户决策门槛低，价值提升显著，更容易实现规模化扩张，这些领域率先实现了 SaaS 化。HRM（Human Resource Management，人力资源管理）、BI（Business Intelligence，商业智能）等赛道，由于业务流程相对复杂，专业化要求高，因此"供需竞"关系不太激烈，赛道规模中等。ERP、SCM 等赛道的标准化程度低，SaaS 渗透率较低，"供需竞"关系相对平和，赛道规模往往较小。

多数 SaaS 创业公司瞄准的 SaaS 赛道规模都不大，"供需竞"关系相对平和，因为这样才有入局的机会。而这往往使得追求高回报的投资人失去兴趣。对于服务商而言，由于市场规模大的赛道竞争也更为激烈，因此进入后未必能成为最后的赢家。基于这个逻辑，服务商在评判赛道可行性的时候，不能只看规模，而是需要综合评估供应、需求、竞争关系等因素。

2.2.2　基于增量市场选择赛道

查理·芒格说过："宏观是我们必须接受的，微观才是我们可以有所作为的。"这句话不是让我们放弃对宏观的关注，而是提醒我们从大处着眼，因势利导。最有效的方式就是借助宏观的"东风"，预测某个增量市场，作为切入赛道的参考。

1. 预测增量市场

通常，增量市场被发现的时候已经是红海，因此我们应该洞察"冰山"下的增量市场，也就是在未来 3 ～ 5 年内充裕且廉价的市场。如果将该增量市场比作冰山，那么现在 90% 的市场还在水面下，未来 5 年会全部浮出水面，市场将逐步扩大。显然增量市场对 SaaS 服务商和投资人来说是可遇不可求的。

在电影《印度合伙人》中，主人公为印度妇女研制卫生巾并获得商业成功。单纯站在赛道选择的角度看，我们可以认为这是一种对增量市场的预判，虽然大多数消费者以前用不起卫生巾，但是随着人均 GDP 增长，有了购买能力后，市场规模会变大。限制这一刚需的因素，即 GDP 是必然增长的，在影片中卫生巾的销量实现了从 300 万片到 600 亿片的突破。

预判增量市场的核心，就是找到那个能够引发变化的变量，而且这个变量是单一的。

2. 案例：协同办公软件的增量市场

企业管理软件最早在欧美地区出现，20 世纪 80 年代兴起，到 20 世纪 90 年代末百花齐放，再到 21 世纪头 10 年行业完成了整合。企业级应用的每一步发展，都与社会经济发展阶段以及企业所处竞争环境的变化息息相关。

2020 年，企业效率办公这个赛道在没有投放的情况下，客户规模增长非常快，企业效率办公 App 月活跃客户规模趋势如图 2-4 所示。

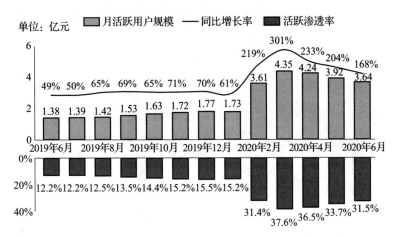

图 2-4　某报告关于企业效率办公 App 月活跃客户规模的趋势图

2.2.3　切入存量市场赛道

1. 从最熟悉的存量市场入手

SWOT 分析法[⊖]给我们的启发是，在切入存量市场赛道的时候，可以从最熟悉的领域入手。以阿里巴巴为例，1688 是全球最大的 2B 电商网站，淘宝和天猫在国内 C2C、B2C 领域稳扎稳打。

　⊖　SWOT 分析法又叫道斯矩阵，来自麦肯锡咨询公司，包括分析企业的优势（Strength）、劣势（Weakness）、机会（Opportunity）和威胁（Threat），通常以矩阵图的形式呈现。

阿里巴巴非常熟悉电商领域的商业模式、客户需求、客户水平以及使用习惯，更重要的是已经积累了大量的存量客户，这些客户在阿里巴巴缔造的电商帝国中互相成就。回到SaaS赛道的选择上，要点之一就是充分利用存量业务和市场基础。

存量市场的利用思路是以当前拥有的客户为出发点，找到存量市场，基于存量市场构建壁垒，基于壁垒延展增值，如图2-5所示。

图2-5 存量市场的利用思路

2. 案例：某医药 ERP 服务商的新零售业务

某医药 ERP 服务商的客户规模为数十万，虽然客户群体不算大，但是在医药行业零售 ERP 赛道的地位比较稳定。市场形势每年都在变化，居安思危，该公司开始寻找"第二增长点"。

经过多次论证，该公司将重心放在存量客户群体上，为存量客户提供附加价值：打造 SaaS 新零售业务中台。该 SaaS 系统的核心模块是垂直于医药 O2O 和 B2C 销售渠道的 OMS（Ordering Management System，订单管理系统）。它基于前期积累的自然流量池，将客户引流到 SaaS 平台上，以帮助存量药店提升线上终端销售能力为目的，基于 ERP 打造与之呼应的线上闭环。这一方面增加了原有客户的"逃逸"成本，另一方面加固了"护城河"。

2.2.4　从高兼容赛道到低兼容赛道

古人说："匪过如梳，兵过如篦。"如果放在互联网市场中，就是一旦企业抓住市场机会，往往就会尽力通吃，很少给后来者机会。比如远程视频会议这种通用性高的赛道，Zoom、钉钉、企业微信、WeLink、飞书等产品早已成型，已经没有中小 SaaS 服务商的机会了。那么，哪些是低兼容赛道呢？我们先看企业的市场结构。

按市场上企业分布的集中度，可以粗略将行业或企业分为纺锤型和哑铃型两种市场结构。纺锤型市场分布的企业，如电商、餐饮、教育等，特点是大、中、小型企业分布相对均衡，行业的标准化程度也较高。石化、银行、供电行业是典型的哑铃型市场，客户企业更需要定制化开发系统。

纺锤型市场结构的 SaaS 产品往往处于高兼容赛道，哑铃型行业的 SaaS 产品往往处于低兼容赛道。低兼容赛道虽然不像通用性高的赛道那么好切入，但是垂直行业的 SaaS 产品相对不受巨头的限制，甚至还可以依附于巨头生态，补充客户资源。即使巨头进入，也会因为赛道的垂直性太强而很难通吃。表 2-1 展示了用友 2021 年斩获的千万级大单，可以看出都是偏向定制化的客户。

同样，金蝶也在尝试接触大型标杆客户。在服务大客户时，产品经理通常两人一组开展工作，其中一个人做业务需求调研，另一个人做产品方案设计。工作中的难点主要是如何高效补齐客户的业务场景、如何满足客户要求的自动化程度，以及如何提升算法的严谨性等。这些难题也指向了该类客户的服务价值。

表 2-1　用友 2021 年斩获的千万级大单

招标方	时间	项目名称	投标报价
A 集团	2021/7/28	A 集团财务信息化一体化平台建设项目（标段一）	4308.96 万元
B 企业	2021/7/13	B 企业商业智能财务共享中心建设	1168 万元
C 公司	2021/5/31	C 公司企业资源计划（ERP）系统建设项目、ERP 软件采购与系统开发实施项目	3495.17 万元
D 银行	2021/5/27	D 银行人力资源管理系统数字化建设项目	软件费用含税报价：500 万元 实施费用含税报价：480 万元 投标报价合计：980 万元
E 公司	2021/5/14	E 公司营销上云建设项目	第二位次，中标金额 1580.46 万元
F 公司	2021/3/23	F 公司财务管理信息系统项目	略

高强度的垂直性，让低兼容赛道为后入局的 SaaS 服务商提供了"拓荒"的可能。若能经受住时间的沉淀和 SaaS 产品打磨，那么一旦渗透到产业内部，为客户提供的就不仅是一个软件工具，而是有机会和客户一起挖掘更大的商业机会，从而使 SaaS 服务商和客户之间的纽带更加牢固，难以被竞争对手攻破。

2.3　市场分析

根据杰罗姆·麦卡锡在《基础营销学》中的定义，市场是指一群具有相同需求的潜在客户，他们愿意以某种有价值的东西来换取卖家所提供的商品或服务。市场是社会分工和商品生产的产物，哪里有社会分工和商品交换，哪里就有市场。

本书介绍的 SaaS 市场，核心是指 SaaS 服务所覆盖到的或计划覆盖到的客户群体。本节将从市场规模、市场集中度、市场覆盖度、市场渗透率和市场占有率等方面详细分析市场。

2.3.1 市场规模

市场规模又叫市场容量，是指在不考虑产品价格或供应商的前提下，市场在一定时期内能够吸纳某种产品或劳务的单位数目。对于 SaaS 来说，市场规模就是需要被提供服务的客户群体的规模。

1. 市场规模的三要素

决定市场规模的三要素是购买者、购买力、购买欲望。这 3 个要素对应 SaaS 服务的客户规模、付费能力、客户需求。三者相辅相成，其中客户需求是拉动市场的动力，如图 2-6 所示。

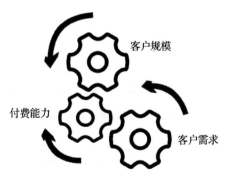

图 2-6 客户规模、付费能力、客户需求的关系

2. 市场规模的类型

市场规模是动态变化的，从时间上可以分为3种类型：当前市场规模（来自现实的统计结果）、潜在市场规模（根据同质客户群体估测）和未来市场规模（根据当前发展增速计算）。如图2-7所示。这3种市场规模是根据不同的市场规模测试算法和参数计算得到的。

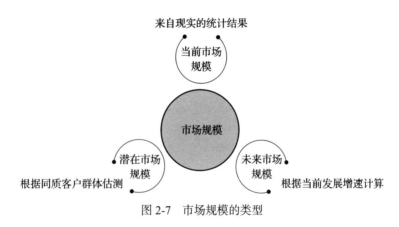

图2-7 市场规模的类型

3. 市场规模的测算

市场规模影响了 SaaS 服务端的商业价值，决定了生存空间和营收等级的上限。在缺少可信的行业报告的情况下，需要自行调研并测算市场规模。下面介绍几种测算方法。

（1）源推算法 将本行业的市场规模追溯到催生本行业的源行业，比如房地产行业催生家装行业。

（2）强相关数据推算 如果两个行业之间的产品有一定的相关性，其销售也有一对一或一对多的固定比例，我们可以先测算强相关行业的市场规模，再根据两个行业产品的平均价格换算成目标行业的市场规模。计算方法是：目标行业市场规模＝强相关行业市场规模 / 强相关行业产品均价 × 目标行业产品均价 × 两行业产品数配比。

（3）需求推算　如果目标人群或者需求较为明确且数据容易获取，就可以利用细分数据进行测算。计算方法是：目标行业市场规模＝目标需求人群数量 × 购买率 × 目标行业产品均价。

（4）抽样分析　在总体中通过抽样法抽取一定的样本，再根据样本的情况推断总体的情况。抽样法包括随机抽样、分层抽样、整体抽样、系统抽样和滚雪球抽样等（注意合理选择样本且样本数据具有统计学意义）。

（5）竞品推算法　使用竞争对手的数据来推算当前市场规模。假设竞争对手的客户数量有 10 万，第三方统计报告显示它只占行业市场份额的 10%，那么我们可以推算市场潜在客户数约为 100 万，如果每个客户每年为产品付费 10 元，那么这个市场规模就是 1000 万元。

2.3.2　市场集中度

市场集中度是指市场中前 n 家市场份额最大的企业所占市场份额的总和，一般用 CRn 来表示，其中 CR 是 Concentration Rate 的缩写，表示集中度。比如 HR SaaS 赛道的 CR8，表示 HR SaaS 赛道排名前 8 的 SaaS 服务商的市场份额之和。

市场集中度是体现市场结构的基本指标，反映了市场竞争的激烈程度和垄断程度。通常市场集中度可以分为高集中寡占型、低集中寡占型、低集中竞争型、分散型等。

1. 市场集中度的 3 种形态

如果定性地对市场集中度进行形态分类，那么主要可以分为散点市场、块状同质化市场、团状异质化市场。

散点市场的集中度较低，各类品牌林立，缺乏行业内领导品牌。块状同质化市场中的产品同质化问题可能较轻，也可能无差异。团状异质化市场中的几个企业生产的产品类似，而与其他一些企业生产的产品具有差异，市场就根据产品之间的差异分为许多团。上述 3 种市场集中度可以用图 2-8 表示。

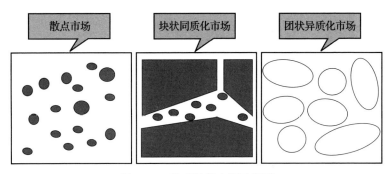

散点市场　　　　块状同质化市场　　　　团状异质化市场

图 2-8　3 种市场集中度示意图

市场集中度不是固定不变的，在发展过程中，通常会按照这 3 种形态进行演进。在散点市场时期，缺乏巨头或者具有品牌优势的企业，这是一个适合企业快速发展壮大的阶段。随着部分有实力的企业迅速扩张，市场呈寡头垄断结构，于是形成了块状同质化市场。随着领先企业的市场份额逐渐下降，紧跟其后的多个企业黑马以特色产品、独特卖点以及市场细分等策略，抢占了领先企业的市场份额，于是呈现出介于块状和散点之间的团状异质化市场状态。

2. 市场集中度与供销关系曲线

如果我们结合产业的供销流程，将供销流程简化为 4 个部分（生产、供应、分销、零售），就可以得到一个 CRn– 供销关系图，能够反映某个产业在不同环节的市场集中度，有助于选择合适的环节作为 SaaS 赛道切入点，如图 2-9 所示。

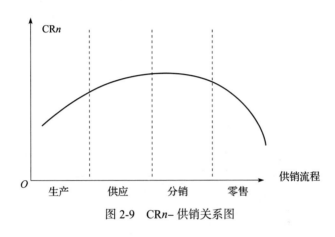

图 2-9　CRn– 供销关系图

对于不同的行业，CRn– 供销关系图有所不同，于是出现了多种不同的走势曲线，可大致总结为 12 种类型，如图 2-10 所示。

从图 2-10 可以看出，CRn 在不同行业的供销流程中走势曲线差异很大。举例来说，渔业很难实现集中化和标准化，因为鱼类对存储和运输的要求比较高，而含水量是影响存储和运输的主要因素，不同的鱼对含水量的要求不一样，表现为产业周期长（属于养殖业）、供应链长、供应链服务难以标准化。这就导致了图 2-10 所示的常见分散型（弱凸型）曲线。在面向渔业进行企业化服务时，整个供销链路难以打造标准化的 SaaS 服务，即使切入，在面向客户群体（渔业客户）推广的时候也会碰壁。

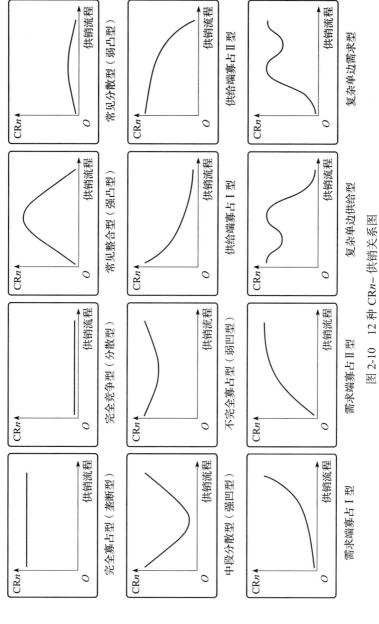

图 2-10 12 种 CRn-供销关系图

3. 市场集中度对 SaaS 赛道的参考意义

作为 SaaS 服务商，在为某个行业提供服务的时候，不能仅了解行业的垂直度，还要深入了解行业的市场集中度。通常而言，市场集中度较低的领域，未来有可能会走向集中化，尽管切入比较困难，但是 SaaS 服务的标准化也尚未建立，各个 SaaS 服务商的覆盖能力相差不大，没有谁能掌控和主导整个行业的市场，这恰恰是积累和铺垫市场的绝佳时机。

反过来，市场集中度高的行业，往往标准化程度也较高，相应的 SaaS 服务已经形成成熟的格局，作为新进入的 SaaS 服务商，建议在解决业务问题上或者在 SaaS 产品上有更多明显的优势时再考虑进入，否则很难改变客户原有的习惯。

2.3.3 市场覆盖度

测算覆盖客群时可以用从"覆盖整个市场"到"定制化市场"的区间表示，如图 2-11 所示。客户就落在这个市场覆盖区间中，SaaS 服务商可以在这个区间中寻找对应的目标市场。

图 2-11 市场覆盖区间

如果覆盖整个市场，那么 SaaS 产品要么通用性很高，要么可配置化水平很高。这对于通用性高的 SaaS 产品相对容易实现，比如钉钉，它覆盖了绝大多数企业级智能移动办公市场。而对于多数垂直行业的 SaaS 服务商来说是难以实现的，比如医药 ERP 就难以覆盖整个市场。

多元细分市场是为一个或多个细分市场提供服务的。要覆盖多元细分市场，通常可以通过产品专门化和市场专门化来实现。产品专门化是将某种特定的产品推向几个不同的细分市场，如芯片制造商可以将产品销售给计算机制造商、科研实验室等。市场专门化是为某一特定消费群体的多种需求提供服务，如小米公司针对电子产品发烧友这一市场，向该市场的消费者提供手机、手环、电视、吸尘器等多种产品。

单一细分市场就是只向一个专门的细分市场提供服务。单一细分市场和利基市场很像，这个市场中的客户往往有一些独特的需求，并且不太可能吸引很多竞争对手。

如果覆盖的是定制化市场，那么就是直接对客户进行定向服务，往往不是常规 SaaS 服务商的主要业务方向。

2.3.4　市场渗透率和市场占有率

市场渗透率是对市场上当前需求和潜在市场需求的一种比较，即当前市场需求 / 潜在的市场需求。比如市场上有 9 万家客户需要 SaaS 服务，潜在的需求量是 10 万家，那么市场渗透率就是 90%，表示还有 10% 的客户需求是可以被挖掘的。

市场占有率也称市场份额，指某企业某一产品（如 SaaS 服务）的销售量（或销售额）在市场同类产品中所占的比重。比如 A 服务商为某行业的 10 万家客户提供了某种 SaaS 服务，而该行业一共有 50 万家客户使用该 SaaS 服务，那么 A 服务商的 SaaS 服务的市场份额是 20%，其余 80% 的市场份额来自竞争对手。

2.4 案例：A 公司 SaaS 中台赛道的探索

本节将通过 A 公司的案例，帮助读者理解在 SaaS 赛道探索、可行性分析、市场分析等方面可能遇到的问题及解决思路。

2.4.1 行业和赛道选择

1. 背景和契机

A 公司在医药细分领域深耕多年，主要为线下医药零售门店提供进销存 ERP 系统。随着客户增长瓶颈的到来，市场已经处于相对饱和的状态。A 公司急需找到新的增长引擎。

在客户侧，2020 年线下药店的经营受到很大影响，到店客户量骤减。与此同时，各大医药电商平台的销售情况非常好，尤其是口罩、酒精等。其中，药房网、康爱多、健客网、1 药网等医药电商平台的日活平均增幅为 5.6% ～ 7.2%。

在服务商侧，因为店铺销量下降，导致店铺进销存 ERP 系统的销售断崖式下跌，并且客户表现出较多负面情绪或者提出很多不合理的需求。A 公司需要改变这一现状，走出困局。

2. 行业和赛道的初步确立

因为对医药行业的资源积累和行业熟悉程度较深，所以 A 公司依然选择在医药行业内寻找增长机会。医药行业从研发到销售再到信息服务，诸多环节都可以与互联网形成关联，并通过互联网切入。那么究竟切入哪个赛道呢？在赛道的选择上，A公司的选择范围如图 2-12 所示。

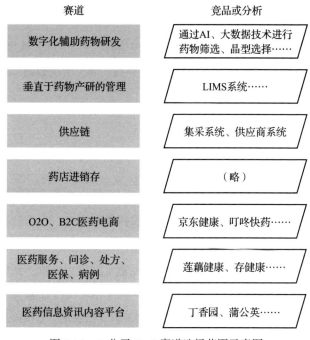

图 2-12 A 公司 SaaS 赛道选择范围示意图

在图 2-12 中，左边是可以考虑的赛道，右边是对应的竞品或分析。牛鞭效应○告诉我们，信息随着传递距离而扭曲并逐级放大，会导致需求信息失真。因此最好选择与自己存量业务相近

○ 牛鞭效应是指供应链上的一种需求变异放大现象，即信息流从最终客户端向原始供应商端传递时，无法有效地实现信息共享，使得信息扭曲逐级放大，导致需求信息出现越来越大的波动，此信息扭曲的放大作用在图形上很像一根甩起的牛鞭。

的区域。由于 A 公司本身处于药店进销存这个区域，考虑到自身资源利用率的最大化，因此决定在离自己最近的"供应链"或"O2O、B2C 医药电商"领域寻找布局点。

由于 A 公司之前尝试过供应链系统业务，该业务不温不火，基本处于停滞状态，因此最终将重点放在医药电商方案上。经过进一步分析，阿里健康、京东健康、叮咚快药、美团等电商平台，都把医药作为一个重要板块，呈现出一种多巨头垄断的局面，作为后来者的 A 公司难以入局。经过对 10 万家存量客户的调研，A 公司发现中台系统的市场渗透率不足 20%，可以搭建医药电商 SaaS 中台系统。

2.4.2　医药 SaaS 中台的可行性分析

1. SaaS 中台的 SWOT 分析

通过 SWOT 分析，可以得到如下结论。

- ❑ S：A 公司最主要的优势表现为存量客户占据市场份额的 1/3，在医药行业解决方案领域有 10 年的积累，目前该领域尚无垂直的头部竞品。

- ❑ W：A 公司最主要的劣势表现为医药垂直赛道的独特性带来的标准化难度，存量客户多为中小卖家，对新零售的接受能力有限。

- ❑ O：A 公司最主要的机会表现在新零售向线上渠道偏移，商家也在寻找新的增长点。

- ❑ T：A 公司最主要的风险表现为客户对 SaaS 产品的信任度不足，并且受到同类产品服务商的冲击。

总体来看，优势和机会更明显，于是 A 公司确立了行动方向的可行性。

2. PEST 分析

医药领域本身是一个受政策等外部环境影响较大的行业，PEST 分析如下。

（1）政策 近几年，医药改革举措稳步开展，例如"两票制"（指药品从药厂到销售终端最多开两次增值税发票，从而减少中间代理商的加价）、"医保双通道"（支持在具备资格的药店购买药物，而不是必须到医院购买）等政策为医药新零售创造了更多机会，线上医保支付、电子处方流转、互联网医院分级诊疗等促进医药电商渠道进一步打开，给零售医药行业带来了新的发展机遇。

（2）经济 影响经济的一个重要因素是人口。我国 65 岁及以上的人口数量在 2020 年已达 19 059 万，占总人口的 13.5%。这个占比持续增加，人口老龄化加剧，发病人口率上升，医疗健康市场进一步扩大。国内居民人均可支配收入稳步上升，居民的消费模式正在升级，随着人们健康意识的增强，医疗保健消费支出占比也在逐渐上升，为医药电商奠定了需求基础。

（3）社会 随着互联网的快速发展，我国网上消费零售额一直保持增长趋势，且增长率大于 GDP 增长率。由此可见，居民的网上消费习惯已经养成，这种消费习惯有利于医药电商的持续发展。随着消费者消费行为的改变、政策对互联网医疗的扶持以及行业与技术的持续发展，加之从医到药和从药到医的相互融合，医药电商将进一步展现活力。

（4）技术 技术的持续发展为 O2O 模式的医药电商行业带来了

诸多改善。电商形式节约了线下人工服务的成本，让客户在购买药物时获得更高效、更轻松的体验。基于互联网大数据技术，在仓储、运输上可以更合理、更经济地分配药物，降低了存储、运输成本。

随着互联网医疗行业的推进，可以提供给客户更多的服务，如在线问诊、药师指导等，使得客户在病症咨询、药物购买和使用上获得全方位的服务，降低了客户盲目购买药物的风险。

2.4.3　市场分析和客户画像

要打造 SaaS 化中台，尽管战略判断很重要，但是最终的价值转化仍是以 SaaS 产品的销售为杠杆的，因此要做好市场分析和客户画像。

1. 市场分析

在 2010 年之前，药店的销售主要依靠市场驱动；2010—2014年主要依靠政策驱动；2015—2018 年主要依靠资本驱动；2019 年之后，医药市场的格局已经形成，需要依靠竞争驱动行业的发展。

竞争驱动行业的发展就是通过多种运营手段和策略来促进药店的销售，这意味着新零售、O2O、B2C 结合等多渠道销售和营销活动将成为趋势。能提供这种能力的前台产品，需要相当强大的中台作为支撑，这为打造 SaaS 化中台提供了机会和保障。

2. 客户画像

A 公司的医药 SaaS 化中台的最终客户是药店的工作人员，要为药店的销售系统提供统一的中台支撑。那么药店是否有这样的诉求和能力呢？通过分析存量的客户，A 公司发现，大型客户往往有足够的线上经营能力，中型客户有强烈的被服务的意愿，小型客户需要引导。可见中小型客户是主要的客户群体。

在行业变局下，如何实现便利化、专业化、精细化、数字化服务，便是中小型客户的痛点。这无疑为 A 公司的 SaaS 中台战略提供了客户画像和客户基础。

2.4.4　搭建 SaaS 化电商中台

A 公司的 SaaS 化医药电商中台的定位是快速对接多个线上销售平台，为其提供信息复用和资源统一管理等支撑能力，最终实现客户价值赋能。图 2-13 展示了与周边系统的关系，该中台首先对接客户的 ERP 系统，然后与 C 端平台对接，比如美团、饿了么。该中台的核心包括业务中台、数据中台、技术中台（接口中台）。

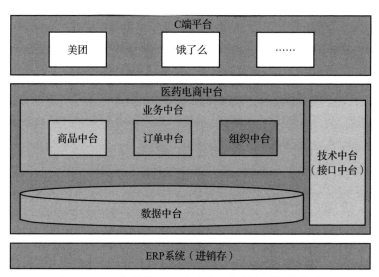

图 2-13　A 公司的 SaaS 电商中台与周边系统的关系

1. 业务中台

业务中台的核心是商品中台、订单中台和组织中台。

商品中台有两项功能：一是商品资料的标准化维护，药品作为一种特殊的商品，资料是标准化的；二是完成商品的库存更新和从中台到销售平台的库存同步。

订单中台主要以统一口径完成订单获取、审核处方、订单履约、库存运算、售后作业等工作。订单获取就是中台统一跟各销售平台进行订单接口对接，订单中台统一对这些订单进行风控、清洗等，最终完成履约。

因为对接了 O2O 平台，所以该 SaaS 中台需要维护商户店铺、组织机构、员工考核等功能，这些功能可以在组织中台中进行统一的维护和调用。

2. 数据中台

数据中台主要维护两类数据，一类是基础数据，另一类是业务数据。

基础数据包括商品资料标库和药学知识库。将常见药品信息纳入商品资料标库中，这样商户就不需要单独维护所有的信息了，直接从标库引用就好。药学知识库存储药品的作用原理以及联合用药等信息。

业务数据主要是企业的经营数据，如销售报表、客户画像、会员信息、积分信息等。

3. 技术中台

因为该 SaaS 中台要对接很多外部系统，所以事先将常见系统（比如美团）的接口做了集成封装或预接入，从而实现了只需要配置即可对接的效果。

A 公司的 SaaS 电商中台的意义如下。

❑ 在该中台事先集成了常见的电商平台，从而实现了集中
管理线上销售事务。

❑ 将客户在各个销售平台的数据打通，比如同步到美团的
商品资料，可以直接调用至饿了么的商品库中，无须重
复维护。

❑ 将客户的积分体系进行汇总，线下积分也可以线上使用，
提升了客户体验。

❑ 打通客户的经营数据决策能力，同一个商户的多端数据
可以汇总在一起进行辅助决策。

通过这样的中台，实现了灵活对接各个销售平台，药店的工
作人员只需要专注于中台的操作，就可以便捷地将业务拓展到多
个线上销售场景中。

| 第 3 章 | CHAPTER

客户画像、组织结构与企业架构

当我们确定了 SaaS 产品的行业、赛道和市场范围后，接下来就要研究这个范围内的客户画像、组织结构及企业架构，以便描绘目标客户的轮廓和边界，为设计 SaaS 产品提供参考。

3.1 SaaS 客户画像

客户是 SaaS 服务的主体，也是市场的核心，我们需要在前期绘制客户画像。本节介绍客户画像的相关内容。

3.1.1 客户画像的定义和意义

1. 客户画像的定义

客户画像就是以客户为中心，基于调查报告或数据分析，对客户（组织、公司或个人）的特征和行为偏好等信息进行格式化描绘，以便为实现客户的价值目标提供策略。

客户画像涵盖了该类客户所在行业的特征、现状（如行业类别、产业链细分），客户自身特征（如规模、发展阶段、市场、业务情况）等信息。

2. 客户画像的意义

总体来看，客户画像的意义是可以有效沉淀客户的高价值信息、助力精细化运营、提升盈利能力和工作效率，最终目的是提升客户体验和服务质量，服务于价值实现。

从战略规划的角度看，客户画像有助于快速验证产品定位的准确性，并且迅速找准战略方向，以便随时补充垂直领域的相关信息，更加了解客户。

从市场的角度看，市场运营人员与客户有一定的距离，需要借助画像了解客户是谁、应该为客户提供什么服务，跳出主观设计的惯性思维，聚焦客户的核心价值，赋能产品，帮助销售团队更为方便地找到目标客户并进行转化、签约、续约。

从 SaaS 产品设计的角度看，设计前需要借助客户画像确立产品定位、目标，设计中需要借助客户画像确立设计目标、设计策略与准则，设计后需要借助客户画像促进其他工作的进展，如市场推广、运营活动、销售规划。

3.1.2 客户画像的组成和内容

绝大多数 SaaS 服务是面向企业的，企业是 SaaS 领域的客户主体，本小节提到的客户，默认是指企业客户。

1. 客户画像的组成

企业的客户画像不同于一般的客户画像，而是包含了企业组织的属性，从横向划分，客户画像 = 行业画像 + 企业画像 + 职业画像 + 个人画像，如图 3-1 所示。

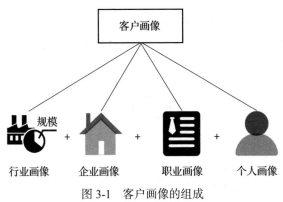

图 3-1 客户画像的组成

行业画像主要包括行业类别、产业生态链位置、行业监管属性等。

企业画像就是针对每个客户的公司规模、地理位置、发展阶段、企业文化管理制度、业务信息（业务概览、经营模式、付费能力、使用目标）、组织架构、关键岗位等进行刻画和描述。绘制企业画像的目的是了解客户的企业架构、组织结构、业务流程、商业模式等，找到合作的切入点，以便于销售预测、精准营销。

职业画像指的是企业干系人的职业属性，包括该岗位的决策链角色、职能、职责、KPI（Key Performance Indicator，关键绩效指标）、过往对产品的使用情况和购买情况、文化层次、办公环境、职业偏好、产品使用频次、工作目标等。绘制职业画像主要是为了了解产品可以为哪些角色服务，以及这些角色的职能、职责和使用期望等。

个人画像指干系人的个人属性，包括年龄、性别、工作年限、兴趣爱好等。绘制个人画像的目的是为功能设计提供标签化客户模型。

职业画像和个人画像都提到了干系人，通常 SaaS 产品干系人可以分为三类：决策者、需求者、使用者。SaaS 产品干系人示意图如图 3-2 所示。

图 3-2　SaaS 产品干系人示意图

决策者还可以细分为最终决策者和流程审核者，他们关心的是产品的价值、价格、安全性等。需求者通常是希望产品发挥作用的一方，对产品的最终效果做考核评定。使用者是产品的最终操作人，他们关心的是产品的使用体验和功能。例如某公司融资后需要开拓市场，在拓客 KPI 面前，市场部经理希望采购 CRM 系统，这就是需求者。市场部经理向 CEO（决策者）提出采购意向并加以论证，以可观的预期收益说服了决策者做决策。最终，采购了 CRM 系统给市场专员（使用者）使用。这 3 个角色有时候可能是同一个人，有时候可能是相对而言的。

2. 客户画像的内容

我们可以将客户画像的内容拆解为客户的基本信息、业务信息、组织架构和关键角色等，如图 3-3 所示。

图 3-3　客户画像的内容

基本信息包括客户所属的行业属性、地域规模等，是构成客户画像的基础，也是提炼其他客户画像内容的信息来源。

业务信息包括客户的业务概览、经营模式、业务流程、资金配置等。业务信息是客户最终价值的基础，是下一步功能策划的灵魂，也是实现服务商价值的前提。

组织架构主要是指客户的组织结构及关系。组织结构会影响客户的人事协作机制、沟通路径、组织效率等。

关键角色是指客户组织中包含的岗位职责及客户，也可以将其分为决策者、需求者、使用者。

客户画像的内容更接近应用环节。了解客户画像的内容，可以从整体了解客户画像提供了哪些信息、缺失哪些信息，以及借助客户画像可以达到什么目的。

3.1.3 绘制客户画像的步骤

客户画像是结果，也是需要规划落地并输出产物的行动项。本小节介绍绘制客户画像的步骤。

1. 明确绘制客户画像的目的

绘制客户画像的目的很多，比如指导产品研发以及优化客户体验、辅助精细化运营、分类统计、数据挖掘等。指导产品研发以及优化客户体验是最基础也是最重要的目的，"客户需要什么，服务商就生产什么"成为市场主流。因此，以客户需求为导向的产品研发中，需要通过对获取的大量目标客户数据进行分析、处理、组合，初步绘制客户画像，统计客户喜好、功能需求，从而制造更加符合客户核心需求的产品。辅助精细化运营对客户画像的要求更高，需要针对每一个群体策划并推送具有针对性的营销。例如对于购买了基础产品且有极大可能购买衍生产品的客户，可以进行定时定点的专题营销。

2. 制定客户画像参数表

明确客户画像的目的之后，就可以根据侧重点定义客户画像的核心参数，输出一份客户画像参数表。通常制定 SaaS 产品的客户画像参数表会从客户的群体、组织结构等方面入手。表 3-1 是客户画像参数表的示例。

表 3-1 客户画像参数表

客户画像的核心参数	客户画像的意义	备注
行业特性	产品调性与风格设置	合规性要求、管控的程度
市场客户群体数和分布	了解市场规模	
目标客户表征参数	了解精准服务对象的数量，为分层提供参考	
目标客户的业务量级	为服务器的搭建等底层设计提供参考	
客户的组织结构	产品设计、客户特点	
客户的主要痛点	思考产品的价值定位	
客户的盈利模式	思考产品的价值定位	
业务组织流程	业务建模	
客户对竞品的使用情况	竞品分析、竞争策略、市场份额评估	
干系人画像	付费意愿评估、收费方式、商业化设计、角色设计、功能设计等	通常在具体的需求当中进行详细的分析
其他		

3. 获取信息

获取信息的途径主要有访谈、二手资料、系统采集等。

（1）访谈 首先确定要选取多少个客户进行访谈。研究表明，访谈 12 个客户是性价比最高的。访谈数量与新增信息量的关系是，访谈 8 个客户时能够获得 15% 的新增信息，访谈 12 个客户时能够获得 75% 的新增信息，访谈 20 个客户时能够获得 90% 的新增信息。这里必须说明的是，12 个客户是指可比性一致的 12 个客户。如果客户背景相差过大，就需要每个背景抽取 12 个客户进行访谈。12 只是建议数量，并非绝对数量。

其次创建访谈大纲，把客户画像参数分解成6～10个小问题。问题不要太多，建议采用情景式提问，通常访谈时间控制在60～90分钟。

（2）二手资料　二手资料是指购买或下载现成的报告或资料。一些企业方面的信息需要从第三方报告或机构获取，比如通过天眼查、行行查这些工具，能获取很多结论性信息。

（3）系统采集　系统采集的方式有两种。

❑ 埋点获取数据：根据客户的行为特征进行埋点，对得到的数据进行处理和存储。

❑ 提取结构化数据：主要是业务数据，比如客户的姓名、年龄、地理位置等自然属性，也包括客户购买、客户评价、客户评论等数据。

4. 处理信息

从各个途径获取的信息都需要进行数据清洗，剔除干扰数据和脏数据。对留下的数据进行必要的算法模型处理，比如采用聚类算法、相似度模型等。将客户画像数据抽象后进行特征化输出，例如公司性质数据的特征化标签为国有企业、民营企业等。

5. 输出客户画像

客户画像的最终输出物可以是表格、图形等，可以是标签化的，也可以是数据表结构。需要明确的是，客户画像不是一份标准的文档，而是分层、分场景地不断优化和变化的。

6. 评估客户画像

客户画像不是一成不变的，我们需要对客户画像进行动态的评估。比如：评估客户覆盖率，覆盖率越高，后续精准营销的策略选择就越准确；评估客户画像的准确率，如果因使用算法模型导致客户分群错误或者错误预测客户的购买意向，将直接影响购买率，影响 GMV（Gross Merchandise Volume，商品交易总额）。

7. 客户画像的规避项

输出客户画像时需要避免使用客户企业年限、地域、营收、员工数等简单的自然特征给客户贴标签。应该突出客户的需求特征，例如软件的采购价格超过 10 万元时就不会购买、系统事故超过 1 次 / 月就会流失、友商（SaaS 竞争对手）也在投标、定制化程度高或者业务部门成熟等。

此外，要避免将客户画像做成客户档案，而是要梳理客户的思考重点、行为方式和决策路径。绘制客户画像的目的是理解客户在不同情境下的反馈，以便有针对性地找到客户的潜在需求。比如在寻找各路数据的过程中，客户会多次被反馈相同的信息，反馈相同信息的频率比较高的时候，就要特别注意，这很可能是目标客户群具有的共性，可以写入客户画像草案中。

3.1.4　SaaS 客户的整体特征

不同细分赛道的 SaaS 客户画像不同，即便是通用型 SaaS 服务产品，也会有来自客户覆盖面、产品侧重等方面的差异。即便如此，SaaS 市场的一般客户画像对我们仍然有所启发，一方面可以帮助我们了解一定范围内客户群体的共同特征，另一方面可以对比自身所在行业的客户差异化水平。本小节对我国 SaaS 客户的整体特征进行简单的介绍。

1. SaaS 客户的整体情况

有关数据显示，我国超过 40% 的 SaaS 客户分布在一、二线城市，近 50% 的客户企业规模超过 300 人，超过 50% 的客户企业年收入超过 3 000 万元，近 40% 的客户是中型企业，60% 以上的客户集中在制造、互联网、软件等行业。

总体上看，我国的 SaaS 客户以中型企业为主，重点分布在一、二线城市，制造、互联网、软件等行业居多。

2. SaaS 客户行业分布

有关数据显示，我国 SaaS 客户比例较高的行业有制造、互联网、软件、能源、交通、专业服务等，其中制造业和互联网分别为 21.4% 和 21%，软件、能源和交通等行业的占比也较高，如图 3-4 所示。

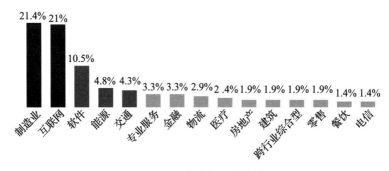

图 3-4　SaaS 客户行业分布情况

可见，我国 SaaS 客户的行业集中度较高，前四大行业占比接近 60%，SaaS 服务商应该对这四大行业进行重点布局。

3. 价格接受度

SaaS 产品的市场价格测试显示，对于低于 1 500 元的 SaaS 产品，客户会怀疑其质量而不会去购买；对于高于 60 000 元的 SaaS 产品，客户会认为过于昂贵，也不会购买。SaaS 产品单价的可接受范围是 1 500 ～ 60 000 元，而最优单价为 4 000 ～ 9 000 元，如图 3-5 所示。

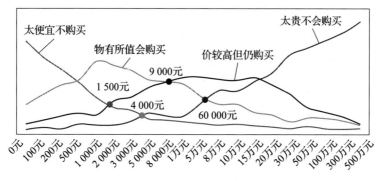

图 3-5 客户对 SaaS 产品的价格接受度

3.1.5 根据客户画像进行客户分层

1. 什么是客户分层

先来看一个问题：假设有这样一个 SaaS 服务商，它拥有两个需求不同的目标客户，那么应该优先服务哪一个客户呢？

读者可能会说，客户是平等的，应该同时为两个客户提供服务。那么，如果要同时服务这两个客户，SaaS 服务商是提供同一种产品，还是为这两个客户分别设计不同的产品呢？显然问题越落地就越复杂。

其实这是 SaaS 服务商常常遇到的问题。在做决策之前，服务商需要先对客户进行分层，将拥有相似属性的客户分为一个层次。客户分层和客户画像是一种承接关系，也就是基于客户画像进行客户分层。客户分层是实现 SaaS 客户精细化管理的重要途径，这一概念在国外比较受重视，无论产品的研发、市场营销的策略，还是商业数据的分析，都会用到客户分层。

2. 横向客户分层

横向客户分层就是将不同的客户以统一的参考维度进行划分。参考维度一般选取客户画像中占主导地位的要素，可以是影响力方面，比如在某一个领域有核心资源、占据了领先地位等，也可以是员工人数、业务覆盖范围等。

横向客户分层通常会将客户分为大、中、小（或小微）三层，也可以在此基础上做进一步的细化分层。

大客户也被 SaaS 服务商称为 KA（Key Account，重点客户），这部分客户往往消费频率高、消费量大，为 SaaS 服务商带来的利润高。SMB（Small and Medium Business，中小客户）相比于 K A 在 SaaS 产品的消费频率、消费量、带来的利润等方面逊色一些。

大客户往往是对新颖的 IT 服务需求最迫切的客户，它们的付费能力强，拥有较高的客单价，但是数量较少，并且有定制化的诉求。根据笔者多年的经验，SaaS 服务商对大客户的服务做得不好，那么大客户可能直接流失；如果服务做得好，那么大客户也可能仅在过渡阶段使用 SaaS 产品，一段时间后选择自行研发。对于大客户，不稳定的因素较多，且对 SaaS 服务商的影响较大。尽管如此，大客户依然是 SaaS 服务商的兵家必争，并且利大于弊。

中客户通常被视为 SaaS 产品的理想客户群体。它们比较在意产品的价格、学习成本、带来的收益等。

小客户往往不具规模，生命周期短、付费意识不强，个性化需求较少。这部分客户是相对容易被挖掘的，但是需要扶植。

3. 纵向客户分层

SaaS 服务商都在争取客户，但某些细分领域的客户市场规模本身就不大，市场天花板较低。比如一些国家严格把关或控制的行业，其客户群体相当于不可再生资源。

面对这样的客群，仅通过横向切分客户群体，找到自己适合的区段，显然是不够的，因为客户群体本身不具备数量上的优势。在这种情况下，若要挖掘更大的客户价值，就需要纵向扩展客户的价值深度，将客户的整个产业链分层，从产业链上寻求机会和切入角度。

以医药行业为例，除了满足中游客户在零售端的管理之外，SaaS 服务商还可以挖掘上游的药厂议价、药品集中配送，下游的客户管理、客户药学服务，以及数据资源的价值点。这样在产业链上就形成了纵向客户分层，如图 3-6 所示。

客户的业务可能在产业链上、中、下游都有所涉及，SaaS 服务商可以选择最适合的区段重点发展。比如一个连锁药店，在上游

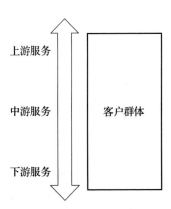

图 3-6　SaaS 客户基于产业链的纵向分层

具有批发配送资质，中游具有零售资质，下游还提供轻问诊服务，那么服务商可以考虑在这三个区段中选择最可能成功的 SaaS 服务突破点。

3.2 客户的组织结构

了解企业客户，一定要了解企业组织结构。因为企业不是客户单兵作战，而是基于组织或编制作战的。

3.2.1 企业组织结构

企业组织结构的概念有广义和狭义之分。狭义的组织结构，是指为了实现组织的目标，在组织理论指导下，经过组织设计形成的组织内部各个部门、各个层次之间固定的排列方式，即组织内部的构成框架。广义的组织结构，除了包含狭义的组织结构内容外，还包括组织之间的相互关系类型，如协作方式、消息传递方式等。本书的企业组织结构更倾向于广义的定义。

每个企业客户都有自己的企业组织结构，企业组织结构是企业进行流程运转、部门设置及职能规划的基本结构依据，组织结构往往决定组织流程，进而影响商业模式的实现。

1. 企业组织结构的形式

企业组织结构的形式有不同的分类方法。从项目管理的角度，PMBOK（Project Management Body Of Knowledge，项目管理知识体系）将企业组织结构分为六种类型：职能型、项目型、弱矩阵型、平衡型、强矩阵型、复合型。显然这种分法是带有很重的项

目管理色彩的。如果站在企业日常经营的角度,企业组织结构的
形式可以简单地分为直线型、职能型、流程型、网络型等。这几
种组织结构类型相对而言呈现出一种演进的趋势,也就是越往后
的组织结构优越性相对越好,且更适合业务复杂和庞大情况下的
高效运转,如图 3-7 所示。

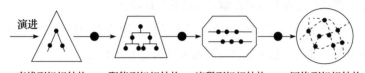

图 3-7 直线型、职能型、流程型、网络型企业组织结构

2. 企业组织结构图

企业组织结构图是架构的直观反映,它形象地反映了组织内
各机构、岗位上下左右之间的关系。它是一种表现成员归属、职
位结构、信息联络层次等关系的图表。

我们经常看到的"职能型"企业组织结构图如图 3-8 所示。
该图层级分明地展示了组织的结构信息,且支持上下左右扩展。

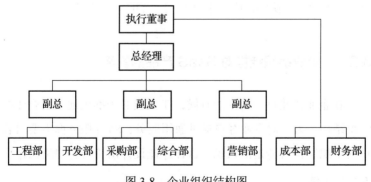

图 3-8 企业组织结构图

组织结构图并不是一个固定的格式，关键是要考虑是否符合公司发展战略的需要。组织结构的功能是为了实现战略效果而将相关工作进行划分，因此要根据企业的具体情况制定个性的组织结构图。

企业组织结构图的颗粒度可大可小，集团级别的组织结构图往往颗粒度大，覆盖面广。而单个小部门（比如生产中心、行政中心、营销中心等）也可以输出自己的组织结构图。

每个行业的组织结构图可能不一样，因为不同行业的部门划分习惯、部门人员职能以及所需人员侧重等都不同。

3. 企业组织结构的意义

企业组织结构是企业进行流程运转、部门设置及职能规划的依据，没有组织结构的企业是一盘散沙。如果企业组织结构不合理，会严重阻碍企业的正常运作，甚至导致企业经营失败。

企业组织结构图可以显示职能的划分，可以反映权责是否适当，可以看出人员的工作负荷是否过重以及有无关人员利用率不高的情形。

适宜、高效的组织结构能够最大限度地释放企业的能量，使企业更好地发挥协同效应，达到 $1 + 1 > 2$ 的运营状态。

3.2.2 企业组织结构对 SaaS 产品的影响

在企业搭建自用软件的时候，IT 人员必须准确地了解企业的组织结构。为了向企业客户提供通用服务，SaaS 服务商需要对客户的组织结构有清楚的认识，这样才能设计出符合客户组织运作方式的系统。

不同客户的组织结构有所差异，这是正常现象，我们需要描绘较为通用的组织结构，并留意目标客户中差异化的组织结构类型。

了解组织结构，需要通过调查的方式，统计客户的组织分支、核心业务、角色分布、分工和协同等信息。然后将信息汇总，从中提炼出组织结构模型，作为其他产品功能设计的参考。

1. SaaS 客户组织结构调研

调研客户的组织结构可以从 4 个方面进行，分别是职能结构、层次结构、部门结构、职权结构，如图 3-9 所示。

- ❑ 职能结构：一项业务的成功运作需要多项职能共同发挥作用，因此在调研客户组织结构时首先应确定客户企业经营到底需要哪几个职能，然后确定各职能的比例与相互之间的关系。
- ❑ 层次结构：指的是管理层的构成，也就是客户设置了几个管理层级。
- ❑ 部门结构：各部门的构成，也就是客户设置了多少部门。
- ❑ 职权结构：各管理层、各部门在权力和责任方面的分工及相互关系。

图 3-9　调研客户组织结构的 4 个方面

2. 组织结构对 SaaS 产品的影响

下面举例说明企业组织结构对 SaaS 产品的影响。

（1）影响 SaaS 产品的"组织结构"模块　在 SaaS 产品的功能模块中，往往会有类似"组织结构"的模块，甚至以组织中台等形式存在。组织结构复杂的客户群体，就需要相应复杂的"组织结构"模块。如图 3-10 所示，某 SaaS 产品的"组织结构"模块不仅包含组织自身的结构设计，还包含配套的功能，如组织结构层级调整、机构类别等。

图 3-10　某 SaaS 产品的"组织结构"模块

（2）影响 SaaS 产品的核心业务模型　客户企业可能有产品部、技术部、运营部、商务部等，各个部门的职责是不一样的。当业务板块非常多的时候，核心业务可能受到组织分支的影响，需要通过组织结构实现分工协作，这会影响业务流程和模型的设计，SaaS 产品在核心流程的设计上需要做深度兼容。

举个例子，部分药品连锁公司会出现这样的情况：一部分门店盘点工作由总部派出专员，到下设的门店执行盘点，另一部分门店独立经营，总部不参与盘点工作。那么在设计 SaaS 产品的盘点功能时，数据权限、操作权限以及功能结构等方面就应该有很大的差别。

（3）影响 IT 架构　组织结构模式下的组织分工、业务架构、企业模式等，都在影响企业的 IT 架构。了解组织结构，才能融入业务调度场景，厘清业务可能存在的变数和兼容性问题。

3.2.3　案例：组织结构带来的差异化需求

其实在日常的功能需求调研中，也涉及客户组织结构方面的信息。比如客户故事⊖中"角色"的修饰性描述，就包含该角色所处的组织结构、关联角色、权责等。组织结构的分析影响业务方向、产品设定和逻辑规则。

举个例子，服务商 H 自认为对所服务的客户的组织结构比较了解，在推广 SaaS 产品期间，接入了一家 KA（称其为"甲"）。服务商 H 没过多研究甲的组织结构，很快就进入部署阶段。部署完成后在 SaaS 系统运行的过程中，甲不断反馈功能层面的问题，经过产品经理汇总分析，发现原因是 SaaS 系统的企业组织结构模型和甲的组织结构并不匹配。甲的组织结构如图 3-11 所示。

⊖ 客户故事指描述客户渴望得到的功能。一个好的客户故事包括 3 个要素：角色、活动、价值。常用格式为：作为一个"角色"，我想要"活动"，以便于"商业价值"。

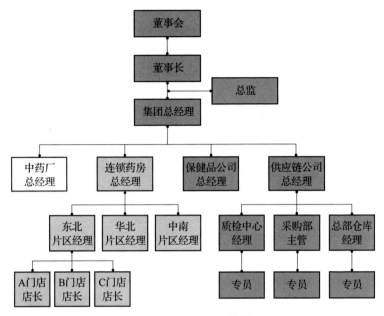

图 3-11　甲的组织结构

　　服务商 H 曾经服务的客户的组织结构中，各个门店之间是竞争或各自独立的关系。而甲的各个门店是统一受上层机构管控的。以订单分派功能为例，服务商 H 提供的 SaaS 产品实现的是当顾客搜索某商品的时候，只要有该商品库存的门店就会展示出来，顾客自行挑选并线上下单，再由相应门店完成履约。而甲的诉求是，当顾客搜索某商品时，只将顾客附近的一个门店展示给顾客（无论该门店是否有该商品库存）。之后的逻辑按照一套既定的商品调配规则进行：顾客下单后，若该门店无商品库存，则从片区调拨商品到该门店或者直接快递配送给顾客（前提是保证时效）。甲的目的是减少顾客选品时的犹豫，增加顾客下单的笃定性。因组织结构不同而导致的需求差异如图 3-12 所示。

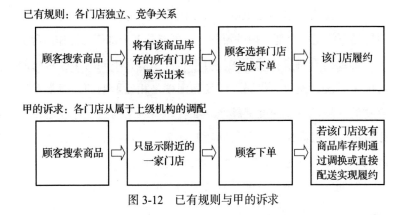

图 3-12 已有规则与甲的诉求

客户组织结构的管控关系，为业务开展提供了固化甚至不可随意扭转的走向，深刻影响着 SaaS 产品功能的底层逻辑，需要服务商或产品经理加以重视。

3.3 客户的企业架构

要想服务好客户，最好能对客户的资源做整体上的把控，以便更好地调度资源，搭建稳健的 SaaS 服务能力。我们不仅要了解客户的企业组织结构，也要了解客户的企业架构。

3.3.1 了解架构

1. 什么是架构

架构是对结构的进一步抽象。架构可以理解为一种视角，架构视角看到的问题是结构化和体系化的，需要一个严谨而全面的坐标系，这个坐标系有 4 个维度：广度、深度、时间、视图。

广度是看待事物的范围，对于同一个业务流程，不同的广度对应的可能是一个部门内的流程，也可能是多个部门的协作流程。

深度是看待事物的层次，对于软件系统，不同的深度对应的可能是系统、模块、代码。广度和深度是相互影响的，通常看待事物的广度越宽，深度就越浅。二者和组织结构的设计也是相辅相成的，一般高层管理者看问题非常全面，对细节并不关注，一线执行人员对问题的细节非常了解，但视角较狭窄。

时间比较好理解，就是看待事物的时间点——过去、现在还是未来。将时间的理念体现在架构中，是架构拥有生命力的前提。

在了解视图之前，先了解一下工程制图。工程制图原本指的是绘制用于建筑、产品设计等的施工或加工图纸。工程制图中常把物体在某个平面上的正投影称为视图，相应的投射方向称为视向，视向有正视、俯视、侧视等。我们在输出看到的事物的时候，也存在这样的视图。视图就是输出架构图的关注点的集合类型。

2. 架构的意义

架构的意义在于，一旦架构师或者团队就架构达成一致，那么该架构的框架就将约束架构师只能在规定的结构下进行设计和开发。

把企业级 SaaS 系统架构描述清楚，是一项极其复杂的工作。涉及的利益相关者和受众众多，而单个主体需要和掌握的信息体量、侧重点、颗粒度不同。由于背景不同，认知不同，因此每个人看待架构的角度、方法也各不相同，我们要整理出能让不同受众都接受的架构，让每个利益相关者都能快速获取所关注的信息。

3. 架构的输出

在软件开发中，不同的架构出场顺序不太一样，并且架构是不断完善的。

通常我们先得到的是客户企业组织和业务方面的信息，所以我们可以以此整理出客户业务的边界和轮廓，搭建业务架构。

在输出产品方案之前，技术工程师要根据对业务和需求掌握的情况搭建环境、准备服务器、设计表结构等，在此之前还要输出 IT 架构。IT 架构要体现数据方面的信息、核心业务逻辑关系、为客户提供的功能等。IT 架构包含很多需要细化的架构单元。业务架构和 IT 架构通常是由专业的架构师基于前期调研完成的，并且有很多专门的理论体系进行规范和约束。

3.3.2　了解 TOGAF 企业架构理论

企业的价值实体通常是由组织结构、商业模式、业务流程、应用系统、数据、IT 基础设施等资源构成的。早期企业的 IT 部门很重视企业架构的梳理，目的之一就是实现高效管控和分配企业资源。在相关技术与理论不断发展的过程中，诞生了很多企业架构框架，TOGAF[⊖]是目前主流的开放、通用、完整和优秀的企业架构框架。世界财富 500 强企业中的多数已经或计划使用 TOGAF 发展自己的企业架构。

TOGAF 将企业架构分为两大部分：业务架构和 IT 架构。也就是将企业的资源归类为实体业务和 IT 资源两类，并分别进行架构化。

⊖ TOGAF（The Open Group Architecture Framework，开放组体系结构框架）由国际标准权威组织 The Open Group 制定，是目前主流的企业架构方法。

业务架构包括业务运营模式、业务流程体系、组织关系结构、地域分布等。IT架构包括数据架构、应用架构和技术架构三部分，是指导IT投资、进行决策、建立企业信息系统的综合蓝图。我们将企业架构拆分为图3-13所示的四部分，这四部分构成了目前普遍接受的企业架构。

- ❑ 业务架构是企业架构的核心内容，承接了企业战略，直接决定了企业战略的实现效果，是其他架构领域工作的前提条件。
- ❑ 数据架构描述了企业的物理数据资产和数据管理资源的结构。
- ❑ 应用架构为应用系统、系统之间的交互和系统与组织的核心业务流程提供蓝图，应用架构和数据架构组合成为信息系统架构。
- ❑ 技术架构描述了支持业务、数据和应用服务的软硬件能力，包括IT基础设施、中间件、网络、通信、流程、标准等。

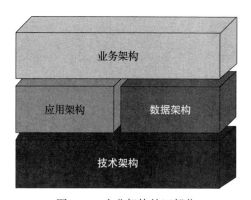

图3-13　企业架构的四部分

TOGAF 强调基于业务导向和驱动的架构来理解、分析、设计、构建、集成、扩展、运行和管理信息系统。复杂系统集成的关键是基于架构（或体系）的集成，而不是基于部件（或组件）的集成。为此，TOGAF 还提供了一个详细的架构工件模型，如图 3-14 所示。

预备阶段 原则目录	阶段 B：业务架构 组织、施动者目录 驱动力、目标、目的目录 角色目录 业务服务、功能目录 位置目录 流程、事件、控制、产品目录 契约、测度目录	阶段 C：数据架构 数据实体、数据构件目录 数据实体、业务功能矩阵 系统、数据矩阵 类图 数据发布图	阶段 C：应用架构 应用组合目录 接口目录 系统、组织矩阵 角色、系统矩阵 系统、功能矩阵 应用互动矩阵 应用通信图
阶段 A：架构愿景 利益相关者映射矩阵 价值链图 解决方案概念图	业务互动矩阵 施动者、角色矩阵 业务轨迹图 业务服务、信息图 功能的分解图 产品生命周期图 目标、目的、服务图 用例图 组织分解图 流程图 事件图	数据安全图 类阶层图 数据迁移图 数据生命周期图	应用和用户位置图 系统用例图 企业可管理性图 流程、系统实现图 软件工程图 应用迁移图 软件分布图
阶段 D：技术架构 技术标准目录 技术组合目录 系统、技术矩阵 环境和位置图 平台分解图 处理图 网络计算、硬件图 通信工程图		阶段 E：机会及解决方案 项目背景图 效益图	需求管理 需求目录

图 3-14 TOGAF 提供的详细的架构工件模型

3.3.3 企业架构对 SaaS 服务的意义

企业架构属于企业服务早期架构思想的产物，虽然与今天大多数互联网应用追求的"短平快"比起来，存在一些不适用的地方，但是这种思想对我们开拓企业 SaaS 服务有很大的启发意义。

企业架构从各个层面反映组织的使命、愿景、人员、业务、服务、技术和产品及相互之间的关系，辅以管控和演进的准则与规则。

企业架构为组织中的利益相关者定制了不同的视图，并使用他们可以理解的方式和语言反映组织的战略、业务和 IT 运维监控的状态。随着业务和 IT 规模的不断增长，缺乏整体架构治理的企业会逐渐失去控制，在信息化建设方面的巨额投资将付诸东流。

把控客户企业架构，可以更高效地构建 SaaS 服务，包括但不限于如下优势。

- ❑ 降低服务开发、支持和维护的成本。
- ❑ 增强产品的可移植性。
- ❑ 实现更为简单的系统和网络管理。
- ❑ 更容易升级和进行系统构件的替换。
- ❑ 降低 IT 基础设施的复杂度。
- ❑ 最大化现有 IT 基础设施投资的回报率。

简言之，客户的企业架构是承接客户业务与 SaaS 建设之间的桥梁和接口，是实现信息化规划的核心。

SaaS 产品架构、规划与路线图

对客户群体的属性有所把握之后，接下来进入 SaaS 产品架构、规划和路线图的设计环节，为 SaaS 产品落地制定结构框架、指导性方针以及发展路线。

4.1 产品架构梳理

本节我们进一步了解 SaaS 产品架构。

4.1.1 产品架构概述

SaaS 产品服务是持续且连贯的，产品生命周期中需要多关注客户业务发展和需求的变化，要事先考虑功能扩展、数据量级扩张、接口对接、生态化集成等。因此设计良好的 SaaS 产品架构就显得尤其重要了，需要相关人员具有前瞻的视野和优秀的设计能力。

1. 产品架构的定义

产品架构虽然常用于产品定义、方案讲解、产品介绍，但是很难找到一个官方的定义。笔者将产品架构定义为结构清晰的信息图谱：通过将产品或系统抽象成层次化的结构模块，并描述不同层次之间的协作机制、组合以及数据流转等，传递产品的业务支撑、商业模式和设计思路等信息。

2. 产品架构的意义

产品架构通常要表达产品是什么、有何价值、如何运行、包含什么功能等，以起到协助梳理产品方向、帮助设计复杂产品以及对外沟通等作用。

（1）协助梳理产品方向　思考产品架构搭建的过程，可以帮助产品经理梳理产品方向，比如需求应该如何拆解和落地、与其他产品的依赖及竞争关系是什么、未来的可拓展性在哪里等。

（2）帮助设计复杂产品　在产品设计前期，产品架构帮助技术、测试、运营等干系人理解要做什么产品、产品的结构和价值等。在产品设计中期，产品架构为团队维持正确的方向提供约束和指引。在产品设计后期，产品架构是团队和公司重要的知识库和档案沉淀，以便迭代和追溯。

（3）对外沟通　产品架构作为信息载体，其信息量更加浓缩和集中，并且通常以图表的形式表示，因此交流起来更加高效、直观、全面。

3. 容易与产品架构混淆的概念

（1）产品架构不等于产品信息结构　有人把产品信息结构当作产品架构，这是不准确的，尽管在某些构成要素上它们有重叠的地方。

信息结构通常是对产品所提供的信息进行统筹、规划、设计、安排等一系列有机处理后的结构化展现。它在人与信息之间建立连接，使信息呈现更清晰，获取更容易。通常信息结构可分为4种：线性结构、层级结构、自然结构、矩阵结构。

线性结构是一种较为简单的信息结构，通常应用于较小的产品或模块，例如阅读电子书所需的信息结构：进入→阅读→退出。

层级结构是最常见的信息结构，适用较复杂的系统，适用于有目的地查找信息。设计这种结构时需要有效平衡广度和深度，如图4-1所示。

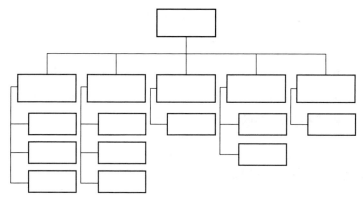

图 4-1　层级结构示意图

自然结构的节点之间交错连接，通过一个节点可以到达任意一个节点。这种结构适合2C产品，客户可以自由探索和发散式操作。2B 产品一般不会用到自然结构，因为使用 2B 产品的客户通常带有明确的目的。

矩阵结构允许客户在节点与节点之间沿着两个或更多的维度移动，这类结构的元素关系较为复杂，每个元素可以从多个维度理解，如图 4-2 所示。

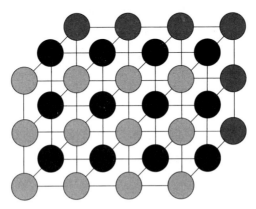

图 4-2　矩阵结构示意图

（2）产品架构有别于客户体验五要素　也有人把 Jesse James Garrett 的客户体验五要素用于设计产品架构，如图 4-3 所示。这显然是不准确的，因为客户体验五要素是从体验角度对产品设计的步骤和层级进行规范的。

4.1.2　绘制产品架构图

架构图的本质就是一种视图，也就是一种表达方式。作为产品经理，我们都会有意无意地绘制一些图表，用来表达我们对产品的理解，可能是给自己看的，也可能是给别人看的。

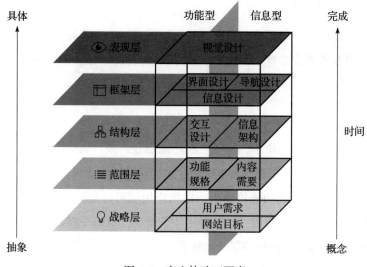

图 4-3 客户体验五要素

为了让表达更加直观，架构图必须有层次、有范围、有粒度、有动态。有层次，可以让阅读的人了解到信息的边界和信息之间的关系；有范围，包括模块范围和功能范围，让阅读的人避开干扰信息，强化目标信息；有粒度，就是控制信息的精细化程度，避免陷入细节中，也避免囫囵吞枣；有动态，则要求产品架构能够动态更新，而不是一成不变。

输出架构图就是分层、分模块、分功能、确定颗粒度及呈现方式、确保产品架构动态变化的过程。

1. 分层

将业务进行层级划分，每个层级属于独立的板块。下层更抽象，上层更具体。层级需要有逻辑上的关联，比如下层为上层服务，或者提供技术支撑。

2. 分模块

在同一个层级中，独立模块可以代表一个完整的产品或同类型的业务聚合。每个模块之间相对独立，且模块之间也会存在相互依赖、关联的关系。

3. 分功能

在同一个模块中，将独立的功能划分出来，该功能可以代表一个业务入口。简单理解就是将一个模块体系中比较具有代表性、客户比较关注的功能拎出来，比如应用层可以划分为核心应用、基础应用、职能应用、三方应用4个模块，将每个模块填充一些重要的应用，这样应用层就完整了。

4. 确定颗粒度及呈现方式

绘制产品架构前，有必要对整个业务体系进行全面思考，将所有涉及的应用、功能、系统、能力、平台罗列出来，进行提炼、归纳、分类，找到合适的呈现颗粒度。

按照常用的分类模板或是自建模板进行框架构思，按照分层、分模块、分功能的维度将内容补充进去，就会得到图4-4所示这种相对完善的产品架构。

5. 确保产品架构动态变化

架构是行动的指南，也可能需要调整，尤其是产品架构。产品架构是其他架构的参考，也是对事实情况的反映。也就是说，产品架构是随着产品定位、功能迭代、业务发展、战略方向等因素而动态变化的。

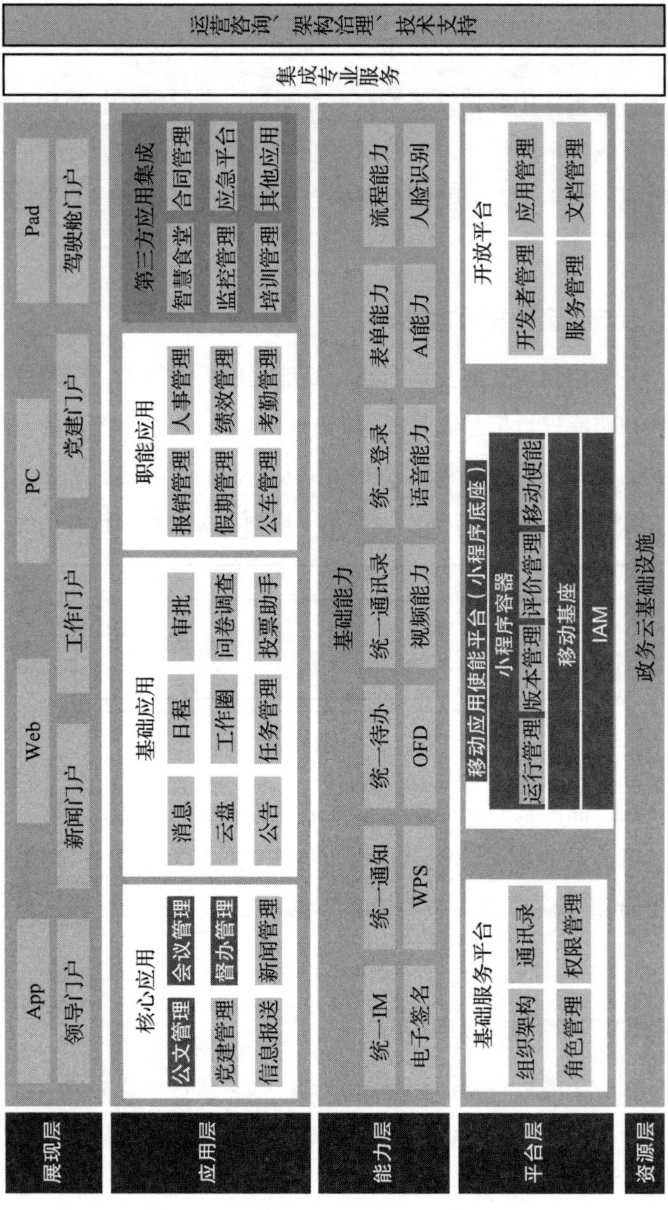
展现层
App
Web
PC
Pad
领导门户
新闻门户
工作门户
党建门户
驾驶舱门户
应用层
核心应用
公文管理
会议管理
党建管理
督办管理
信息报送
新闻管理
基础应用
消息
日程
审批
云盘
工作圈
问卷调查
公告
任务管理
投票助手
职能应用
报销管理
人事管理
假期管理
绩效管理
公车管理
考勤管理
第三方应用集成
智慧食堂
合同管理
监控管理
应急平台
培训管理
其他应用
能力层
基础能力
统一IM
统一通知
统一待办
统一通讯录
统一登录
表单能力
流程能力
电子签名
WPS
OFD
视频能力
语音能力
AI能力
人脸识别
平台层
基础服务平台
组织架构
通讯录
角色管理
权限管理
移动应用使能平台（小程序底座）
小程序容器
运行管理
版本管理
评价管理
移动使能
移动基座
IAM
开放平台
开发者管理
应用管理
服务管理
文档管理
资源层
政务云基础设施
集成专业服务
运营咨询、架构治理、技术支持

图 4-4 产品架构示意图

4.1.3 案例：绘制电商中台的产品架构

在日常工作中我们需要绘制产品架构，有时候产品架构可能不够严谨或者不够清晰，那么如何绘制一个容易被大家接受的产品架构呢？本小节以常规的电商中台为例，描述绘制产品架构的步骤。

1. 找到产品的核心功能

产品架构至少要向受众表达产品能提供哪些能力，应围绕产品的核心功能进行信息收集。我们的目的是收集和分类，为避免信息混乱，收集信息的颗粒度可以稍大一些。收集的信息更像产品的功能模板，如图 4-5 所示，显示了电商业务中台的核心功能。

图 4-5　电商业务中台的核心功能

找到产品的核心功能，其实就是对功能层的描述。这时候只是描述了产品的核心功能是什么，更细化的信息我们还不知道。这对于希望了解产品细节的人是不够的，为此我们要进行范围扩展。

2. 围绕核心功能纵向扩展

对核心功能进行纵向扩展指的是，既要在客户感知层面提供客户关心的业务支撑，又要体现这些功能需要的基础服务支撑，如图 4-6 所示。

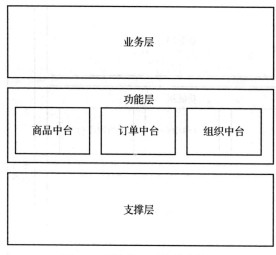

图 4-6　围绕核心功能纵向扩展

图 4-6 有点像软件的三层架构（表现层 – 逻辑层 – 持久层）。因为视角不同，所以分解的侧重点不同。对于新扩展出来的各层，可以进行适当的颗粒度细化。这时候我们发现，产品架构图已经可以表达产品有什么功能、功能可以为业务提供什么服务、功能需要哪些底层支持。

3. 横向周边扩展

除了纵向扩展，还需要考虑各个系统之间是否有接口中台、数据中台、独立的风控系统等。于是我们将产品架构的轮廓进一步丰富，如图 4-7 所示。

4. 进一步细化

从宏观角度看，如果架构功能没有遗漏，也没有重复，层次分明，那么就可以进一步细化，如图 4-8 所示。

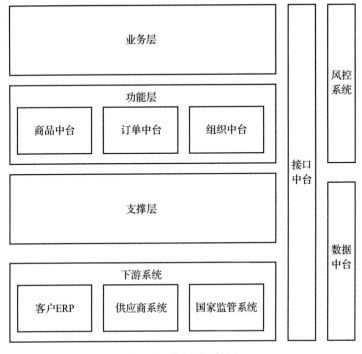

图 4-7　横向周边扩展

这时候产品架构的雏形就有了，我们可以看到功能层提供的支撑、业务层的赋能以及关联的底层业务、逻辑层所需的核心支持等。

这个例子是以核心功能为起点的，以"我要做什么"为轴线开始描绘。其实还有多种展开的思路，比如功能点汇集法，在开始绘制之前，先将大大小小的功能列举出来，然后以此为范围，展开归类，最后每一层再找对应的业务和技术支撑。

产品架构图经过不断迭代，可以作为团队的知识库进行存档，或作为重要的参考资料，比如为产品规划提供参考依据。

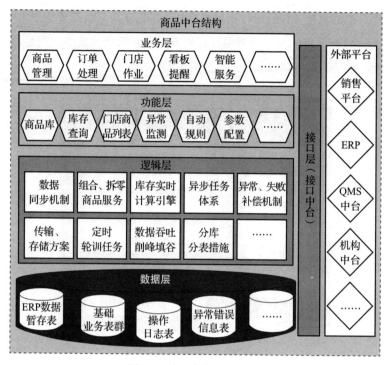

图 4-8　产品架构图的细化

4.2　产品规划

有了产品架构图之后，接下来进入产品规划环节。产品规划的主要目的是将架构有计划地付诸实施。

4.2.1　产品规划的概念

1. 什么是产品规划

产品规划就是基于市场环境、客户需求、公司战略、竞争状态、产品目标，设计可以满足客户和市场需求、具备行业竞争力、能达成产品目标和公司战略目标的方案，包括产品价值、产品目标、实施方案等内容和计划，如图4-9所示。

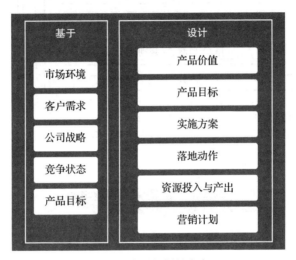

图4-9　产品规划的内容

2.产品规划的分类

如果将产品规划进行简单的分类，顶层是战略规划，中层是策略规划，底层是执行规划，分别对应宏观定向、中观拆解和微观落地。越上层的规划越低频，可能每年执行一次，但是较为宏观，影响深远。越下层的规划越高频，需要不断调整。

3.产品规划的意义

需求采集、整理与分析是制定产品战略规划的基础。产品团队拥有足够多的信息作为参考，就可以进一步明确产品的定位、目标客户、核心功能、商业模式、运营思路、路线图。

　　产品规划无论在前期还是中后期进行，都可以帮助团队明确产品生命周期和阶段的使命，明确各阶段里程碑节点和目标，指导团队制订行动计划，为各阶段提供决策依据，指引团队前进。

4.2.2　产品规划的输出物

　　产品规划通常要输出产品规划的依据、产品定位、产品愿景、产品目标、产品价值等，其表现形式可以是PPT、文档、思维导图等，无论采用哪种形式，都少不了几个核心组成部分：产品画布、商业画布、战略屋等。

1. 产品画布

　　产品画布是对产品分析结果的呈现，包括需求/问题/机会、客户细分、解决方案、独特卖点、门槛优势、渠道等，如图4-10所示。

图4-10　产品画布示意图

2. 商业画布

　　商业画布可以表达产品在不同环境和阶段下对商业需求的表现。不同的商业需求节点，决定了不同的产品规划与产品设计逻辑。典型的商业画布如图4-11所示。

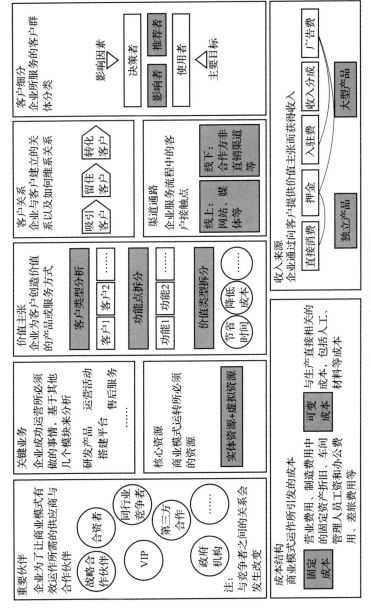

图 4-11　商业画布示意图

商业画布包含9项，整体可以分为两类，一类是以产品为主导的营收，另一类是以成本为核心的投入。商业画布本质上描述的是产品在商业盈利方面各要素之间的定性分布情况。在阅读商业画布的时候，通常从右向左看，左为企业侧，右为客户侧，其中"成本结构"和"收入来源"构成了最终的ROI（Return On Investment，投资回报率）。良性的商业模式不是一味地满足客户，而不顾企业利益，反之也不行，而是要达到动态平衡。

3. 战略屋

战略规划讲究的是杠杆，杠杆的特征就是联动和错位，战略规划有时候需要站在更高的层次才看得明白。战略屋是战略规划的呈现方式之一，图4-12为某公司SaaS产品的年度战略屋。

从图4-12可以看出，该战略屋的顶层是使命和愿景，中层和底层按照经营目标、主要战场、如何制胜、必赢之战、落地保障5个层面，对战略进行了拆解和细化。

- ❑ 在战略屋中，顶层的使命和愿景是不能被轻易推翻的，否则"墙体"的支撑就无意义。
- ❑ 战略规划需要中、底层的支撑，战略屋中不能只有使命和愿景。
- ❑ 战略规划是需要进一步拆解的。

在SaaS产品的规划过程中，每个板块的负责人不能只站在自己的角度思考，而是应该站在战略角度（假设战略规划是团队共识和认可的），解释产品规划的每一项，为战略规划提供价值。反过来看，战略规划要明确对应某个板块时需要提供哪些支撑。如果产品经理习惯于只看树木不看森林，就容易在规划层面走进主观的世界，与整体 SaaS 产品的规划步调不一致，不仅影响优先级权重，而且很多细节的设计都会偏离方向。

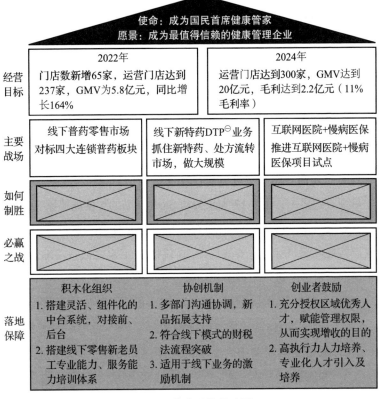

图 4-12　某公司的战略屋

以上介绍的只是产品架构的表现形式。SaaS 产品是否能规划好，不在于图表做得是否漂亮，而在于是否足够深入地分析产品以及认真规划。

⊖　DTP 即直到患者（Direct To Patient）。

4.2.3 案例：A公司的商品主数据管控战略规划

通常，产品规划是根据对产品和市场的综合理解，沿着产品的生命周期开展的。有时候企业的战略规划会在更高的层次影响产品的规划路线。

战略规划可以是产品层面的，也可以是功能层面的。战略规划可能是为产品而打造的，也可能是为抢占市场而打造的，还有可能仅仅是为了和竞争对手拉开距离而打造的。在这个层面上，战略就像杠杆，其作用可能是间接的、长期的。本小节以A公司的SaaS产品为例，分享战略层面主导下产品规划的方法。

A公司的SaaS产品是给药店使用的，药店作为租户，组织结构的底层是门店。门店包括单体门店、连锁门店两种。如果是连锁门店，还会有连锁总部，连锁总部上面是公司层级，公司再往上是集团层级，一些集团公司还会拆分或收购多个子公司进行管理。于是我们得到一个客户组织关系图，如图4-13所示。

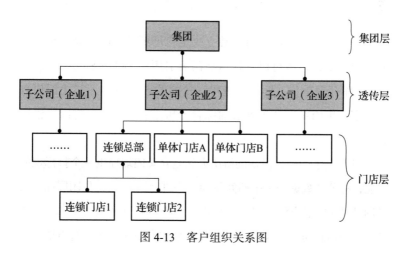

图4-13 客户组织关系图

我们先看 A 公司的 SaaS 产品在商品管理层面的规划。该
SaaS 产品提供了门店维度的商品库，服务商平台维度的商品数据
中台是所有门店共用的，门店从该商品数据中台中引用商品信息，
再存储到自己的门店中，如图 4-14 所示。

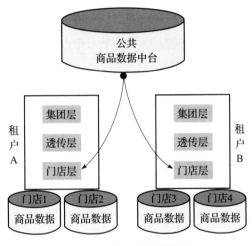

图 4-14　商品数据结构图

一开始，每个门店可以独立决定自己要经营的商品品种，后
来集团提出，希望可以管控这些门店引用的 SKU（Stock Keeping
Unit，库存量单位，即库存进出计量的基本单元），不再由门店自
己决定。集团希望从更高层面综合分析之后，统筹安排门店销售
的药品。

针对这个问题，最快的解决办法是在集团端提供一个打标识的
功能，将公共数据中台中的商品 SKU 拉取到集团层，集团层标识为
可用品种（标记为集团的"标准品"）的，门店才能继续采购。与此
同时，门店仍可以主动从公共商品数据中台中向集团发起申请，即

形成了图 4-15 所示的闭环回路，以实现高效、低成本的集团管控。

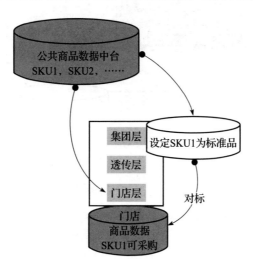

图 4-15 商品主数据获取的闭环回路

这个方案未被采用，原因是虽然满足了当前的需求，同时符合小步快跑的节奏，也不会引起客户作业习惯的变化，但不符合A 公司的战略规划。A 公司希望自己的 SaaS 产品未来重点服务大集团客户，想要在 SaaS 系统中打造集团全权管控门店商品的机制，而不仅仅是打标识的折中方案。

最终解决方案变为门店彻底不再从公共商品数据中台引用商品，而是全部由集团将商品引入商品库，门店再以商品库作为数据源头引用商品资料，如图 4-16 所示。

从这个案例可以看出，虽然要解决的业务问题可以有更好的办法，但是战略层面需要有更高层次的考虑。这时候产品经理需要跳出产品本身的思考高度，看到事情的本质，而不仅仅是要解决的问题。

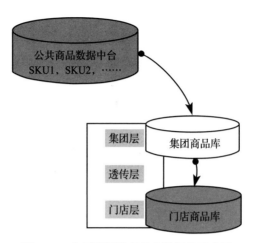

图 4-16 集团端管控商品主数据的示意图

4.3 产品路线图

有了产品规划之后，就要有一定的行动路线，将产品规划加以实现。这时候要用到产品路线图。

4.3.1 产品路线图的意义

产品路线图体现的是产品功能迭代的过程，包括每个阶段的目标、要实现的主要功能、里程碑事件等。它将产品规划与项目管理的思想融合在一起，将产品功能的实现划分成若干阶段，结合可投入资源、产品功能的需求价值、功能的实现成本和功能之间的关系等，确定各阶段所需实现的功能。它也是一个优先级列表，包含了产品团队需要开发的功能和项目，宏观展示了产品的发展方向。

产品路线图是产品需求在时间轴上的总体视图，展示了产品的发展方向及团队实现目标的周期，为团队指明了方向。

产品路线图通常以季度为单位，有时会以滚动的 3 个月为周期，让管理层和团队能够确定不同阶段的产出及时间点，以便协调营销与运营资源。在多变的商业环境下，产品路线图时常会结合商业需求、运营思路、客户体验等多个维度进行适时的调整。

产品路线图的价值是让团队清楚目标、评判目标的标准，以及为达到标准需要在什么时间点完成什么功能。产品路线图一方面让产品经理在需求开发前可以思考得更加透彻，包括需求的价值、需求在实现产品愿景中的价值占比以及需求的影响范围，另一方面让技术团队对于每个阶段的功能价值和因果性有较长远的设计规划。

4.3.2　如何绘制产品路线图

产品路线图通常由横轴和纵轴两个维度组成。横轴表示时间进度，也就是将时间轴划分为不同阶段，纵轴以实现内容为依据进行划分。本小节介绍如何绘制产品路线图。

1. 绘制步骤

绘制产品路线图的具体步骤如下。

第一步，分解产品需求。

产品需求分为内部需求和外部需求。通常内部需求来自产品战略，外部需求来自市场调研。在产品路线图中显示的需求存在不同的层级：场景和功能。

第二步，将产品需求归类分组。

分解产品的需求之后，需要对需求进行整理归类，即按业务流程或功能逻辑把需求分成特定的主题。需求分组时要考虑的内容包括：产品的使用方式和使用流程；哪些功能是客户要连续使用的，哪些功能是客户低频使用的；提供某一功能后，会对客户的使用造成什么影响；项目团队能否识别出需求的技术相似性或依赖性。

第三步，产品需求估算排序。

大致估算实现需求的工作量，并对产品需求进行优先级排序。

❑ 评估每一项需求的价值并量化（给需求的客户价值和商业价值打分）。

❑ 评估每一项需求的工作量并量化（给完成需求的难易程度打分）。

❑ 结合需求的价值和工作量，确定需求的相对优先级。

第四步，确定需求时间框架。

为项目的发布选择一个合适的迭代周期（时间增量），比如一周、两周、一个月、一个季度或固定的天数。将产品待办列表中的需求分配到每个迭代周期中，随着项目的进展，及时更新产品路线图，如图 4-17 所示。

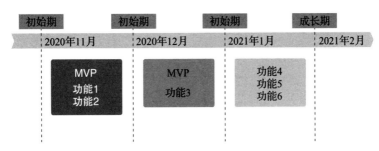

图 4-17　产品路线图

2.注意事项

产品路线图中通常不会包含漏洞、优化之类的细节，仅包含一些必要的功能、项目，以及大型团队、多团队的联动。在实现产品路线图的过程中，会出现产品组织资源浪费和失败，主要原因如下。

- ❑ 规划本身存在问题，比如客户不认可，成本超过预期，竞争对手抢先推出了相似的产品等。
- ❑ 路线图被视为承诺，在推动创意落地的过程中随着信息的增加，即使我们已经发现了不妥，也难以对产品路线图进行调整。公司内部会将这些产品创意当作承诺，作为考核内容。

| 第5章 | CHAPTER

需求分析与模型推演

需求是产品构建的基础，也是机会和价值的源头。需求的内涵和外延往往不是需求本身所能表达的，需要基于需求进一步深度挖掘，推演出模型，提炼出支撑产品决策的线索，最终支撑产品的建设。

5.1 需求的概念与需求获取

获取需求之前应先了解需求的四要素。需求获取是一个动态、持续的过程。需求要有合理的方法进行管理。

5.1.1 需求的四要素

对于需求，站住不同的角度可以给出不同的定义。笔者认为，需求就是未被满足的碎片化期望，是 SaaS 产品的机会和价值的源泉。

为了更好地识别需求，我们先了解需求的四要素：主体、场景、目的、价值。

1. 主体

需求的主体是人或事物。主体分为直接主体和间接主体。比如"发货"这个需求，表面上看是货的需求，实际上是人的需求，而人的背后是商家，所以"发货"从根本上说是商家的业务使命或履约职责的诉求，即直接主体是商家，间接主体是货。

2. 场景

需求的场景指需求产生的条件，包括但不限于环境、时间、地点等，只有满足条件，需求才能成立。我们只能基于具体的场景处理该场景下确定的需求。脱离场景，不谈需求，因为我们无法精准满足不加条件的需求。例如，"发货"是在有待发货单的时候才有的需求，如果待发货单是异常的，或者待发货单的状态是尚未达到，就不具备"发货"的需要。

3. 目的

需求的目的可能是隐性的。比如需要一匹马，可能是因为我喜欢马，或者我想研究马，也可能是我想骑马，对应的解决办法都是不同的。如果不清楚目的，很难命中需求的痛点。

4. 价值

需求被满足，被满足者得到了价值，与此同时作为回馈，需要以另一种价值形式补偿给解决方案提供方，这是最基本的价值回馈形式。在互联网产品领域，需求向上表现为产品价值，向下表现为客户依赖。客户通过产品得到价值，并完成价值回馈。

上述四要素是我们判定需求时不可或缺的信息。在整个产品构建过程中，最不缺的是需求，而最离不开的也是需求。唯有很好地定义需求、评价需求，才能为产品构建提供坚实的基础。

5.1.2　需求的获取与管理

获取需求是需求处理的起点。需求分为主动需求和被动需求两种：主动需求往往是产品经理通过对问题进行诊断或通过机会识别提取出来的；被动需求往往是客户提出来的，也可能是产品本身发生了异常，从而暴露出来的。

在 SaaS 产品的不同阶段，获取需求的渠道有所不同，本小节从 SaaS 产品的搭建初期和稳步迭代时期出发，介绍需求获取与管理的方法。

1. 搭建初期

获取需求的本质是识别需求、机会或风险。在 SaaS 产品的搭建初期，需求主要来自业务人员诉求、公司战略规划、同类竞品调研等。因此，主要通过调研客户、对标标杆企业或产品、数据分析等手段获取需求。

（1）调研客户　接近客户，才能更好地获取业务需求。比如，了解客服人员每天接待的客户数量、接待一个客户平均花费多长时间，有助于我们规划客服管理功能。

调研的时候要准备模板化的表格，登记访谈日期、访谈角色信息、访谈结果等，以便后期跟进。需要注意的是，访谈的范围既要宽泛，又要有深度，虽然前期可能实现不了全部需求，但是调研本身要力争全面。

（2）对标标杆企业或产品　在SaaS产品的搭建初期，往往没有太多时间和经验进行创新，那么这个阶段对标标杆企业或产品就是获取需求的有效途径。我们可以寻找一些相似度高的竞品，看它们有哪些模块，是怎么运转的，以此作为参考依据。

需要注意的是，参考竞品也不要局限在某一个领域中，凡是对我们有所启发的线上或线下模式都可以借鉴。

（3）数据分析　数据是相对高质量的参考依据，可以是线下人工统计的数据，也可以是第三方统计的数据。

2. 稳步迭代时期

SaaS产品进入稳步迭代时期后，需求来源主要有如下几方面。

（1）客户反馈的需求　客户往往是最先发现新场景或诉求的人，我们要制定统一的收集渠道，将客户需求汇聚起来，定期进行评价和分析，并调研跟进。

（2）异常问题转化为需求　异常问题主要包括数据异常和功能异常。比如客户发现一批异常数据，产品经理对这些异常数据进行调查后发现功能缺陷，提供修复方案，从而转化为需求。

（3）产品经理的主动优化　产品经理要主动挖掘客户尚未发现的需求，这些需求往往具备让产品锦上添花、为客户带来惊喜的作用。产品经理要多使用自己的产品，多对比外部产品，才能发现问题，获取优化功能的契机。

3. 需求管理

获取需求后，将它们统一管理并整合在需求池中，如图 5-1 所示。

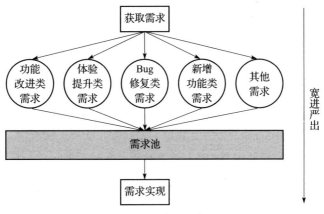

图 5-1　需求池示意图

需求池就像一个漏斗，以"宽进严出"的理念进行管理，目的是不遗漏任何有价值的需求。每一个需求都要体现几个重要维度，如表 5-1 所示。

表 5-1　需求池体现的维度

需求名称	模块	需求描述	需求来源	提出人			拟定优先级	跟进人	状态	链接	备注
				姓名	职务	联系方式					
增加订单详情页面	订单管理	❑详情页面包括搜索、列表、统计等；❑权限开放给客服人员	用户	张三	客服	9617	高	李四	待调研	—	本周完成

需求池的管理是长期的，很多需求一开始被评估为没必要，但一段时间后又出现在需求池中。这些碎片化的信号在需求池中会不断引起我们的注意，帮助我们发现更重要的需求。

5.2 需求调研和分析

认识并获取需求只是获得了线索，接下来要做的是需求调研和分析。

5.2.1 涉众、干系人和客户

1. 涉众

我们获取需求之后，首先想到的是这些需求涉及哪些人，也就是涉众。涉众是与 SaaS 产品相关的人，如图 5-2 所示。

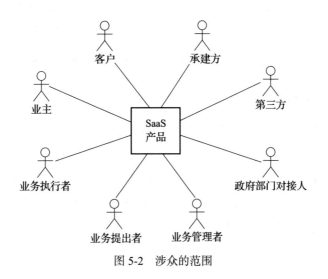

图 5-2 涉众的范围

涉众或多或少地影响产品的建设，但是涉众不等于客户。产品的使用者将从涉众当中产生，因此涉众分析是一项重要的工作。

涉众分析的第一步是对涉众进行分类，描述不同涉众类别的特征，包括个人特征、工作特征。第二步是分析不同涉众类别对产品的影响和受产品影响的程度，分析不同涉众类别的重要性和影响力。例如餐厅准备做一套点餐系统，其涉众分析如表 5-2 所示。

表 5-2　点餐系统的涉众分析

涉众	主要目标	态度	主要关注点	约束条件
餐厅管理层	提高员工的工作效率，节约餐厅的成本	强烈要求尽快实现点餐系统	使用该系统所节约的成本必须超过开发和使用此系统的费用	无
餐厅员工	高效规划工作时间，提高顾客的满意度	只要不因此裁员，愿意接受新系统	保证正常工作的开展	培训员工使用点餐系统的技能，系统需要有送餐功能
顾客	可以更便捷地点餐	比较支持新系统，但使用系统的次数并不多	使用简单，送餐安全可靠	需要安装客户端，使用网络

2. 干系人

产品往往涉众众多，我们将其中全程关注产品建设的称作干系人。

笔者曾经推进过一个重要的需求，发现拉齐 9 个部门的人员实在是太困难了，而这 9 个部门中就有该需求的提出者。为什么需求提出者在沟通环节却不着急呢？

后来发现，在需求提出者的季度 KPI 中，只有不到 10% 的部分与这个需求涉及的模块有关。要想推进这个需求，需要找到与该需求更紧密利害关系的干系人，即核心干系人。这时候可以使用干系人参与度评估矩阵对干系人进行划分。在该矩阵中，将干系人的态度分为如下几种。

- ❑ 不了解型：不知道项目及其潜在影响。
- ❑ 抵制型：虽然知道项目及其潜在影响，但抵制项目工作或成果可能引发的变更。此类干系人不会支持项目工作或项目成果。
- ❑ 中立型：了解项目及其潜在影响，既不支持，也不反对。
- ❑ 支持型：了解项目及其潜在影响，并且支持项目工作及其成果。
- ❑ 领导型：了解项目及其潜在影响，而且积极推动项目取得成功。

将干系人按顺序排列，如表 5-3 所示。C 代表每个干系人的参与水平，D 表示项目团队评估的为确保项目成功所期望的参与水平。根据每个干系人的当前参与水平与期望参与水平的差距，开展必要的沟通，有效引导干系人参与项目。

表 5-3　干系人分析

干系人	不了解型	抵制型	中立型	支持型	领导型
干系人 1	C			D	
干系人 2			C	D	
干系人 3				DC	

3. 客户

客户属于涉众，也是重要的干系人。产品本身的价值依赖于客户对产品的使用。在规划产品之前，需要先识别客户并理解客户的属性。笔者将客户的属性分为 4 种，如图 5-3 所示。

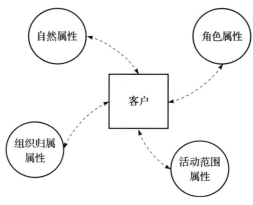

图 5-3　客户的 4 种属性

（1）自然属性　产品的客户可能来自不同行业，具备不同的自然属性。自然属性影响客户的心理预期，这也是产品设计时需要捕获的需求点。

（2）角色属性　无论客户的自然属性如何，在接触 SaaS 产品时，都是以某一个身份进行作业的。我们可以把客户拆解为不同的角色，角色是基于场景的，例如：客户登录订单界面时，他就是订单管理员；登录财务界面时，他就是财务人员。客户在触达产品的时候才是客户，客户与产品的接触面是客户身份生效的起点。从这个层面来说，与产品接触的是业务场景下的客户角色。

（3）组织归属属性　一个角色从属于一个组织架构，带有自身利益和权限边界。这就是为什么在 B 端产品体系中有一个很重要的组织管理。组织的从属关系不仅是对现实的线上反映，更是作为逻辑判断、数据权限等应用的基本参数。

（4）活动范围属性 产品功能是为帮助特定的角色完成特定的业务行为而设定的。当客户以某种角色使用产品时，其活动范围是相对有限且确定的，不是无限开放的。

5.2.2 需求调研

需求调研是指对要了解的事物进行详细的资料搜集和分析，弄清楚其背景、要求、范围、目标、可行性方案、边界、验收标准等。从需求调研开始，便进入了需求的启动阶段，直到项目完结。从需求调研到产品决策，占据了产品经理80%的工作精力。需求调研的工作模型如图5-4所示。

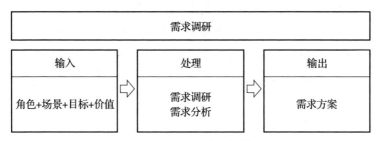

图 5-4 需求调研的工作模型

需求调研看似简单，但实际上有很多需要注意的细节。合理的需求调研会让工作变得顺畅、严谨、高效，反之则低效，且会留下漏洞。笔者认为可以采用启发式需求调研的方法，根据需求调研的维度进行深入调研，同时考虑兼容性等问题。

1. 启发式需求调研

需求调研的过程涉及很多工具或分析方法，目的是确保需求调研的高效、高质量，比如问卷调查、访谈、小组会议、头脑风暴、观察、亲和图、蒙特卡罗技术、鱼骨图、提示清单等。

为了避免被访者消极对待或者思路堵塞，通常采用启发式访谈，即从编写访谈纲要、设计启发式访谈问题、筛选访谈对象、沟通控制这4个方面着手。

我们假设在一个大型牧场集团里有一个采购审批业务，我们对牧场的运作并不了解，现在我们已经做好了访谈提纲，需要在开始访谈前设计一些问题。如果对方是操作人员，则可以设计如下问题。

❑ 请描述一下您日常的工作内容。

❑ 请阐述一下您工作中沟通的人员都有哪些。

❑ 请讲述一下您所了解的上下游工作流程。

❑ 在您的工作中，有没有一些特殊设计的流程或者业务？

❑ 能否谈一下您在这个岗位上的工作心得？

❑ 有没有某些功能，您认为能够更好地帮助您开展工作？

2. 需求调研的维度

需求调研的重要性在于最好一次性把必要的信息收集齐，这就意味着除了掌握方法、开展需求调研之外，还要遵循一定的维度，确保不遗漏。这里推荐5W1H8C法，具体如下。

❑ 5W，即When（什么时间）、Where（什么位置）、Who（谁）、What（做什么）、Why（目的或原因）。

❑ 1H，即How（怎么操作）。

❑ 8C，即8个限制，包括性能、成本、时间、可靠性、安全性、合规性、技术性、兼容性。

3. 调研要深入

调研要深入，一方面是深入分析该需求与业务的痛点是否对齐了，有时候客户要求的功能并不能解决他们的问题，这时候产品经理要深入问题内部，提出更专业的解决方案。另一方面是了解功能本身的背景，比如客户要求在某一页面增加一个搜索项，这个需求看起来很清晰，产品经理要思考为什么之前没有这个搜索项，是不是这个字段的查询速度很慢，不增加这个搜索项会导致多大的损失，增加了又能转化多少收益等。

4. 兼容性的调研

SaaS 产品最大的难点是实现不同客户的兼容性。在需求调研的时候，不能只顾着目标单向前进，还要有意识地横向考查兼容性。所谓兼容性调研，包括两个方面。

- ❑ 本需求与旧功能，或与相关系统的兼容性。比如，这个需求与现有系统是否存在冲突？对相关系统是否有影响？是否需要相关系统进行同步调整？
- ❑ 不同的客户对同一个功能是否都可以接受。调研干系人之后，还要再看看涉及该功能模块或业务的其他客户，看看他们是否也能接受该功能的调整。

5. 注意事项

（1）避免把要求当作需求　客户的要求可能超出了业务需求范围，或者超出了技术储备范围。遇到这种情况，要引导客户克制自己不合理的欲望，回归解决问题的轨道上来，从实际出发提出合理的需求。

（2）避免沟通过于技术性　对业务人员的调研不要使用过多的技术术语。如果是调查问卷形式的调研，那么问卷内容要通俗易懂，否则就会造成调研对象理解困难。正确的做法是穿插客户场景，用客户熟悉的语言进行引导。

（3）避免需求目标不可测量　避免客户的需求缺乏检验的标准，有时候客户给出的需求很笼统，产品经理一定要将其具体化，只有这样才能与实现、测试、验收阶段对标。

（4）避免和不适当的人讨论　如果调研对象不合适，一方面无法获取真实的需求，另一方面无法确认需求方案。一般调研对象以客户的项目负责人或经验丰富的员工为主，并且需要与对方强调调研内容的唯一性和准确性。

5.2.3　需求质量和优先级分析

分析需求主要是为了辨别需求的真伪，并决策需求的优先级。

1. 过滤质量不高的需求

通过信息收集、常识推理和工具手段，可以规避伪需求。过滤需求既有利于产品体系的良性发展，也有利于提高团队的工作效率。过滤需求就是通过一定的手段判断需求是否应该被过滤掉。

（1）客户场景模拟法　在调研需求的时候要模拟业务的场景，分析客户提到的需求是否能解决他所遇到的问题。如果不能帮助客户解决问题，那么这个需求可能是伪需求。下面举一个例子。

背景："货到付款"类型的订单会因为缺货而无法发出，如果超过一定的时间，客服就会跟顾客沟通，帮顾客取消订单。

需求：由于这种订单的数量很多，逐一沟通并取消订单太费时间，因此客户要求在"缺货订单"列表页增加"批量取消订单"按钮。

分析：经调研业务操作场景发现，客服需要先找到缺货订单，然后和顾客沟通，顾客同意取消订单后，才能进行后续操作。因为客服必须逐一与顾客沟通，所以"批量取消订单"按钮无法被有效使用。

综上，该需求是一个伪需求，应该被过滤掉。

（2）功能归属分析 为专职系统配置专职功能，有助于建设合理的产品体系。在需求调研的时候，可以通过系统定位，判断需求是否应该在该系统中完成。如果不属于该系统，那么直接说服需求方更换方案。下面举一个例子。

背景：CRM 有一个顾客标签生成功能，可根据顾客的消费行为数据自动关联标签，如优质顾客、高潜力顾客、欺诈顾客等。

需求：客户希望增加英语版本的标签，这样外籍员工可以在同一系统中进行操作。

分析：经调研发现，翻译之后的标签并不是在 CRM 中使用的，而是给 SMS（Subscriber Management System，客户管理系统）使用的。应该由 SMS 根据 CMS（Content Management System，内容管理系统）提供的基础标签数据做二次衍生。这样设计是基于以下考虑：首先，未来可能会有更多语言版本的扩展需求或有更多系统提出类似的需求；其次，CRM 已经完成了"接力赛"的第一棒，创造了基础数据，如果其他系统要特殊化使用，完全可以自行实现特殊化处理，无须耦合回 CRM。

本例中的需求是真需求，并且实现上也没有难度，但是该功能的定位超出了本系统的范畴，耦合性过高只会增加系统的复杂程度，将来难以维护和扩展。

（3）通过价值定位过滤需求　需求的价值是能带来收益。如果一个需求做和不做没多大区别，那么就说明该需求并无实质价值，应将其过滤掉。

（4）ROI过滤需求　需求的合理性包括需求的定位是否合理、需求的实现是否合理两个方面。

❑ 需求的定位是否合理：比如该需求在本系统中实现是否恰当，开放权限是否合适，是否泄露了公司机密等。有的时候客户无法区分应该在哪个系统实现需求，他们提出的需求可能与本系统无关，这时候就要求产品经理分析出合理的功能归属。

❑ 需求的实现是否合理：比如技术的投入产出比是否合适，使用第三方应用的成本是否更低，当前公司的人才储备是否足以支撑该需求的实现等。对于实现起来不合理的需求，就应当将其过滤掉。

2. 分析需求优先级

需要注意的是，需求的优先级和最终项目的执行顺序不一定完全一致，尤其是在一些项目制团队中，项目的顺序受团队资源、干系人意志、阶段性战略等因素影响。

（1）KANO模型判断优先级　为了方便和上下游沟通，我们在分析需求的时候，可以给需求划分优先级，常见的方法是KANO模型。KANO模型是东京理工大学狩野纪昭教授发明的对客户需求分类和优先级排序的工具，以分析客户需求对客户满意度的影响为基础，体现了产品性能和客户满意度之间的非线性关系。

- ❑ 基础型需求：对应必备功能，没有这些功能，业务流程就不完整。例如，饿了么必须有外卖配送功能。
- ❑ 期望型需求：这类需求对应客户希望有的功能。例如，共享单车提供中途停车不计费的功能。
- ❑ 魅力型需求：对应客户自己想不到的功能，如果具备这些功能，客户会更满意。例如，美图秀秀有制作视频的功能。

（2）重要紧急象限法　排列优先级时可以使用重要紧急象限法。这个方法并不是将需求内部的各要素进行对比，而是将需求与其他需求进行横向比较。为避免产生判断偏差，在需求澄清之后进行判断比较准确。

重要紧急象限法是将需求分为"紧急且重要""重要但不紧急""紧急但不重要""不重要且不紧急"四象限，如果需要进一步量化，可以给4个象限打分，还可以为各个分值项定义权重，这样各项分值乘以权重占比，就得到了每个需求的分数，以分数进行优先级排序。

（3）需求强弱　有些需求是弱逻辑关系的，或者是极少数场景才会用到的孤例需求，这种需求不建议采纳，性价比低。

场景：发往印度的"货到付款"订单，物流商会在客户签收之后再向客户收款。因为印度当地使用的货币是卢比，所以要告诉物流商这些订单应收的卢比金额。

需求：给物流系统传递一个卢比币种金额的字段，以便物流商使用。

上线功能：给物流商传递卢比应收金额。

功能上线不久，业务人员提出，还有部分物流商使用的币种是美元，他们也希望看到美元币种下的金额，并提出新需求：在当前功能的基础上，增加美元金额字段，按照汇率转化为美元金额后传输给物流商。

分析：新需求看起来有道理，目标就是把订单金额转换为物流商惯用的币种金额。但要转换币种，就必须获取顾客下单时的汇率进行计算，当前系统没有这个汇率快照，获取汇率快照就成了一个主要障碍。

本案例中，如果把问题的焦点集中在怎么解决汇率上，那么思路就偏了。我们需要回归问题根源，即为什么会有这个需求。

通过调研全年的历史数据发现，只有 6 笔订单的交易货币是美元，其余的大额订单都是使用卢比结算的。于是，这个问题的焦点就变成了为什么这 6 笔订单这么特殊。对网站进行调研后得知，这 6 笔订单是网站改版后的订单，是特例。因此问题不在于转换币种，而在于这些特例订单是怎么产生的，以及未来是否还有这种漏洞产生。

总结：出现特例的时候，要注意找到背后的原因，进一步分析特例有没有上升到需求层面。

（4）价值高低　最简单的优先级排序方式是按照需求带来的收益进行排序。收益是衡量需求价值的主要标准，在调研时要预估需求的收益。

场景：促销活动就是以特殊的价格（一般较低）进行销售，预估利润率常常为负。实际上，只要利润率不低于 –2% 就是可以接受的。业务反馈有很多预估利润率低于 –2% 的商品没有被拦截，导致亏损太多。

分析：我们引导业务人员细化数据，对月订单数量和损失金额进行统计，看看究竟有多少利润率低于 –2% 的订单及具体金额。

用数据确定需求的价值，帮助业务人员分析需求，可以由技术人员提供数据，由业务人员自己计算。

（5）需求权重得分法　将需求质量的维度进行权重划分，然后对需求进行打分，根据得分进行排序。如表 5-4 所示，成本和风险是负分，5 个维度的分值权重分别为 30%、30%、20%、10%、10%。

表 5-4　需求权重得分表

维度	权重	需求 1	需求 2	需求 3	……
重要（+）	30%	6	8	2	
紧急（+）	30%	6	2	1	
收益（+）	20%	8	5	3	
成本（−）	10%	3	3	8	
风险（−）	10%	7	2	8	
合计	100%	4.2	3.5	−0.1	

对需求打分之后，就可以用分数 × 权重计算最终得分。为了方便计算，分值最好设置为 0.5 ～ 5.0 之间，或者 0 ～ 10 之间，以避免打分跨度过大导致出现较大偏差。

如表 5-4 所示，需求 1 的得分 = $6 \times 30\% + 6 \times 30\% + 8 \times 20\% - 3 \times 10\% - 7 \times 10\% = 4.2$，需求 2 的得分为 3.5，需求 3 的得分为 –0.1。由此可以判断，需求的价值顺序为需求 1> 需求 2> 需求 3。需求 3 可以过滤掉。

以上的维度、分值和权重可以根据实际情况进行调整，也可以设计更多参数，如表 5-5 所示。

表 5-5　更多参数的需求权重得分表

维度	权重	打分 （满分 10）	最终得分 （权重 × 打分）
用户增长	2	6	12
创造应收	4	7	28
提高用户黏性	3	5	15
构建产品护城河	3	1	3
改善体验	2	3	6
改善品牌	2	4	8
战略契合度	5	7	35
老板意志	4	8	32

5.2.4　面向故事、面向对象、面向结构的分析方法

1. 面向故事的需求分析

面向客户场景，按照客户与业务场景定义需求，通常描述为客户故事。客户故事的版本有多个，通常是经典的一段式结构化描述：谁，做什么，为什么。进行修饰之后就是谁在什么情况下需要做什么，以达到什么目的。这个方法的门槛低，使用场景多，可以直观找到干系人、待办事项和价值依据。

2. 面向对象的需求分析

面向对象的需求分析的基本策略是将容易变化的元素隐藏起来，基于比较稳定的元素建立思想和规格说明的总体结构。

面向对象的需求分析的特点是加强对问题域和系统责任的理解，改进与分析相关的各类人员之间的交流，对需求的变化具有较强的适应性，支持复用。利用面向对象的概念和方法，通过统一建模语言对客户需求进行调研和分析，并整理功能需求。

面向对象的需求分析过程可以提炼为以下两步。

1）提炼问题域，形成客户需求。

2）提炼方案域，形成软件需求。

3. 面向结构的需求分析

面向功能结构，以"输入—计算—输出"模型分析功能分支，并组建功能树。这个方法是功能导向的，就是让客户看着现在的功能或模型，确定在功能的什么位置进行什么操作，按什么逻辑运算，输出什么结果。

5.2.5 案例：A公司派人常驻客户现场收集需求

2020年下半年，A公司的产品经理、技术组长牵头，每周都抽调一些人，轮流出差去重庆某家标杆客户W连锁药店的门店。每次驻扎三天到一周的时间，回来之后整理需求。常驻重庆的还有A公司的客户经理、实施顾问等人。

W连锁药店以传统的线下店为主，线下活动比较频繁，基本每周要举行三四次。产品经理到场参与，了解活动期间的客流和作业流，活动结束后整理调研报告。

在一个周末，产品经理小张无意间走进了W连锁药店的一个分店，试着下单让店员处理，结果发现无法打印小票。小张说明自己其实是这个软件的产品经理，店员很热情地介绍了他们遇到的各种问题，比如有新订单时不会语音通报、小票打印功能无法启动打印机、线上订单拣货慢（线上订单需要商品编号，但线下药品包装上没贴商品编号）等。小张发现这些信息和在总部听到的完全不同，赶紧进行现场访谈，并留下了店员的联系方式。

只有实地考察才能发现问题，了解客户的痛点，才能更好地基于具体场景来解决问题。

通过这个案例可以看出，SaaS团队与客户的关系需要更加紧密，通过长期细致入微地调研需求，持续改进产品。

5.3 需求向模型的推演

需求调研分析之后，需要形成落地的输出物，作为信息传递的依据。这个过程中对于具有代表性的需求、复杂或重要的功能、高频场景等，还要抽象出需求模型，使需求得到固化和归纳。

5.3.1 需求的七步循环

在SaaS产品建设过程中，收集的需求可能是参差不齐的碎片，这时候需要解决两个问题：一个是如何通过碎片推断出一个完整的业务链条；另一个是如何将推断出的业务链条用模型化的方式表达出来，方便向实现侧传达。从需求到功能的实现，可以用一个循环图表示，如图5-5所示。

如图5-5所示，需求是起点，也是整个循环的触发点。为了让需求更加透彻，首先需要演绎对应的业务场景。然后将业务场景归纳成完整的业务域，比如订单履约。接着对这个业务域抽象出概念模型和数据模型。之后概念模型和数据模型映射出功能模型。最后功能模型的具象即为功能。功能命中则满足了需求，相似的功能集合在一起相当于一个功能板块，可以满足业务域的全域化需求。如上过程循环往复，产品便不断迭代。

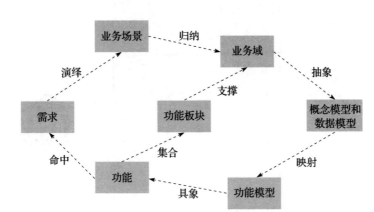

图 5-5　需求实现路线的七步循环

1. 需求作为触发点

需求可以用客户故事来描述，也可以通过用例模型表示。用例模型是由用例图和用例的详细描述文档组成的。

用例图包含一组用例，用例用椭圆表示，放置在矩形框中，矩形框表示整个系统，如图 5-6 所示。矩形框外的人表示参与者，参与者与用例用线连起来，表示该参与者和该用例有交互。

2. 需求演绎出业务场景

演绎法是一种从整体到个体的推理，实际上就是要穷举需求背后的场景，也就是业务场景，举一反三。

案例：客户反馈，如果一个商品不再采购了，就会用"禁用"标识来处理，这样就无法创建采购单了，但是禁用状态的商品可能还有存货需要销售。以此为背景，提出的需求是禁用状态的商品需求支持销售和门店间调拨。该需求的演绎场景如下。

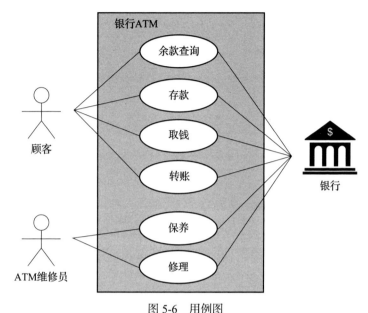

图 5-6　用例图

❑　禁用的商品支持 A 门店向 B 门店发起调拨请求。

❑　禁用的商品支持 A 门店主动调拨到 B 门店。

❑　禁用的商品支持门店盘点、养护等。

❑　禁用的商品支持门店销售、退回等。

❑　禁用的商品支持门店退回给总部。

　　每一个枚举的业务场景都相当于一个子需求，也就是说可以被描绘成子用例，但是显然过于烦琐。通过穷举，我们将需求的内在情况加以总结，对业务场景进行归纳。

3. 基于业务场景总结业务域

　　我们把上述的场景抽象一下，想象禁用商品就像深夜走在大街上的人。路过一个叫作"调拨"的路口时，路是通的，可以进去。当路过一个叫作"采购"的路口时，路是封的。如此走完这条街，就完成了一个禁用状态的商品在整段业务区域内的放行与禁行。

这个业务区域向外看，有它的边界；向内看，有它的逻辑；整体看，代表了一个作业区域或者业务段，里面包含一个或多个具体的事务。

4. 基于业务域抽象概念模型

业务是场景化的，意味着业务仍旧可以抽象。将业务诉求加以抽象，可以得到业务模型，也叫概念模型。

概念模型主要描述的是业务的组织及运作的结构和逻辑。图 5-7 为准确表达商品—库存—货位关系的业务模型，主要表达的是一个入库单包含多个商品，而商品和货区之间是多对多的关系。

5. 业务模型到功能模型

功能模型就是对功能要执行的任务进行直观的表达。功能模型没有明确的定义，我们可以用线条＋框图表示功能模型。例如系统 A 和系统 B 之间的库存总是出现差异，需要打造一个比对功能，监测库存差异的问题，如图 5-8 所示。

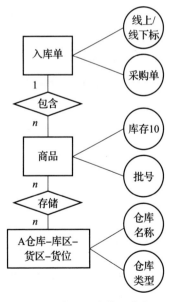

图 5-7　商品—库存—货位
关系的业务模型

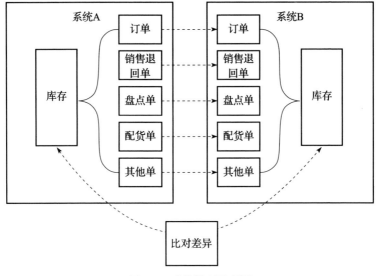

图 5-8　功能模型示意图

6. 功能模型和功能的实现

实现功能模型还需要经过撰写产品需求文档（Product Requirement Docnment，PRD）、研发、测试等环节。功能实现之后，是否能满足需求，还需经过验证。对尚未满足的需求或者验证为无效的功能，需要重新迭代。

5.3.2　概念模型：连接现实与系统

对于业务属性较强的需求，概念模型是一个有效的需求分析手段和输出物，它将客户描述的现实事物、事件等模型化，将现实与系统进行连接。

复杂系统之所以复杂，在于业务复杂。概念模型是对业务的抽象建模，是复杂业务产品化过程中的重要环节，也是后续数据建模的依据，如图 5-9 所示。

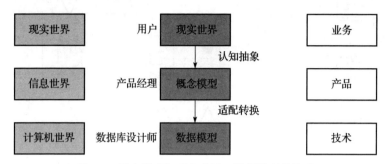

图 5-9 概念模型与现实世界、数据模型的关系

较为常用的概念模型是实体 – 关系（Entity-Relationship，E-R）模型，如图 5-10 所示，表达了销售、客户、合同等业务场景下业务要素之间的关系。

概念模型包含 5 个要素，分别是实体、属性、键、实体型、联系。

- ❑ 实体：客观存在并且可以相互区别的事物，在绘制概念模型之前需要先找到目标实体。

- ❑ 属性：实体所具有的某一特性。例如学生可以由学号、姓名、性别、籍贯、系、入学时间等属性组成，这些属性组合代表了一个学生。

- ❑ 键：能唯一标识一个实体的属性及属性值，也称关键字。例如学号是学生的键。

- ❑ 实体型：用实体名及属性名的集合来抽象和刻画同类实体。例如学生（学号，姓名，性别，籍贯，系，入学时间）就是一个实体型。

- ❑ 联系：主要指实体型之间的关系。

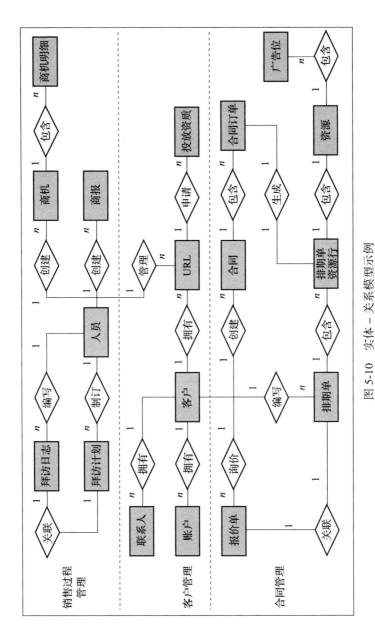

图 5-10 实体－关系模型示例

将上述要素绘制在一起，如图 5-11 所示。

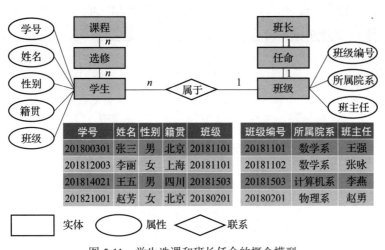

图 5-11 学生选课和班长任命的概念模型

5.3.3 案例：J 公司的商品库存方案模型化

采购药品的时候，如果采购两次会有两个入库单号，相当于采购批次。这两次可能是同一商品的同一批号，这两次采购批次的采购价格可能不一样。一旦药品入库，我们围绕商品（药品）就可以绘制属性关系，如图 5-12 所示。

不同场景下对商品信息的展示颗粒度是不一样的。采购入库时，需要记录采购的批次和对应的仓库，即数据的颗粒度为仓库 ID + SKU + 批号 + 入库单号 + 库存。配送到门店时，需要知道仓库库存的流向明细，因此数据的颗粒度增加了门店 ID，即仓库 ID + 门店 ID + SKU + 批号 + 入库单号 + 库存。向顾客销售时，只需要展示该商品的库存，数据颗粒度为 SKU + 库存。拣货出库时，需要知道该商品的批号，数据颗粒度为 SKU + 批号 + 库存。采购出账时，需要知道具体的批次，数据颗粒度为门店 ID + SKU + 批号（+ 入库单号）+ 库存。

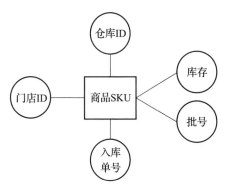

图 5-12　商品属性关系示意图

不同的业务要求的颗粒度不同，需要一个完整的明细表，记录从入库到出库的最细颗粒度的数据。我们发现，入库之后的很多场景下，我们无法获得某些字段的属性值。比如，库存盘点盘盈或盘亏的数据应该归属到哪个采购批次中呢？同样，对于报损、销售、移动货位等操作，客户也不知道自己手里的实物属于哪个采购批次。可是若不归属到采购批次，就会导致维度不匹配。

为了解决上述问题，引入了逻辑库存的概念。虽然不知道某个实物是哪次采购的，但是知道这个批号下还有多少库存，按照先进先出的原则，依次分配逻辑入库单号。

这时候就需要一个模型，将不同的业务行为、兜底数据明细和业务数据打通，如图 5-13 所示。以后任何引起库存变化的业务行为，都去调用入库批次分配逻辑，这就确保了数据结构层面的一致性。

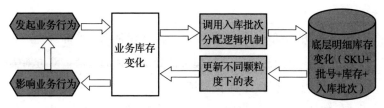

图 5-13　库存相关业务的抽象汇总图

模型中的关键部分其实就是触发 + 运行机制 + 输出，如图 5-14 所示。这个模型很通用，无论盘点、拣货出库还是报损，所有触发事件都可以纳入触发点。

图 5-14　功能模型示意图

有了上述模型的支持，就可以落实到功能层面。之后很多业务层的业务需求可以基于这个明细数据来实现。比如，某一个采购批次的批号写错了，需要修改的时候，逻辑应该是查询入库批次 + 批号→遍历目标数据→修改库存明细。

5.4　需求理解曲线与需求收敛点

1. 需求理解曲线

打磨 SaaS 产品是建立在客户与产品经理对需求理解的基础上的。客户理解需求，才能更好地传递需求；产品经理理解需求，才能更好地设计产品，避免所做非所需，隔靴搔痒。在产品经理与客户共建 SaaS 产品的过程中，经常会出现双方对需求理解不一致的情况。

项目刚开始的时候，客户对需求的认识稍高于产品经理。之后，客户和产品经理对需求的理解都处于增强的趋势。双方对需求的认识可能会出现两种不同的情况。

❑ 产品经理落后于客户，使需求分析工作陷于被动，产品经理被客户"牵着鼻子走"，很容易出现互相责怪的局面：客户责怪产品经理水平太差，产品经理责怪客户需求变来变去。

❑ 产品经理超过了客户对需求的理解和判断，为客户规划出真正符合其需求的软件系统。

2. 需求收敛点

理解需求和需求落地是两回事，需求的实现不是靠理解，而是靠落实。

需求是通过产品落实的，产品的建设将在一定程度上满足需求，于是就会出现需求数量与需求实现数量两条曲线，如图 5-15 所示。

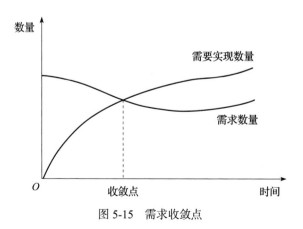

图 5-15　需求收敛点

最初客户的需求往往很多，产品的构建也会较快。这就是从0到1的过程，而随后开始了从1到100的漫长过程。在这个过程中，会出现需求数量与需求实现数量两条曲线。当需求数量和需求实现数量相等时，理论上就达到了需求的收敛点。当然，需求收敛点是相对的，随着时间的推移，可能会再次出现需求膨胀的情况，于是还会出现需求收敛点。

需求收敛点是产品发展过程中的产物，标志着产品的建设处于主动的地位。这时候可以进行主动的功能拓展，而不限于实现来源于外界的被动需求。

第二部分　SaaS 产品构建方法

在第二部分，我们将进入实践环节，了解 SaaS 产品的体系化构建，主要包括客户体系、安全体系、数据体系、功能体系以及页面与交互设计。第二部分将以结构化的视角，提炼出 SaaS 产品的重要构成体系，帮助读者高效完成 SaaS 产品的构建。

构建 SaaS 客户体系

构建 SaaS 产品首先要考虑客户体系。客户体系是客户与 SaaS 系统之间的桥梁，也是 SaaS 产品支撑客户群体的基础和保障。

6.1　多租户模式

SaaS 产品的成熟度取决于实现多租户模式的方式，无论公有云平台还是私有云平台，无论设计 SaaS 产品还是 PaaS 平台，租户模型都是前期架构设计的关键。

6.1.1　租户

有人把 SaaS 服务比喻为自来水，每家每户不用自己打井，而是按需用水，按用水量付费。享受自来水服务之前，客户需要通过自来水服务商办理水卡，相当于建立了一个租户。

租户是相对于可被租用的资源而言的。在 SaaS 领域中，为客户在 SaaS 系统中开辟一个专属的功能信息空间，这就是客户使用 SaaS 系统的基础。

1. 现实中的租户模式

租户模式大致可以分为两类：合租和单租。

合租模式就是多租户模式，即每个租客拥有的只是一个房间，且每个房间都配有一把钥匙，保证独立空间的私密性，而客厅、餐厅、厨房等属于公共区域。单租模式就是单租户模式，即一个租客整租一套房子，无须与其他人共享客厅、餐厅、厨房等资源。

SaaS 要服务多个客户，就需要设计出适合的租户模式。

2. SaaS 的租户模式

SaaS 服务是部署在云上的，客户通过网络请求获取服务。SaaS 租户模式要实现的是将一套 SaaS 产品更好地服务于不同主体的客户。

如果采用单租户模式，不同客户使用的应用软件和数据一般通过硬件（或云化的基础设施）进行隔离，这一模式被广泛应用在客户定制化的应用场景中，比如公司内部 ERP。如果采用多租户模式，不同客户共用一套基本的产品功能代码，数据等敏感信息需要通过技术手段进行隔离。

混合租户模式兼有多租户模式和单租户模式。图 6-1 即为 3 种 SaaS 租户模式的对比。

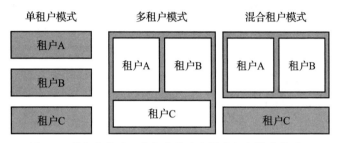

图 6-1　单租户模式、多租户模式和混合租户模式的对比

3. SaaS 为什么要引入租户的概念

SaaS 服务体系引入租户的概念，主要目的是为客户做资源隔离。比如钉钉就是一个多租户系统，每家企业客户在钉钉平台上都是一个租户，从钉钉服务中获取可以访问的资源集合。租户之间相互独立，在当前租户下无法查看其他租户的信息。而一个租户下开设不同的用户，用户通过租户访问租户在 SaaS 服务中占据的资源。

6.1.2　多租户模式的意义

从分类上看，SaaS 服务的租户模式分为单租户模式、多租户模式和混合租户模式。实际上 SaaS 服务主要以多租户模式为主，其重要意义体现在降低 SaaS 服务成本、促进 SaaS 客户的规模化效应等方面。

1. 降低 SaaS 服务成本

假设我们要开发一个 CRM 系统，希望该系统可以开放给多个企业客户使用。我们遇到了一个关键问题，即是否每次有企业客户入驻，我们都要重新部署一套应用？答案是否定的。因为如果这样，那么随着客户数量的增加，将带来线性增长的投入成本。

我们希望在增加客户的时候，仍然使用已有的那套应用系统，并且虽然很多客户使用同一套应用，但是能够很好地做到资源隔离和数据隔离。对于入驻的客户来说，就像是单独给他们部署了一套系统。

这正是单实例多租户架构的一个关键点。单实例模式的定义出自《设计模式》："保证一个类仅有一个实例，并提供一个访问它的全局访问点。"非技术人员可以将这句话简单理解为单实例实现的是系统资源层面的共享。

在技术层面，实现多租户模式的技术又称为多重租赁技术，是一种软件架构方式，实现在多租户环境下共用系统或程序组件、数据库等资源，并且可以确保客户数据的安全性。

单实例多租户模式是 SaaS 产品较为普遍的模式，在一台 SaaS 服务器上运行单个应用实例，它为多个租户提供服务。每个租户都感觉自己独占资源，每个租户正常工作，同时又保证租户之间的隔离性和安全性。

此外，在租户之间共享应用程序的单个实例，在应用程序升级时，所有租户都可以同时升级。同时，因为多个租户共享一份系统的核心代码，所以当系统升级时，只需要升级共用的核心代码。通过在多个租户之间的资源复用，有效节省开发应用的成本。

2. 促进 SaaS 客户的规模化效应

假设我们有一个学生管理系统，有课程查询、成绩查询两个功能，每个学生登录账号就可以使用这两个功能。我们把这个系统提供给很多学校，需要给每个学校部署一套系统。

如果我们采用多租户模式的系统架构，只需要开发和部署一套学生管理系统实例，每个学校以学校为单位创建租户，按需购买系统功能（比如只需要成绩查询功能），这样每个学校都可以使用看起来独有的一套系统了。

6.1.3 多租户数据隔离

SaaS 的核心资源之一是数据，客户通过网络集中存取数据，客户成本低于使用本地安装的应用。这意味着，客户必须在一定程度上放弃对自身数据的控制，要在确保数据安全并避免泄密方面充分信赖 SaaS 服务商。

缺乏信任往往是阻碍 SaaS 推广的首要问题。为了赢得客户的信任，SaaS 架构师应创建成熟稳定、安全可靠的 SaaS 数据体系，使客户能够放心地将重要的商业数据交给 SaaS 服务商进行管理和控制。其中重要的一项任务就是设计合理的租户数据隔离方案。

多个租户的数据是集中保存在服务商的存储设备中的，要实现隔离，理论上有 3 种解决方案：数据库层面隔离、数据表层面隔离、字段层面隔离。数据库、数据表和字段三者属于层级关系，数据库包含数据表，数据表中含有若干字段，如图 6-2 所示。

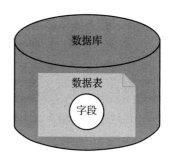

图 6-2 数据库、数据表、字段三者的层级关系

1. 数据库层面隔离

数据库层面隔离是为每个租户提供独立的数据库,如图 6-3
所示。在表现层,租户 1、租户 2、租户 3 通过云端访问同一个多
租户应用。在数据层面,后端识别和连接到的是租户各自独立的
数据库。

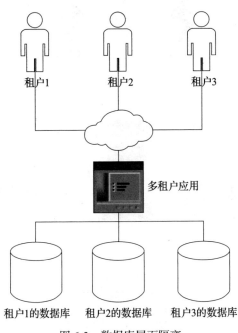

租户1的数据库   租户2的数据库   租户3的数据库

图 6-3 数据库层面隔离

显然数据库层面隔离的隔离级别最高,安全性最好,能够满
足不同租户的独特需求,出现故障时恢复数据也比较容易。由于
数据库需要独立安装,增大了数据库的安装数量,购置和维护成
本高,因此通常只在为客户进行私有化部署或者混合部署的时候
采用,不在标准 SaaS 模式下为所有客户独立部署。

2. 数据表层面隔离

数据表层面隔离就是共享数据库，隔离数据表。所有租户共享一个多租户应用，应用后端连接同一个数据库，所有租户共享这个数据库，每个租户在数据库中拥有一个独立的表空间，如图 6-4 所示。

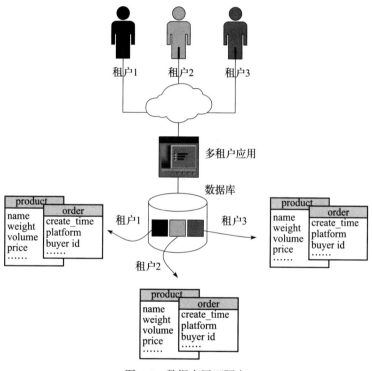

图 6-4　数据表层面隔离

数据表层面隔离的优点是在一定程度上实现了逻辑数据隔离，可满足较高程度的安全性需求，每个数据库可支持更多的租户。缺点是恢复整体数据较困难，因为牵扯到其他租户的数据，并且跨租户统计数据的实现难度大。

3. 字段层面隔离

字段层面隔离是多租户隔离中最简单的实现方式，即所有租户的数据存放在同一个数据表中，给每个表都加上租户 id，用于标识每条数据属于哪个租户，如图 6-5 所示。

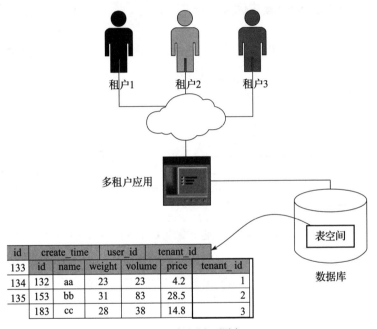

图 6-5　字段层面隔离

字段层面隔离的优点是数据库支持的租户数量多，维护和购置成本低。缺点是隔离级别低，安全性低，开发时须做大量安全开发工作，并且需要逐表逐条备份和还原数据。当进行查询的时候，每条语句都要添加 id 字段作为过滤条件，对于复杂业务的 SaaS 系统，这样的做法非常危险，如果程序员忘了添加租户 id 到代码中，就会造成客户信息泄露，后果不堪设想。

以上 3 种数据隔离方案所需成本依次递减，前期投入的开发工作依次递增。在实际工作中可以根据业务复杂度、数据量级、租户量级等因素混合使用。

6.1.4 多租户模式优劣

SaaS 产品使用单租户模式还是多租户模式，主要从系统维护成本、安全管控等级、数据备份复杂程度、可配置能力和定制开发需求等方面进行考虑。

1. 系统维护成本

SaaS 多租户系统的维护成本低，多租户系统在升级时，只需要更新一次，维护人员不需要对每个租户的软件单独更新，节省了运维成本。

倘若系统升级选在客户业务繁忙的时候，势必会对客户造成影响。同理，如果系统出现问题或故障需要重启，也必须等到所有客户都未使用或不受影响的时候才能操作。单租户系统避免了这样的问题。在单租户系统中，每个客户单独升级，可以合理规划升级的时间和方式。

2. 安全管控等级

SaaS 多租户数据库存储来自多个独立租户的数据，虽然设置有安全隔离，但在安全管控等级上，还是单租户模式更高。单租户拥有独立的软件和硬件环境，数据库仅存储一个租户的数据，这从配置上杜绝了数据泄露的可能。单租户架构更适合需要安全管控，甚至有法律合规性要求的行业。

3. 数据备份复杂程度

通常来说，SaaS多租户共用一个数据库，租户的数据既有隔离又有共享，若租户需要进行数据备份，必须每天通过API手动操作。如果出现故障，数据恢复比较困难。SaaS单租户拥有独立的数据库，备份和恢复客户数据库非常容易。

4. 可配置能力

SaaS多租户模式下很难实现根据单一客户的需求进行功能定制化，因为使用了共享系统，所以无法对平台进行更改。就像多个人合租一套房子，虽然可以降低租房成本，但是在居住时不能根据自己的喜好随意布置房子。而单租户不同，房子只由一个人使用，可以根据自身需要配置物品或更改房间布局，虽然花费了更多的费用，但提高了灵活性，拥有可配置能力。

5. 定制开发需求

如果客户运行相同的应用实例，服务运行在供应商的服务器上，客户就无法进行定制化的操作，对于有特殊需要的客户就无法适用多租户模式。多租户模式适合通用类需求的客户，缺点是多租户模式下无法实现客户的定制化操作。

综上所述，SaaS往往是采用单实例多租户模式，但这一模式本身也存在缺点，需要企业结合客户的应用场景、行业、安全性、IT能力等多方面的因素进行考察和调整。

6.2 客户体系搭建

在产品设计层面，SaaS客户体系的搭建更多考虑与客户主体关系密切的可视化的内容。产品经理可以从客户体系要素、客户体系结构、客户专属域名等方面熟悉和掌握搭建客户体系的方法。

6.2.1 客户体系要素

搭建客户体系是为了完成对客户要素的定义，打通客户与SaaS产品的连接。我们将客户体系的核心要素抽离出来，用图6-6进行描述。

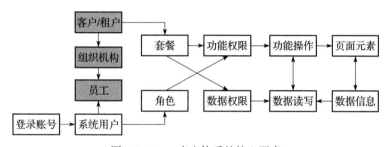

图 6-6　SaaS 客户体系的核心要素

在图 6-6 中，登录账号、系统用户、角色、套餐、功能权限、功能操作、页面元素、数据信息、数据读写、数据权限是对系统操作的管理；客户/租户、组织机构、员工，是客户组织结构及结构中人员分布的信息，我们需要明确它们之间的区别和联系。

1."三户"模型

传统的"三户"模型最早在电信行业中得到广泛使用。"三户"分别指客户、用户和账户。在 SaaS 领域，"三户"模型与传统行业有一些差别。

（1）客户　客户指通过购买产品或服务来满足需求的主体。

一个自然人或一个组织、企业都可以作为客户，客户可分为个人客户、企业客户。客户体现的是社会范畴的信息。在 SaaS 领域，客户往往是一个企业主体。

（2）用户　用户指登录并使用系统的人。在 SaaS 领域，用户从属于客户，是系统的操作者。

（3）账户　计算机领域所说的账户，除了部分财务金融相关的系统外，一般等同于账号。在 SaaS 领域，账户指的是用户登录 SaaS 系统的账号。

2."三户"之间的关系

客户、用户和账户三者存在归属和映射的关系，三者在实体层面是相互独立的。

一个客户（例如一个公司）可以有多个用户（例如财务人员、销售人员等），但一个用户只能归属于一个客户。每个用户有登录账号和对应的权限。一个客户可以拥有多个账户，但一个账户也只能归属于一个客户。通过图 6-7 可以直观了解三者的关系。

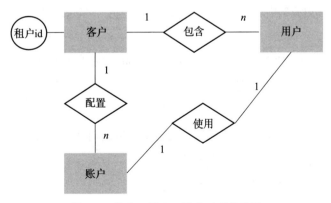

图 6-7　客户、用户、账户三者的关系

（1）客户和用户的关系　用户侧重"使用"，是业务和场景属性的。而客户侧重"购买"，是决策和价值属性的。对于 C 端产品，二者区别不大。对于 B 端产品，这种区别非常重要，不理解"用户不是客户"的 SaaS 很容易失败。

比如，参加培训班的小朋友们是用户，出培训费的家长是客户；某公司购买一套考勤打卡系统，那么以老板为代表的公司就是客户，天天打卡的员工就是用户。

（2）用户和账户的关系　SaaS 系统账户是标识用户 id 的字符串，对应用户的虚拟身份。账户相当于用户的化身，定义、描述一个账户，也就意味着了解一个用户。

（3）客户与账户的关系　客户包含多个用户，可以开通多个账户，供不同的用户使用。

3. 多组织与多租户

大型集团性质的企业客户，涉及子公司和分公司，再往下涉及部门、片区、小组等。类似 Oracle 公司、SAP 公司等的 ERP 系统都是支持多组织架构的，这就要求 SaaS 服务支持各种场景的多组织架构。

多组织架构的企业客户用的是同一套 SaaS 系统，需要通过组织结构 id、财务账簿、OU（Organizational Unit，组织单位）等设置进行支撑，而不是单独为一个子公司再去部署一套独立的 SaaS 应用系统。

多组织架构重点考虑数据层面的隔离，而多租户架构更多考虑资源层面的隔离。多组织架构一般不会考虑云平台的计费和计量管理，因为这些组织从属于一个租户，多租户架构则需要考虑计费和计量管理。

6.2.2　客户体系结构

客户体系是将用户引入 SaaS 系统的通道，如果结合用户的操作环节，客户体系可以分为 5 个部分：客户注册、用户授权、用户身份认证、用户鉴权、用户操作，如图 6-8 所示。

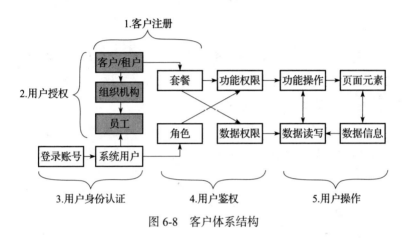

图 6-8　客户体系结构

1. 客户注册

无论自助注册，还是服务商代理注册，客户首先需要在 SaaS 系统完成登记入驻。与 C 端产品不同的是，SaaS 产品注册时往往还需要提供公司名称、机构代码等信息。

注册信息经过审核后，系统创建租户账号。租户的建立标志着 SaaS 服务商和被服务客户双方关系的建立。

客户入驻通常要完成两件事，一件是订阅服务套餐，也就是明确从该 SaaS 服务体系中获得哪些服务项，对应的是付费方案，涉及购买、账户充值、支付、账单管理，以及续费、欠费、产品升级等；另一件是获得在 SaaS 系统中租用的最高权限的账号（超管账户），登录该账号，可以在 SaaS 系统中完成配置工作。

不仅如此，有的 SaaS 服务需要客户先授权，比如电商中台 SaaS 系统就需要客户先将相关平台授权到 SaaS 中，以便提前完成系统对接的前置工作。前提是服务商提供 SDK（Software Development Kit，软件开发工具包）接入教程、接口规则、接入限制等。

2. 用户授权

超管账户登录新注册的 SaaS 系统，就像入住新房，需要完成初始化的配置工作。其中最重要的是为相关工作人员进行授权，与之相关的就是配置组织机构、员工、用户账号、角色、权限等。

需要注意的是，产品套餐和这里的用户角色虽然都是对权限或范围的配置，但前者是面向租户的，后者是面向租户下的具体用户的。

3. 用户身份认证

用户身份认证发生在用户登录系统时，认证用户身份最简单的机制就是设置账号 + 密码 + 验证码登录。

4. 用户鉴权

用户鉴权发生在登录之后，这时才能获取用户的角色信息。用户的权限范围分两部分，一部分是功能权限，另一部分是数据权限。

（1）功能权限　订单管理员可以访问订单管理页面，但是库存管理员不能访问订单管理页面，这是通过功能权限来控制的。

（2）数据权限　如图 6-9 所示的系统中，辽宁分公司的订单管理员可以访问订单管理页面，北京分公司的订单管理员也可以访问订单管理页面。要想让辽宁分公司的订单管理员只看到辽宁的订单数据，北京分公司的订单管理员只看到北京的订单数据，就需要通过数据权限来控制。

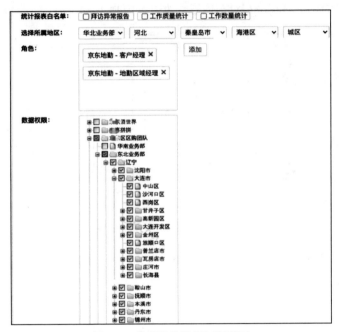

图 6-9　某系统的数据权限界面

5. 用户操作

以上完成了客户到产品的通路，接下来就是用户操作系统的环节。用户操作就是在授权范围内进行增删改查。

6.2.3　客户专属域名

SaaS 产品一般都是 PC 端的，终端登录成功，只能说明客户可以进入 SaaS 系统，不同租户下的客户所享受的功能套餐、权限是不同的。登录后，系统会携带租户标识进入路由层，路由层根据请求参数中的租户标识，对请求进行分发，使租户访问购买的套餐内容，往服务层读写内容，如图 6-10 所示。

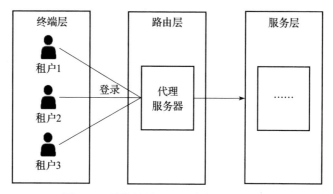

图 6-10　从终端层登录经路由层到服务层

在这个过程中，客户是看不到服务层的，登录后看到的 SaaS 域名是自家专属的，这说明 SaaS 系统为每一个租户分配了不同的二级域名或三级域名。

在每个租户看来，他们访问的是自己的网站，并不是所有人都访问同一个网站。租户认为这个系统就是自己的，跟部署在公司的内部系统中一样。

1. 域名

域名又称网域，是由一串用点分隔的字母和数字组成的互联网上某一台计算机或计算机组的名称，用于在数据传输时对计算机进行定位标识（有时也指地理位置）。

由于 IP 具有不方便记忆并且不能显示地址或组织的名称和性质

等缺点，人们设计出了域名，并通过网域名称系统（Domain Name System，DNS）将域名和 IP 地相互映射，使人更方便地访问互联网。

　　我们可以将域名理解为网站的网址，域名本质上也是用于标识计算机电子方位的。例如 google.com、baidu.com、163.com 等就是域名（注意，加上"www"，就不再是域名了，而是网站名）。

2. 域名层级

　　域名是分等级的，比如".com"为顶级域名，被点号分隔成 2 段的是一级域名，如"baidu.com"。二级域名被点号分隔成 3 段，如"zhidao.baidu.com"。三级域名被点号分隔成 4 段，如"a.zhidao.baidu.com"。

　　直观上看，有 1 个点就是顶级域名或一级域名，有 2 个点是二级域名，有 3 个点是三级域名。顶级域名不包含其他级域名，二级域名包含顶级域名和一级域名，如二级域名"zhidao.baidu.com"包含顶级域名".com"和一级域名"baidu.com"；三级域名包含顶级域名、一级域名和二级域名，如三级域名"a.zhidao.baidu.com"包含了顶级域名".com"、一级域名"baidu.com"和二级域名"zhidao.baidu.com"。

3. SaaS 客户专属域名

　　SaaS 服务商注册的是一级域名，比如 https://myshopify.com。可以向不同的客户提供不同的二级域名，例如客户 zhaoshuling 可以拥有二级域名 https://zhaoshuling.myshopify.com。

　　系统可以给客户随机生成一个二级域名或三级域名，比如 abc.crm.baidu.com。如果客户想使用自定义的域名，也可以自行配置。图 6-11 为某网站的例子，可以将专属域名修改为 gooking。

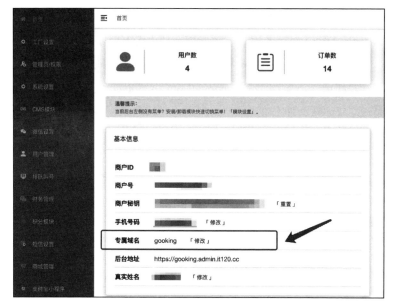

图 6-11　某系统修改客户专属域名

6.3　权限设计

权限设计是客户体系的重要内容，所有的功能访问都是基于客户权限实现的，只是权限的开放程度不同。权限设计是一个体系化、贯穿产品生命周期的工作，本节介绍权限设计的相关内容。

6.3.1　权限设计的原理和模式

1. 权限设计原理

最简单的客户权限模型只需要用户登录和身份验证两个模块，

也就是用户关联可操作的资源，系统通过身份验证确认用户身份，如图 6-12 所示。

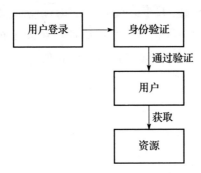

图 6-12　简单权限设置模型

面对多租户、多组织、多功能的需求，以及数据规模、技术等限制因素，基础模型往往无法满足实际的业务需求。权限系统的设计模式在不断创新，比较常见的有自主访问控制（Discretionary Access Control，DAC）、强制访问控制（Mandatory Access Control，MAC）、基于属性的权限验证（Attribute-Based Access Control，ABAC）、基于角色的访问控制（Role-Based Access Control，RBAC）等。

2. 常见权限模型举例

（1）ACL 模型　访问控制列表（Access Control List，ACL）是最早、最基本的访问控制机制，基于客体进行控制。实现原理是每一个客体都有一个列表，列表中记录的是哪些主体可以对这个客体做哪些操作。比如当客户 A 要对一篇文章进行编辑时，ACL 会先检查文章编辑功能的控制列表中有没有对客户 A 的授权，有就可以编辑，没有则不能编辑。

ACL 模型的缺点是当主体的数量较多时，配置和维护工作会比较复杂、容易出错。

（2）DAC 模型　自主访问控制（Discretionary Access Control，DAC）是 ACL 的一种拓展。实现原理是在 ACL 模型的基础上，允许主体将自己拥有的权限自主授予其他主体，权限可以任意传递。

DAC 模型的缺点是对权限控制比较分散，例如无法简单地将一组文件设置统一的权限开放给指定的一群客户。主体的权限太大，无意间就可能泄露信息。

（3）MAC 模型　强制访问控制（Mandatory Access Control，MAC）模型常见于机密机构或者其他等级观念强烈的行业，如军用和市政安全领域。实现原理是主体有一个权限标识，客体也有一个权限标识，主体能否对客体进行操作，取决于双方的权限标识是否匹配。例如将职级分为总裁 > 经理 > 组长，文件保密等级分为绝密 > 机密 > 秘密，规定不同职级仅能访问对应保密等级的文件，如组长只能访问秘密文件。当某一账号申请访问某一文件时，系统会验证账号的职级和文件的保密等级，当职级和保密等级相对应时才可以访问。

MAC 模型的缺点是控制太严格，实现工作量大，缺乏灵活性。

（4）ABAC 模型　基于属性的访问控制（Attribute-Based Access Control，ABAC）模型通过动态计算一个或一组属性是否满足某种机制来授权，是一种灵活的权限模型，可以按需实现不同颗粒度的权限控制。ABAC 模型的属性如下。

❑ 主体属性，如客户年龄、性别等。

❑ 客体属性，如一篇文章。

❑ 环境属性，如空间限制、时间限制、频度限制。

❑ 操作属性，即行为类型，如读写、只读等。

ABAC模型的缺点是规则复杂，不易看出主体与客体之间的关系，实现难度大，应用场景很少。

（5）RBAC模型 基于角色的权限访问控制（Role-Based Access Control，RBAC）的核心在于用户只和角色关联，而角色代表权限，是一系列权限的集合。

RBAC三要素如下。

❑ 用户：系统中所有的账户。

❑ 角色：一系列权限的集合（如管理员、开发者、审计管理员等）。

❑ 权限：菜单、按钮、数据的增删改查等详细权限。

在RBAC模型中，权限与角色相关联，用户通过成为角色的成员得到这些角色的权限。角色是为了完成各种工作而创造的，用户则依据责任和资格来被指派相应的角色，用户可以很容易地从一个角色被指派到另一个角色。角色可依据新的需求和系统的合并赋予新的权限。权限也可以根据需要从某角色中回收。角色与角色的关系同样存在继承关系，防止越权。

RBAC模型的优点是便于角色划分，更灵活的授权管理，实现了最小颗粒度授权。

6.3.2 RBAC模型详解

传统权限模型直接把权限赋予客户，而在RBAC模型中，增加了角色的概念，只需要把权限赋予角色，再把角色赋予用户，管理上是层级依赖的，授权也更加灵活。

根据权限的复杂程度，RBAC 模型又可以分为 RBAC0、RBAC1、RBAC2、RBAC3。其中 RBAC0 是基础，也是 RBAC 的核心思想体现；RBAC1 是基于角色的分层模型；RBAC2 是 RBAC 的约束模型；RBAC3 是 RBAC1 + RBAC2。我们可以根据产品权限的复杂程度，选取适合的模型。传统权限模型与 RBAC 模型的对比如图 6-13 所示。

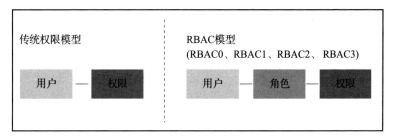

图 6-13　传统权限模型与 RBAC 模型的对比

1. 基本角色权限模型 RBAC0

RBAC0 是最简单的用户、角色、权限模型，包含了如下 2 种关系。

- ❑ 用户和角色是多对一的关系，即一个用户只充当一种角色，一种角色可以由多个用户担当。这种关系一般适用于小型系统，角色岗位较为清晰，不会有兼岗的情况。
- ❑ 用户和角色是多对多的关系，即一个用户可同时充当多种角色，一种角色可以由多个用户担当。这种关系一般适用于较为复杂的系统，例如一个人可能既是人事，又是招聘负责人，如图 6-14 所示。

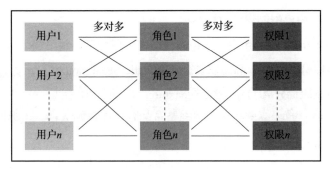

图 6-14 RBAC0 模型中用户、角色和权限的关系

2. 角色分级模型 RBAC1

如图 6-15 所示，RBAC1 基于 RBAC0 实现，在角色中引入了继承的概念。可以简单理解为给角色分成几个等级，每个等级对应的权限不同，从而实现更细粒度的权限管理。

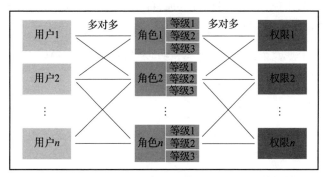

图 6-15 RBAC1 模型中用户、角色和权限的关系

比如，公司的销售经理可能分为几个等级，除了销售经理，还有销售副经理，而销售副经理只有销售经理的部分权限。这时候，我们就可以采用 RBAC1 的分级模型，把销售经理这个角色分成多个等级，给销售副经理赋予较低的等级。

3. 角色限制模型 RBAC2

RBAC2 是对用户、角色和权限三者增加了一些限制。这些限制可以分成两类，静态职责分离（Static Separation of Duty，SSD）和动态职责分离（Dynamic Separation of Duty，DSD）。

静态职责分离是在用户和角色的指派阶段加入的，主要对用户和角色进行如下约束。

❑ 互斥角色：同一个用户在两个互斥角色中只能选择一个。

❑ 基数约束：一个用户拥有的角色是有限的，一个角色拥有的权限也是有限的。

❑ 先决条件约束：客户想要获得高级角色，必须先拥有低级角色。

动态职责分离是指会话和角色之间的约束，可以动态约束用户拥有的角色，一个用户可以拥有两个角色，但是运行时只能激活其中一个角色。

静态职责分离的 RBAC2 和动态职责分离的 RBAC2 的结构如图 6-16 所示。

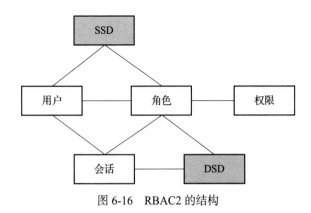

图 6-16　RBAC2 的结构

如果给一个用户分配了销售经理的角色，就不能再给他赋予财务经理的角色了，否则他既可以录入合同又能审核合同。有些公司对职位升级十分看重，销售员要想升级到销售经理，必须先升级到销售主管，这时候就要采用先决条件约束。

4. 统一权限模型 RBAC3

RBAC3 是 RBAC1 与 RBAC2 的合集，既有角色分层又有约束。

以上就是 RBAC 模型的 4 种设计思想，现在大多数权限模型都是在 RBAC 模型的基础上，根据业务实际情况进行组合和改进的。

6.3.3 案例：A 公司的 RBAC 权限设计

RBAC 授权实际上是定义了"谁""做什么"和"如何做"的问题，也就是主体对客体的操作，需要设计出如图 6-17 所示的内容。

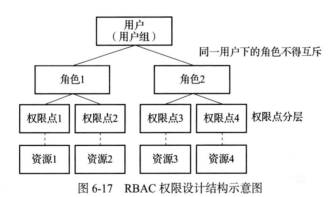

图 6-17 RBAC 权限设计结构示意图

图 6-17 从下向上看，是将 SaaS 资源划分成一定颗粒度的权限点，这些权限点是有层级关系的树状结构，在设计的时候就需要有父子级关系。比较常见的结构是"菜单""页签""按钮"三

层，比如订单管理－待处理－编辑，就定义了“编辑”这个权限点，对应页面是编辑按钮。如果再细致一些，可以将每个权限点分为仅可见、可操作两种权限。

下面我们以A公司的SaaS系统为例，看看RBAC权限的设计流程。

1. 定义角色（谁）

定义角色前期需要进行用户访谈，了解不同岗位的用户的工作职责，并抽象出几个角色。用户与角色之间的关系需要明确是多对一还是多对多。这个问题需要结合业务场景进行讨论，如果用户的工作职责界限分明、不同工作岗位都有专人负责，就可以设计为多对一关系，即用户只有一个角色，一个角色可以对应多个用户。如果用户的工作内容跨越几个职能，就可以设计为多对多关系，即一个用户可以拥有多个角色，一个角色也可以对应多个用户。

需要注意的是，角色的权限应该是可编辑的，管理员可以创建角色，并对角色的权限进行调整以应对工作场景的变化。A公司SaaS系统的角色设置如图6-18所示。

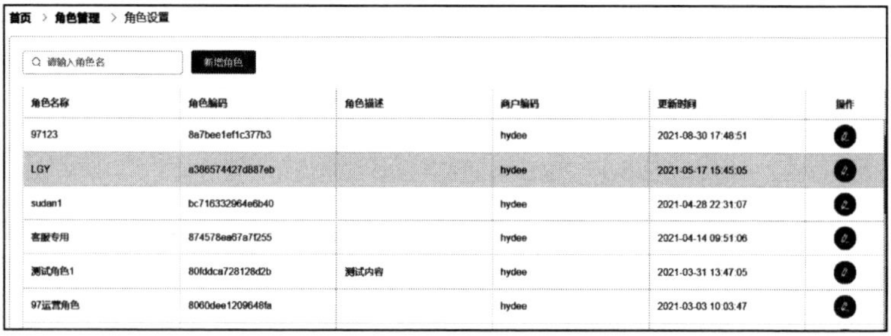
首页 > 角色管理 > 角色设置

请输入角色名　新增角色

角色名称	角色编码	角色描述	商户编码	更新时间	操作
97123	8a7bee1ef1c377b3		hydee	2021-08-30 17:48:51	
LGY	a386574427d887eb		hydee	2021-05-17 15:45:05	
sudan1	bc716332964e6b40		hydee	2021-04-28 22:31:07	
客服专用	874578ea67a7f255		hydee	2021-04-14 09:51:06	
测试角色1	80fddca728128d2b	测试内容	hydee	2021-03-31 13:47:05	
97运营角色	8060dee1209648fa		hydee	2021-03-03 10:03:47	

图6-18　A公司SaaS系统的角色设置

2. 定义权限资源（做什么）

权限资源包括功能和数据。定义功能权限时需要明确功能权限到页面级别还是操作级别，甚至是字段级别。在一些权限严格的业务场景下，会要求定义到字段级别，比如销售报表隐藏成本字段。如果权限比较宽松的，可能只到页面级别，比如限制角色能否访问订单列表，也需要根据业务需求决定。

定义数据则比较简单，可以根据角色绑定的店铺、组织机构或区域来限制客户的数据权限，比如A店的运营专员只查看来源为A区的数据。

3. 定义行为（如何做）

定义行为就是对角色赋予权限。行为包括增删查改，不同的角色可以根据需要设置不同的操作权限，比如对于成绩管理页面，学生只能查看成绩，不能修改成绩；教师同时拥有修改成绩和查看成绩的功能。图6-19为A公司SaaS系统的角色权限绑定界面。

图6-19 A公司SaaS系统的角色权限绑定界面

6.4 场景化登录与IDaaS

在 SaaS 服务领域，场景化登录是常见的客户需求，比如关联登录与跨组织登录。同时我们也需要了解统一身份认证及授权实现机制，以便更好地在 SaaS 登录方面进行产品优化。

6.4.1 关联登录与跨组织登录

SaaS 产品的便捷性体现在用户登录账号和密码即可运行。很多企业是多机构分支和多用户模式的，那么就要为不同的员工提供不同的账号，每个账号对应一个员工，员工登录后，以各自的名义和权限操作系统，有可能出现多账号关联登录或跨部门组织登录的情况，需要提前考虑。

1. 账号关联性登录方式

某些 SaaS 产品会提供关联性登录，比如有道云笔记可以用微信、手机号或账号等方式登录。

产品经理在设计的时候需要考虑背后的逻辑规则。比如登录界面提供登录渠道，那么就用账号 + 渠道匹配服务器中对应的账号信息。若登录界面不提供登录渠道的选项，则登录系统只能靠试，例如手机号和工号都可以作为账号，只能分别尝试匹配手机号或工号，再匹配密码。这种登录方式的风险在于，理论上会出现客户 A 的手机号等于客户 B 的工号，二人的密码又恰好相同的情况。在设计登录方案的时候应尽量避免这种风险，比如限制工号位数不等于 11 位（与手机号区分开）。

2. 账号跨组织登录

假设一个连锁超市，各个子超市的员工登录系统后只能看到自己门店的数据，就形成了员工－账号－门店这样的关系。

这种结构下，登录账号从属于一个门店，如果员工级别较高，需要管理多个门店，就需要创建多个账号，如图 6-20 所示。

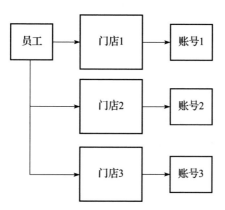

图 6-20 员工隶属多个门店时需创建多个账号

显然处理上述问题是比较麻烦的。成熟的解决思路是将账号与员工进行一对一绑定，如图 6-21 所示。

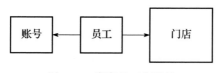

图 6-21 绑定员工和账号

同时将门店作为员工的一个属性，在逻辑处理上，以该员工所属的门店来判断员工的权限。当需要扩展权限的时候，只需要在员工身上增加门店，即绑定员工和多个门店，如图 6-22 所示。

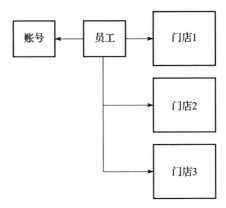

图 6-22　绑定账号和多个门店

若员工要接手另一个门店的工作，那么只需要给该员工的所属账号中增加另一个门店的权限。这个方案可以作为一个通用方案一直使用。

6.4.2　IDaaS

随着企业信息化整合的发展，越来越多的企业混合使用 SaaS 系统和传统软件。这时候系统之间的账号不能通用或者不能统一登录，就会造成账号密码混乱、登录费时等问题。解决这些问题需要实现客户统一身份认证及授权管理。

统一身份认证及授权管理要处理好 4 个方面，集中账号管理（Account）、集中认证管理（Authentication）、集中授权管理（Authorization）和集中审计管理（Audit），简称 4A 管理，后来发展到 IAM（Identity and Access Management，身份识别与访问管理）技术，并且业内提出了统一身份管理系统（Unified Identity Management System）的设计思路。

随着 SaaS 化应用的普及，IDaaS（IDentity as a Service，身份认证即服务）逐渐推广。IDaaS 是由第三方服务商构建、运行在云上的身份验证服务，它向订阅的企业客户、开发者提供基于云端的用户身份验证、访问管理等服务。我们可以将 IDaaS 理解为SaaS 化的身份识别和访问管理。

1. 工作原理

IDaaS 提供了单点登录、认证管理、基于策略的集中式授权和审计、动态授权、企业管理等功能，可以有效保证跨多系统的用户身份一致性，同时确保资源的稳定性，从而维护企业安全，结合用户权限和用户身份的限制，允许员工只访问自己权限以内的数据。

IDaaS 的诞生，是基于以往的信息系统建设对账号、认证、权限缺少平台级的统一规划，提供统一的身份管理服务，支持不同应用、业务的身份认证和用户管理诉求。

IDaaS 提供了丰富的应用集成机制，对大量 SaaS 化应用进行了预集成，客户不用投入大量沟通改造时间，打开模板，填充相应的服务参数值即可使用。

IDaaS 提供了丰富的协议化支持，通过内置协议栈，IDaaS 可以和客户原有的 IAM 系统快速适配，实现内外互信和安全隔离，如图 6-23 所示。

IDaaS 通过高安全级别的数据物理隔离和数据脱密加密技术，保障 SaaS 应用之间交互的数据安全。有效保证跨多系统的用户身份一致性，确保资源的稳定性，从而维护企业数据安全。

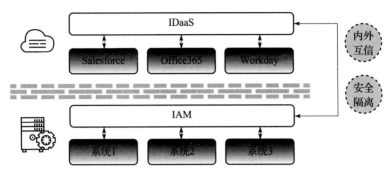

图 6-23　IDaaS 和客户原有的 IAM 系统快速适配

2. 应用场景

（1）企业内部账号和应用权限管理　集中式身份管理服务为政企客户提供统一的应用门户、客户目录、单点登录、集中授权、以及行为审计等中台服务。

允许客户登录 / 认证一次，即可访问企业内网的应用程序，企业外部的邮箱、云课堂等 SaaS 服务。管理员可以集中管理和开通访问权限。

（2）开发者服务　为开发者提供统一登录功能，通过可配置的安全设置，灵活适配开发者的需求，支持第三方登录和认证方案。

IDaaS 支持多种常见的身份联邦协议，通过 SaaS 的服务能力，成为企业的身份中台，为企业内部开发者提供高效和稳定的技术中台服务支撑，保障企业内部账号体系的统一，节省了应用分散开发后，进行账号融合的巨大工作量。

3. IDaaS 的价值

IDaaS 的价值如下。

❑ 单点登录提高了生产率，提供了标准的身份认证解决方案。

❑ 整合了不同账户之间的关联。

❑ 使用 IDaaS 可以省去开发和运维的烦琐，使开发工作聚焦在业务上，无须重复构建和维护不同业务系统的身份管理和身份认证功能。

❑ 建立科学的账号管理体系，对账号的创建、更新、删除等账号生命周期内的操作实现跨应用的统一管理。

❑ 传统的面向员工的管理服务的购买、升级、安装、定期备份数据、托管等费用很高，使用 IDaaS 后，成本仅有订阅费用，日常进行简单管理工作就可以了。

构建 SaaS 安全体系

　　安全问题是 SaaS 客户关注的重点。因为除了网络应用普遍存在的安全问题外，SaaS 的底层基础服务和数据都在一定程度上暴露给了服务商，所以在设计 SaaS 产品时需要做好安全体系的构建，真正做到产品可靠、可行、可信。

　　SaaS 产品安全主要包括 SaaS 账号登录安全、SaaS 信息安全、SaaS 技术安全、典型的安全风险识别等。

7.1 SaaS 账号登录安全

　　SaaS 账号登录安全与客户侧的关系十分密切，主要包括客户账号和密码本身的安全性和客户登录环节的安全性两个方面。

7.1.1　账号和密码安全

1. 账号安全

SaaS 系统中，一般以账号和密码、手机验证、第三方账号为主要登录方式。图 7-1 即为某 SaaS 产品提供的登录方式。

图 7-1　某 SaaS 产品提供的登录方式

账号和密码登录的方式最为常用，有时候会配合验证码，以防止系统被频繁访问。

登录账号通常为客户手机号、邮箱、工号或自定义的专属账号等。有时候需要满足多个账号对应同一个密码的情况，比如手机号或工号都可以作为账号进行登录，这时候需要注意的安全场景是，若张三的手机号等于李四的工号，则系统无法判断是按张三进行校验，还是按李四进行校验。

此外，登录系统需要加强账号的管控，比如员工离职后可收回其账号权限，或通过其他技术手段防止风险发生。

2.密码安全

在设计 SaaS 产品的登录密码安全时，可以增加对密码强度的要求，常见的登录密码规则如表 7-1 所示。

表 7-1　常见的登录密码规则

序号	要求	规则
1	密码类型	人脸识别、短信验证、账号密码、指纹等
2	初始密码提供方式	短信 / 邮箱通知，2 分钟内有效
3	初始密码使用	是否强制更改初始密码
4	密码找回方式	预设问题回答、短信验证等
5	密码长度	请输入 8 ～ 12 位密码
6	密码格式	必须包含大小写字母、数字、特殊符号
7	密码规律	密码中不能出现大于 3 位有规律的字符，如 123、AAA
8	警告期限	提前警告密码将过期
9	重复密码	不能使用注册过的密码
10	宽限期限	密码过期后多少天内不能使用，但是可以更改
11	后台修改密码	超级管理员或后台是否提供统一修改或重置密码的功能
12	密码冻结	检测到风险时临时冻结账号密码

7.1.2　登录环节安全

登录环节安全主要包括登录前的安全配置、登录时的安全措施和登录后的安全防范。

1.登录前的安全配置

某些情况下，为了保证 SaaS 信息安全，客户会提出限制登录系统的网络环境和硬件设备。

比如客户希望只能使用公司内网登录SaaS系统，那么就需要为客户的SaaS系统提供配置功能，把客户公司的网络访问代理服务器IP加到SaaS系统的网络白名单里。也可以使用VPN（Virtual Private Network，虚拟专用网络）构建封闭网络，这种方法最直接，相当于局域网，直接限制了客户公司以外的访问。

随时随地登录公司的系统本身也是存在风险的，如果客户提出只能基于公司授权的设备进行登录，就需要提供登录设备白名单的配置功能。

登录设备白名单通常采用设备的MAC地址进行确定。以台式计算机为例，其MAC地址与网卡是相对应的，笔记本电脑通常有无线网卡和有线网卡，所以一个设备的MAC地址可能不止一个。

2. 登录时的安全措施

（1）使用多因素认证　若监控到客户登录的网络IP或设备MAC地址不是日常使用的，则可以通过短信等方式通知客户。这个安全措施的前提是系统要在初次安全登录成功时，记录网络IP或设备MAC地址，将其加入SaaS系统的可用设备白名单中。

（2）失败次数限制　设定尝试多少次登录失败后锁定账户的机制，用于防止通过试错方式破解账号或者密码。

3. 登录后的安全防范

登录SaaS系统之后，在使用过程中还是有很大的风险。

（1）防止登录后账号被窃取　客户将自己的id传递给接口进行登录时，id可能被抓包工具窃取，造成安全隐患。被窃取的前提是SaaS系统的前端代码被攻击者分析了，那么这种问题只能由开发者解决，有经验的开发者会考虑运用一些技术手段，原理类似于在客户登录时，系统为客户生成一个 token 并返回给客户，然后将 token 和该客户的租户 id 关联并存储，如图 7-2 所示。

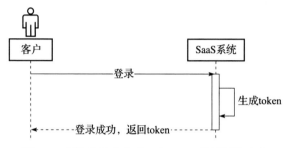

图 7-2　系统为客户生成一个 token 并返回给客户

　　一旦客户需要对资料和数据进行增、删、改、查等操作，就必须携带登录时系统返回的 token。于是就生成了特定租户的命令并执行，从而完成租户数据的增、删、改、查，如图 7-3 所示。

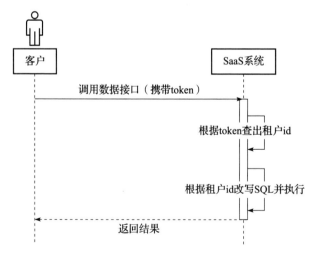

图 7-3　增、删、改、查操作验证流程

（2）客户登录之后忘记退出　对于私密性较高的 SaaS 产品，比如云笔记，如果客户长时间不操作，就可以考虑自动退出，避免客户离开座位并忘记锁屏时，他人随意使用系统。

除了以上介绍的内容，还有很多需要考虑和定义的登录问题，比如不同设备同时登录同一个账号，需考虑通过短信等方式验证安全性。

7.2　SaaS 信息安全

信息安全主要包括信息的保密性、真实性、完整性、未授权拷贝和存储系统的安全性等方面。

7.2.1　页面信息脱敏

1. 客户信息脱敏

虽然通过页面权限和数据权限可以限制不同客户的权限，但是还是有一些非体系化的信息是企业不希望被某些人看到的。比如，总部不希望门店的员工看到采购信息和价格，避免暴露供应商的合作关系或者利润。遇到这种较为个性化的需求该怎么办呢？

首先产品经理应认识到行业中类似的场景是否普遍存在，如果是，那么就可以将其以通用的功能设计到 SaaS 产品中。

通常，解决思路可以是不出现"成本"列，缺点是客户会觉得信息结构不完整；也可以是对这列信息进行模糊处理，比如页面的"成本"字段显示为 **。实现方式也分两种：第一种是将

"成本"字段（对应页面的一列信息）配置为权限点，以权限的方式分配给部分客户；第二种是考虑到这种场景与权限体系的管控颗粒度不同，单独做开关，供客户配置。

2. 第三方信息脱敏

如果使用过京东或者淘宝的订单接口，可能会发现这样一个现象，从这些平台接到的订单中，客户的手机号是加密的，页面显示类似"186××××1416"的效果。等到了物流环节，通过扫码枪等设备读取号码的时候，在系统层面完成号码信息的传输，整个过程中订单的作业人员始终看不到详细信息，从而达到保护顾客隐私、保证商业机密的效果。

类似以脱敏的方式达到保密效果的需求在 SaaS 产品中很常见，图 7-4 所示即为某需求的脱敏方案。

2.6 基础信息 – 供货单位 – 业务人员列表（人员、身份证等相关信息隐藏展示）

（1）将姓名保留姓氏（首字），后面名字进行 * 处理，点击后可显示全部姓名，每个首字母后的文字变为一个 *。

如为英文，展示首字母，后续每个字母变为一个 *。

如 Sherry，展示为 S*****。

（2）证件号码如有，全部用 18 位星号展示。点击获取详情。

（3）将电话、传真、手机等号码第 4 位开始的中间 4 位进行 * 处理，点击后可显示全部号码。每个数字变为一个 *。符号也算一位，即 010-65437655，第四位开始计数为 010****37655。点击该字段，可展示全部信息，再次点击可隐藏。

（4）将公司邮箱字段保留 @ 前的首位字符，其余 @ 前字符以 * 显示。@ 及之后字符全部展示。点击该字段，可展示全部信息，再次点击可隐藏。

（5）微信、QQ 保留首字符，其余字符以 * 显示，点击该字段，可展示全部信息，再次点击可隐藏。

（6）导出字段，三方不受影响，自营导出脱敏信息。

图 7-4　某需求的脱敏方案

7.2.2 数据安全

对于 SaaS 软件而言，更为复杂和艰难的工作是保障 SaaS 平台中客户数据的安全。无论大型企业还是小微企业，对于数据的安全性要求都是一样严苛的。SaaS 软件存储了大量高度敏感的客户信息，如果软件的数据安全无法得到保障，不仅客户的数据会遭受破坏，服务提供商的信誉也会受到严重的影响，甚至会引发法律问题。相比于传统的软件，SaaS 软件的安全性要求更高，系统结构更为复杂，实现难度也更大。

保障客户数据安全的方式如下。

1. 多租户数据隔离

多租户架构是 SaaS 软件的一个重要评定标准，如何对各个租户的数据进行识别、分割和存储，需要在安全性和性能上取得平衡。

2. 数据备份与恢复

由于各租户订阅服务的组合不同，使用软件的时间段不尽相同，对不同租户的数据进行备份和恢复的难度也相当大。另外，在操作其中一个租户数据时，需要保障其他所有租户的数据不会受到影响。在发生系统故障时，还需要及时恢复租户数据，面对庞大的数据量，数据恢复的复杂度和难度比单体架构的应用高很多。

3. 数据入站和出站校验

SaaS 平台允许客户在任何地点通过网络获取服务，这就要求 SaaS 平台在数据传输、客户输入、系统输出等环节有更高的安全性，相比于单体架构的应用，需要更高级别的安全传输加密 / 解密手段、更细粒度的客户认证和鉴权措施。另外，对客户日志的收集、追踪和审计工作也比单体架构的应用更难。保护存储在 SaaS 平台中的数据安全，需要仔细分析平台中的每一个业务流程，细化权限下放的粒度，严格把控访问设置以及数据的存储规则。

即便如此，由于 SaaS 平台通常需要面对比单体架构的应用更为庞大的数据量，且业务流程更为复杂，更新周期相对较短，因此需要确保存储在 SaaS 平台中的数据不易被破坏或者泄露。

7.2.3 操作风险规避

1. 通过功能设计规避操作风险

操作风险主要指客户对 SaaS 系统的操作失误、违规操作等个人原因导致损失的风险。

在设计 SaaS 产品时需要针对性地预防此类风险，比如：下拉选项容易选错，那么就平铺展示；提供错误提醒、纠错、回退等功能；增加出错成本，如逐级增加审核条件。

2. 完善的操作日志

操作日志是对客户在系统中的操作行为和操作数据进行记录，其作用如下。

❑ 操作功能对应的业务本身是需要追溯痕迹的，比如订单处理轨迹的记录、审批流程的记录等。

❑ 澄清责任，提供客户操作的证据。试想如果客户在系统中做了一些错误操作导致重要的数据丢失或出错了，这个时候客户可能会怀疑这些错误是系统导致的，或者是其他租户造成的。这种怀疑会导致客户对系统安全性产生不信任。

❑ 记录系统行为。除了客户行为之外，系统也在执行无数的任务，这些执行过程是外层不能直接看到的，最常见的如接口传输、返回超时等。记录系统的后台日志，可以监测系统的运转状态，锁定异常环节，发现可优化的潜在位点。

基于以上场景，可以将操作日志分为两类：客户操作日志和系统后台日志。

（1）客户操作日志 设计客户操作日志时，有两点需要特别注意。第一点是使用者的视角，是希望基于页面模块还是功能维度去查看记录。第二点是操作日志的呈现形式，如何让客户一眼看到最想看的内容。

针对第一点，站在业务角度来说，如果产品模块之间的结合程度不高，且功能较为琐碎，建议从页面模块维度来区分日志类型。如果产品的一些模块之间的关联度和相似度高，建议从全局的维度去规划客户操作日志。基础的客户操作日志页面如图 7-5 所示。

序号	操作对象	操作方式	操作前	操作后	操作人	操作时间
1	价格	修改	12.3	13.0	刘创伟	2019-08-05
2	国家	修改	中国，英国	中国，俄罗斯	李虎蝶	2019-06-05
3	是否启用	修改	是	否	章德阳	2019-04-05
4	—	新增	—	新增本条记录	王高	2019-05-05

图 7-5 基础的客户操作日志页面

图 7-5 是同一条数据 4 个不同时间的操作记录。第 4 个是

新建该数据的记录，第 1 ～ 3 个记录依次是对"是否启用""国家""价格" 3 个字段的修订记录。

（2）系统后台日志　包含中间件、数据库、服务器硬件、网络设备等输出的日志。系统后台日志内容包含服务环境的访问信息、控制台消息、系统警报信息、系统错误信息、接口参数传递信息等。

系统后台日志通常是开发人员才能看到的，后台环境自带的日志功能会设置一定时间后清除日志。系统后台日志一般不会提供给客户，除非发生了安全事故或异常，需要和客户共同调查时才会有选择地提供给客户。

- ❑ 发生安全事故：寻找受到攻击时攻击者留下的痕迹。
- ❑ 系统发生故障：寻找错误发生的原因。
- ❑ 监视系统：监视系统会收集所有的应用程序日志和安全日志，如果发现日志中包含任何异常，会第一时间报警，让系统管理员及时解决。
- ❑ 接受第三方审计公司审计：审计系统是否做到了充分的监视、系统是否健壮、日志中有没有安全问题等。

7.3　SaaS 技术安全

SaaS 产品的安全问题，多数还是需要从技术角度解决的，包括系统性能安全、技术防御、人为风险规避等。

7.3.1　系统性能安全

服务器瞬时峰值超载，会导致性能不稳定。这是常见且重要的 SaaS 系统性能安全问题。比如电商 SaaS 系统在类似"双十一"大促的时候，可能会因流量大增而出现服务器瞬时峰值超载的情况。为防止这种因素导致宕机，需要及时优化系统性能。工程师可以通过技术调度系统动态调整峰值，既满足商家稳定做活动的需求，又节约成本。

　　笔者曾经为某 SaaS 系统设计库存同步功能，遇到的最大问题就是性能问题。该功能的业务模型如图 7-6 所示。

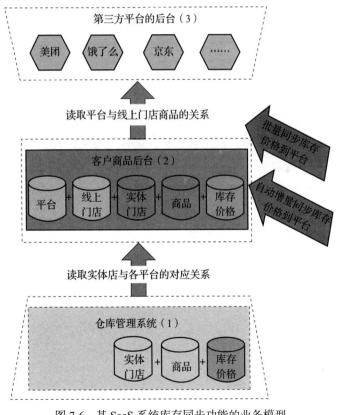

图 7-6　某 SaaS 系统库存同步功能的业务模型

这个功能体系整体分三层：底层是客户的仓库管理系统（Warehouse Management System，WMS），管理门店的商品库存、价格；中间层是商品后台，连接 WMS 和顶层的第三方平台。由于是 O2O 业务，因此同一商品在不同销售平台、不同门店的价格可能不同。如果客户有 n 个实体门店、m 个商品、w 个销售平台，那么最多每次需要同步 $n \times m \times w$ 条数据，再加上对同步频率要求较高，这个客观现实就为性能问题埋下伏笔。

性能问题的根源在于数据量大，解决方案如下。

- ❑ 限制数据同步的触发频次，即通过限制客户手动操作的频率，降低触发同步的频率（这在一定程度上可能牺牲了数据同步的及时性）。
- ❑ 对待处理数据进行清洗，包括去重、对比、改变存储方式等，这是为了摆脱无效数据，尽可能降低冗余。
- ❑ 增加失败补偿机制和日志，让客户的操作有迹可循，可自行追溯。

诸如此类系统性能方面的问题，如果在 SaaS 产品设计初期就考虑到，那么在流量峰值来临的时候就可以顺利通过，而不至于形成事故之后，后置解决问题。

7.3.2 技术防御

技术防御涉及的内容众多，本小节从基础设施安全、防止网络攻击、接口防御等方面进行简单的介绍。

1. 基础设施安全

硬件设施的安全是基础，也是最重要的技术防御内容，目前有很多处理手段，比如为数据中心制定 7 天 24 小时的物理安全措施、中心机房安排 24 小时巡逻的保安、限制主服务器的访问权限、保留全面的日志记录、执行定期的日志审计等。

除了上述主动措施外，还有一些被动的补救措施，比如机房断电，光纤被施工单位挖断，机房所在区域遭遇地震、洪水、火灾等紧急情况下的避灾备份方案。

2. 防止网络攻击

分布式拒绝服务（Distributed Denial of Service，DDoS）是常见的网络攻击之一，黑客利用 DDoS 控制大量机器同时攻击，以达到妨碍正常使用者使用服务的目的。

如果将我们的系统服务比作城市的交通网络，那么正常使用者的需求就是在城市里正常通行，而 DDoS 就是人为在立交桥、隧道设置路障，造成交通拥堵甚至交通瘫痪，想要正常出行的人就没法通行了。

还有一种网络攻击叫作拖库，是指黑客溜进技术系统，窃取数据。防御这种攻击需要生产网络和办公网络完全隔离，测试网络和真实网络要分别部署防火墙。

3. 接口防御

作为 B/S（Browser/Server，浏览器 / 服务器）架构的 SaaS 产品，前后端的接口访问量很大，接口防御也是一个重要的环节。在实现层面上，技术人员会考虑使用技术手段来防止客户数据和信息被恶意拦截或窃取。在需求层面上，产品经理也需要有相关的风险意识。

7.3.3 人为风险规避

代码编写失误也是一个风险来源，比如会出现技术人员误操作，甚至恶意删除数据库的情况。

从 SaaS 客户的角度看，数据丢失可能影响业务开展，比如不知道订单是否支付、商品是否发货、进店消费的顾客是否应该享受会员折扣等。从 SaaS 服务商的角度看，数据丢失不仅要承受重大的经济责任，自身信誉甚至行业可信度也会受到影响。

大多数 SaaS 服务商在数据安全方面都积累了足够的经验，通常通过分权管理、预防演练、流程管理等进行人为风险规避。

1. 分权管理

分权管理指的是在产研团队人员授权方面，严格进行员工、角色授权，遵循最小授予原则，将数据库操作权限和备份权限分开。生产数据库和备份数据库的权限分配给不同的人，不同的备份由不同的数据库管理员（DataBase Administrator，DBA）管理，确保哪怕真有人删了数据库，仍可以做到随时启用在任一灾备机房的任一备份数据库。

2. 预防演练

预防演练针对的是测试环境中各种人为操作造成的风险事件，演练的时候，团队每个人该听谁的指挥、各项工作的先后顺序、二次灾难怎么预防，都要形成标准响应惯例。

3. 流程管理

流程管理就是在工作流程上进行控制和规范，客观上即便是某个人有作案嫌疑，也无法排除群体作案的可能，因此要从制度层面实现安全控制。比如，DBA面对高风险操作时直接拒绝执行并发出报警；确实需要进行数据表调整时，增加审批流程，经过技术主管审批，生成操作密钥，通过生成的密钥执行进一步操作。

4. 安全屋和操作监督

对于那些特别敏感、需要高级别权限的操作，可以设置"安全屋"，必须进入专门的机房、通过专门的设备才能操作。即使操作，也要提前申请。即使申请通过了，也要有专人监督。如果出了问题，监督员要负连带责任。

7.4　典型的安全风险识别

SaaS产品的安全问题不仅是风控人员要考虑的，而且产品经理也要有行业的安全敏感度，能够识别典型的安全问题，并思考设计方案。下面我们举例介绍金融支付类、交易类和合同类产品的常见安全风险识别。

7.4.1　金融支付类风险

金融支付类产品毫无疑问是对风控措施要求比较严格的，主要为了规避账户攻击风险、套现风险、洗钱风险等。

1. 账户攻击风险

账户攻击主要分为三步，如图7-7所示。

1）拖库：寻找目标网站后，通过社工攻击或技术攻击来攻击目标数据库。

2）洗库：对目标数据库中的加密数据进行破解，主要有暴力破解、字典破解、彩虹表等手段。

3）撞库：尝试登录后获取账户信息。

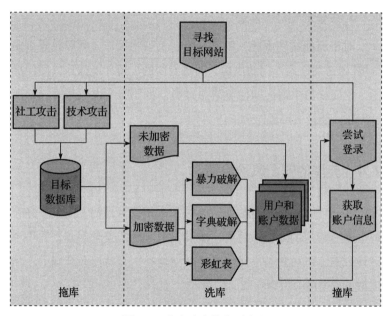

图 7-7　账户攻击的主要流程

应对账户攻击有相对成熟的方案，本书不做赘述。产品经理了解账户攻击原理即可增强相关意识，更好地理解技术解决方案。

2. 套现风险

在线支付系统中，使用信用卡进行套现时有发生，并且手段很多。

❑ 虚假购买：客户使用信用卡购买某商品后，商品并未实际发货，商家将购买的款项打回给客户，完成套现。

❑ 退货套现：通过信用卡来购买商品，然后退货，再将退款返回到借记卡或者其他可提现的渠道，进而完成套现。

❑ 自买自卖：商家使用信用卡购买自己的商品，将货款打入借记卡中，完成套现。

套现很难完全杜绝，通常有两种防御思路，一种是发现套现行为之后要求资金原路返回，另一种是通过大数据分析等手段来预判和减少套现发生的频率。

3. 洗钱风险

第三方支付一直是洗钱行为的重灾区，主要手段包括但不限于：

❑ 通过第三方支付平台发行的商户POS机完成虚构交易，进而套现。

❑ 将诈骗得手的资金转移到第三方支付平台的账户，在线购买游戏点卡、比特币、手机充值卡等物品，再转卖实现套现。

❑ 利用第三方支付平台的转账功能，将赃款在银行账户和第三方支付平台之间多次转账，使得公安机关无法及时查询资金流向，从而逃避打击。

洗钱风控系统主要是对账户、交易、渠道、商品等信息进行实时和定时的挖掘分析，识别各种风险，采取各种措施降低损失。

7.4.2 交易类风险

交易类风险是指在交易过程中存在的各种恶意行为，而这些行为在电商系统中的表现特别突出。

1. 防止交易类"薅羊毛"

商家进行各类营销活动，比如发放优惠券、代金券、抵扣券、折扣卡等，都是有价值和成本的，都是实实在在的营销预算。商家的本意是让利给消费者，刺激消费和社交传播，但始终有不法分子盯着这类活动，有组织、有技术地"薅羊毛"。

比如在秒杀活动中，由于价格有很大的优惠力度，不法分子会通过批量注册账号、刷单抢购等方式来大量购买商品，侵占了普通消费者的权益，使得秒杀活动的效果大打折扣。

无论对商家还是客户，交易类"薅羊毛"都是一种利益损害。对抗这种行为，需要交易类 SaaS 产品严格把控安全风控环节。

首先，需要建立事前预防、事中检测处置、事后分析总结的常态化审查机制与风险管控体系，加大网络平台整治力度，加强技术创新，及时修补技术漏洞。其次，严格落实账号审核机制，以更高效、更精准的方式打击虚假账号，严厉处罚商家与"羊毛党"勾结刷单等行为，共同营造清朗的网络平台环境。最后，加强与相关平台、企业的合作，成员单位之间共享黑产情报数据与技术数据库，充分利用资源共享优势，相互协作配合，联防联控，形成网络治理合力。

2. 防止恶意刷单

大部分消费者在购买商品的时候，会查看商家的资质和诚信度、商品的销量、买家评论等。不少商家使用刷单和刷好评的方式以非正常的途径提升销量、信誉，甚至通过刷单的方式来套取补贴或提现。

- ❑ 虚拟物品刷单：虚拟物品不涉及物流环节，交易流程简单，因此很容易通过刷单的方式制造虚假的店铺访问量或者交易量。

- ❑ 低价刷单：为了降低成本，有些商家会将单品价格调低，或者将成交金额调低来支持刷单行为。

- ❑ 少量商品刷单：针对少量几个商品进行刷单。

- ❑ 互刷：一些商家会勾结起来，相互刷单。

- ❑ 小号刷单：商家为避免主账号被封，采用小号刷单。小号可能是商家自己组织注册的，但大部分还是从专业刷单机构手中获取的。

- ❑ 使用虚拟机模拟访问：通过虚拟机在一个物理机上模拟多台机器访问店铺进行刷单。

- ❑ 使用VPN刷单：伪装不同地区的IP进行刷单。

电商系统刷单风控的主要手段有升级商品审核系统、加强特殊品类管控、升级风控大数据平台、升级商家信用评分系统、搭建商家合规自检工具等。

7.4.3　合同类风险

合同风控的目的在于确保合同的真实意愿和效力认定。如今很多企业都将签订合同放到线上进行，作为电子合同类SaaS服务商，要解决的核心问题是确保电子合同的安全性和有效性。

电子合同安全性和有效性的核心在于签署电子签名。

- ❑ 电子签名制作数据用于电子签名时，属于电子签名人专有。

- ❑ 签署时电子签名制作数据仅由电子签名人控制。

❑ 签署后对电子签名的任何改动都能够被发现。

❑ 签署后对数据内容和形式的任何改动都能够被发现。

以上四点是电子合同安全性和有效性的基础和成立条件。通常由服务商提供底层技术，对应的功能是实名认证、意愿认证、原文未改、签名未改。

1. 实名认证

实名认证就是确保干系人和代表的主体机构的身份合法真实。对签约方真实身份的确定，是通过各种实名认证方式实现的。

个人实名认证的方式主要有身份证二要素、运营商三要素、银行卡三要素、银行卡四要素、人脸识别。企业实名认证的方式有企业三要素、企业四要素、企业打款认证，也有一些实名认证方式是上述几种方式的结合运用。

2. 意愿认证

意愿认证就是确保签订合同及其他一系列操作都是自愿的。电子合同常见的意愿认证方式有指纹登入、短信验证码登入、语音验证码登入、人脸识别登入、UKey 登入等。

3. 原文未改

原文未改指的是确保合同的内容未被篡改。原文未改是通过数字签名技术＋CA（Certificate Authority，证书授权中心）机构颁发的数字证书实现的。数字签名技术是核心。数字签名是非对称算法和哈希算法的联合运用。

（1）非对称算法　非对称算法是一种加密算法，它可以生成一对密钥，一个称为公钥，一个称为私钥，以实现防抵赖的目的。

原理是 A 使用自己的私钥对文件进行加密，B 收到文件后，使用 A 的公钥解密文件。如果能够解密，证明文件一定来源于 A。

（2）哈希算法　假设客户 A 执行了电子合同签约，则服务端先对电子合同原文使用哈希算法得到电子合同原文的哈希值。

客户 B 收到带有数字签名的电子合同后，先对原文用哈希算法得到哈希值，然后使用客户 A 的公钥对数字签名进行解密（客户 A 的公钥可信度由 CA 机构的数字证书来保证，只要是国家认证的 CA 机构颁发的数字证书都认为是可信的），解密得到的哈希值与原文用哈希算法得到的哈希值进行比对，如果哈希值一致，则证明电子合同确实是 A 签署的，并且没有被篡改过，以此实现验证"签名未改、原文未改"的目的。

4. 签名未改

确保签名没有被篡改过，签订时间同样是电子签名有效性的关键。电子签名一般使用时间戳对电子合同的签订时间进行有效确认。实现原理是对电子合同进行一次哈希运算，将哈希值发送给时间戳签发中心，时间戳签发中心使用数字签名技术对哈希值和当前时间进行一次校验。由于电子合同的哈希值具有唯一性，因此时间戳的数字签名可以确认电子合同签约的时间点，这样就保证了签名未改。

构建 SaaS 数据体系

SaaS 有着天然的数据优势,比如数据驾驶舱可以提供直观的经营现状看板,数据决策系统可为客户提供决策依据,数据挖掘可以作为智能决策的引擎。

对客户而言,数据是重要的资产。对 SaaS 产品而言,数据是亮点和优势。对 SaaS 服务商而言,构建数据体系,是 SaaS 产品的重要组成部分。

产品经理要理解数据的基本知识、常见的 SaaS 数据报表,以及如何挖掘 SaaS 数据价值,以便更好地为客户服务。

8.1 数据的基本知识

数据模型、数据库是技术人员或数据分析师主要负责的内容，但是产品经理也必须理解这些数据的基本知识，否则无法与团队沟通、无法分析判断问题，更难以设计出合理的 SaaS 数据体系。

8.1.1 数据模型

数据模型是数据特征的抽象，是数据库管理的框架。将数据有序、安全地保存至数据库，并实现高效读取，必然要创建成熟有效的数据模型。数据模型是数据库系统的理论核心和基础。数据模型所描述的内容包括数据结构、数据操作、数据约束。

按不同的应用层次，数据模型分为以下 3 种。

1. 概念数据模型

概念数据模型（Conceptual Data Model，CDM）的抽象性最高，关注现实世界与数据世界的关系，不关注数据的底层细节，为构建逻辑数据模型奠定基础。概念数据模型是对现实世界的抽象，它必须转换成逻辑数据模型，才能在数据库管理系统（DataBase Management System，DBMS）中实现。

在概念数据模型中，最常用的是 E-R 模型、扩充的 E-R 模型、面向对象模型、谓词模型等。

E-R 模型比较常用，E 表示实体，也就是实际的事物，而事物是属性的集合体，事物与属性之间有关系，事物与事物之间也有关系。用模型描述上述关系，就可以表示场景下的事物。E-R 模型包含的元素有：实体、属性、实体与属性的关系、实体与实体的关系等。E-R 模型用矩形框表示实体，用椭圆框表示实体的属性，用实心线段将实体和属性连接起来，用菱形框表示实体之间的关系，在菱形框内写明关系名，并用实心线把实体与关系连接起来，同时在实心线段旁标上两个发生关系的实体之间的比例（如 $1:1$、$1:n$ 或 $m:n$）。E-R 模型如图 8-1 所示。

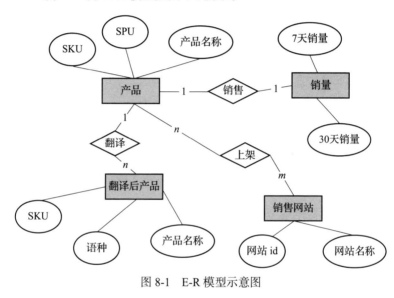

图 8-1　E-R 模型示意图

概念数据模型与产品经理的工作十分密切，因为产品经理要负责理解业务，将业务中的元素抽象为模型。概念模型和业务模型相近，甚至有人将二者同等看待，或者在实际工作中互用。

2. 逻辑数据模型

逻辑数据模型（Logic Data Model，LDM）直接面向数据库的逻辑结构，涉及计算机系统和数据库管理系统。这种数据模型的核心搭建者通常是开发人员。

常用的逻辑数据模型有层次模型、网状模型、对象关系模型等。最常用的是对象关系模型，对应的数据库称为关系型数据库，如 MySQL、Oracle 等。

3. 物理数据模型

物理数据模型（Physical Data Model，PDM）是在逻辑数据模型的基础上，考虑具体的技术实现因素及硬件因素，设计数据库的体系结构，实现在数据库中存储数据。

物理数据模型包括确定所有的表和列、定义外键、确定表之间的关系、基于客户的需求进行范式化等。物理数据模型用于指定实现逻辑数据模型的数据库模式，并存储数据，常用的存储方式为顺序存储、链接存储、索引存储、散列存储等。

数据库是存储在计算机系统内，结构化的、集成的、相关的、共享和可控制的数据集合。数据库就是存储数据的仓库，这个仓库的数据必须按照一定的格式存放，而且要便于查找。我们可以将数据库理解为把数据按照一定的规则，结构化地存储在一个相当于磁盘的地方。

数据库由数据库管理系统管理。数据库管理系统是一种操纵和管理数据库的大型软件，用于建立、使用和维护数据库，具有存储、截取、安全保障、备份等基础功能。随着技术的发展，出现了各种类型的数据库，最常用的是关系型数据库和非关系型数据库。

8.1.2 关系型数据库

关系型数据库是基于 E-R 模型的数据库，关系型数据库定义的是实体与属性的集合，它和我们的产品设计工作关系密切，且使用广泛。

1. 范式

范式是数据库设计规范方面的概念，是围绕着数据库、数据表及字段形成的规则和约束。关系型数据库的范式有很多，以下3种是基础范式。

（1）第一范式　第一范式是指数据表中的每一列不能有多个值，也就是说每一列代表的属性都是不可再分的值，可以简单理解为每一列不能有重复的值。如果实体中的某个属性有多个值，则必须拆分为不同的属性。第一范式很好辨别，如表8-1所示的内容就不满足第一范式。

表 8-1　不满足第一范式的示例

职工号	姓名	电话号码
0374	张三	186×××××××××，0312-4715××××

由于同一个人可能有一部办公电话和一部移动电话，因此应该将"电话号码"分为"办公电话"和"移动电话"两个属性，以便满足第一范式，如表8-2所示。

表 8-2　满足第一范式的示例

职工号	姓名	办公电话	移动电话
0374	张三	0312-4715××××	186×××××××××

（2）第二范式　第二范式是基于满足第一范式的前提下提出的，主要包含两点：一个数据表必须有一个主键（主键是由一个或多个字段组成的，区分数据的唯一性）；没有包含在主键中的列必

须完全依赖于主键，不能只依赖于主键的一部分。不满足第二范式的数据表容易产生冗余数据，如表 8-3 所示。

表 8-3　不满足第二范式的示例

订单编号	商品编号	商品名称	商品单价	折扣	商品购买数量
W123022165	4562201	鼠标	52	0	2
W123022165	8965401	键盘	121	1	1
Z70722111	4562201	鼠标	52	0	1

一个订单中可以包括多种商品，表 8-3 中"订单编号"+"商品编号"才是主键。"折扣""商品购买数量"完全依赖于主键，而"商品单价""商品名称"与"订单编号"没有必然的关系，它们只依赖于"商品编号"，因此该表不满足第二范式。不满足第二范式造成的最直观问题是，如果 50 万个订单都买了鼠标，鼠标的单价和名称就要出现 50 万次，显然这是有隐患的。解决方法是将"商品单价""商品名称"从原表拆分出去，变为两个表，如表 8-4 和表 8-5 所示。

表 8-4　将商品信息拆分出来

商品编号	商品名称	商品单价
4562201	鼠标	52
8965401	键盘	121

表 8-5　修改后的订单详情表

订单编号	商品编号	折扣	商品购买数量
W123022165	4562201	0	2
W123022165	8965401	1	1
Z70722111	4562201	0	1

（3）第三范式　第三范式要求不能存在非主键列 A 依赖于非

主键列 B，且非主键列 B 依赖于主键的情况。如图 8-2 所示，修改前的爸爸信息表包括"爸爸""儿子""女儿""女儿的小熊""女儿的气球"，这就不符合第三范式，因为"爸爸"与"女儿的小熊""女儿的气球"不是直接相关，需要将其改成两个表进行存储。

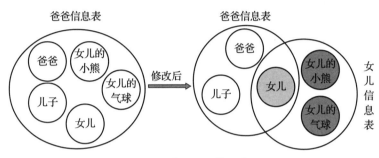

图 8-2　"爸爸信息表"修改前后对比

2. 常见的关系型数据库管理系统

理解了关系型数据库的范式，就大致明白了数据表的设计规范。而管理数据库就要用到数据库管理系统了。市面上有很多数据库管理系统，比如 Oracle 旗下的 MySQL 就是一个被广泛使用的关系型数据库管理系统。

由于 MySQL 将数据库存储为类似二维表格的形式，类似 Excel 表格，因此很适合为业务系统页面报表提供数据源，搭配超文本预处理器和 Apache 可组成良好的开发环境。比 MySQL 强大的关系型数据库管理系统是 Oracle，一般在数据量大的时候使用，比如 1 000 万条以上级别的数据。

3. MySQL 数据库的结构关系

MySQL 数据库管理系统可以管理多个数据库，每个数据库可以创建很多个表，每个表描述一种实体与多个属性的关系，每个属性是一个字段，每个字段有不同的取值。数据库管理系统、数据库、表、字段、值之间的关系如图 8-3 所示。

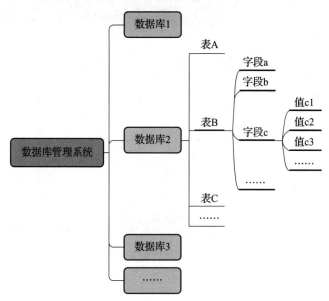

图 8-3 数据库管理系统、数据库、表、字段、值之间的关系

数据库管理系统界面如图 8-4 所示，在数据库管理系统中，可以通过查询语言对数据进行查询、新增、删除、修改。

8.1.3 非关系型数据库

非关系型数据库是松散的，无严格的结构规范，也称为 NoSQL（Not only SQL）。非关系型数据库作为关系型数据库的一个有效补充，用于对存储要求高、并发处理量大的场景。

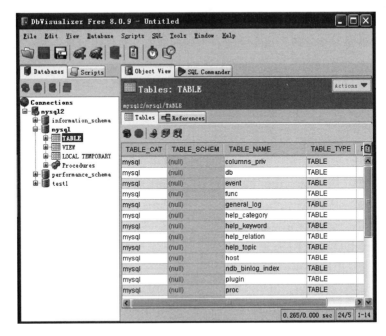

图 8-4　数据库管理系统界面

对于大量半结构化数据和非结构化数据，针对其存储、并发以及扩展能力设计的非关系型数据库如 Google 的 BigTable、Amazon 的 Dynamo、Apache 的 HBase 等。非关系型数据库以键值对的形式存储数据，可以存储比较复杂的数据类型。由于结构松散，因此非关系型数据库理论上可以无限扩展键值对。非关系型数据库的存储形式如下。

```
{
"key 1":"value 1",
"key 2":"value 2",
"key 3":"value 3"
}
```

非关系型数据库中，以 MongoDB 最负盛名。MongoDB 的功能非常丰富，最大的特点是查询功能非常强大，其语法类似于面向对象的查询语言，可以实现关系型数据库单表查询的绝大多数功能，而且还支持对数据建立索引。

由于非关系型数据库是针对某些特定的应用场景而设计的，因此往往具有极高的选择性和强大的性能。

8.1.4　4种常见的数据类型

结合业务，可以粗略地将数据分为四类：被动数据、主动数据、依赖数据和机会数据。

1. 被动数据

被动数据就是客户行为产生的数据，是行为导致的结果，可以定量反映行为和现象。比如常见的转化漏斗，我们发现转化不理想，于是查看数据，发现了产品优化的可能性。

2. 主动数据

主动数据是有目的地寻求数据上的关联性，比如尿不湿和啤酒的关联销售，人们靠推理无法准确得出结论。经过数据的跟踪分析，发现二者不是偶然的，而是确实有关联。

3. 依赖数据

依赖数据是为实现一些目标，必须分析数据的拆解指标，比如 Uber 通过 OKR（Objectives and Key Results，目标与关键结果法）拆解业务目标，如图 8-5 所示。

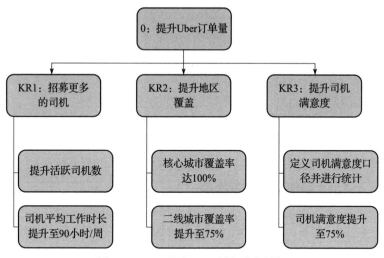

图 8-5　Uber 通过 OKR 拆解业务目标

4. 机会数据

机会数据主要反映在大数据挖掘上。大数据具有 4V（Volume，Velocity，Variety，Value，规模性，高速性，多样性，价值性）特性。随着大数据的积累、分析和新技术应用，它会展示出不可估量的价值。

了解数据的 4 种类型，可以帮助我们有条理地看待数据资源，并且有层次地规划 SaaS 产品的数据体系。

8.2　SaaS 数据报表

SaaS 产品中数据的表现形式主要分为两类：非规则化的信息和规则化的报表。前者如提交订单后弹出"库存不足"的提示，后者最典型的例子就是各种数据页面列表、看板等。

数据报表从使用场景上也可以分为两类。一类是紧跟业务行为、支持客户操作、对数据响应及时性要求高的业务报表，比如我们常见的"订单列表"；另一类是滞后的、综合性的、强调不同颗粒度汇总计算的统计分析报表、看板，用于指导业务行为。

数据的主要表现形式如图8-6所示。

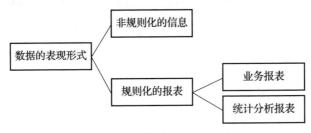

图8-6　数据的主要表现形式

SaaS产品尤其需要强化统计分析能力，以发挥自己的数据优势。统计分析报表的核心分为三部分：确定分析指标、设计数据模型、进行可视化呈现。

8.2.1　确定分析指标

设计数据分析报表是因为需要针对某个业务主题或业务诉求进行监控和分析。构建分析体系之前，要明确分析的目的，即需要通过分析发现哪些方面存在问题。然后思考该采用什么方法来识别、诊断这些问题，其中可能遇到的困难是什么。

分析指标往往带有行业的惯例。比如坪效⊖是衡量店铺经营情

⊖　坪效是商业领域的术语，业界通常说的坪效即销售坪效，是指每平方米营业面积上所能产生的营业额，计算公式为"坪效＝销售额/门店营业面积"。

况的重要指标。

库存周转用库销比［一个周期内（比如一周）的库存量 / 销售额］表示，它是检测库存量是否合理的指标。如月库销比、年平均库销比等，计算方法是：月库销比 = 月平均库存量 / 月销售额，年平均库销比 = 年平均库存量 / 年销售额。比例过高说明库存量过大，销售不畅，比例过低则可能是生产力跟不上销售速度。在销售过程中需要规划销售策略，那么就要分析单价、动销 SKU（Stock Keeping Unit，库存量）、客品数（每个订单有几个 SKU）等指标。

1. 放弃虚荣指标

笔者曾经参与一个面向某地区单体药店的项目，该项目运营三年，实际上已经盈利了，但是客户数量只有几千。为什么客户这么少呢？因为该地区的单体药店本来就少，客单价高，所以并不是所有指标达到峰值才是最好的。我们应该思考哪些指标才是对项目最重要的，放弃对虚荣指标的执念。常见的虚荣指标如点击量、页面浏览量、访问量、独立访客数、网站停留时间 / 浏览页数等。

- ❏ **点击量**：在互联网飞速发展时，网站的点击量普遍很高，此时单独看点击量，并没有参考价值。
- ❏ **页面浏览量**：该指标统计的是网页被访客请求的次数。如果商业模式与浏览量不是直接挂钩的，就不必过度追求页面浏览量。
- ❏ **访问量**：访问量可能看着很高，有时候无法指导业务行动。比如对于 1 000 次访问量这个数据，到底是 1 个人访问了 1 000 次，还是 1 000 个人每人访问了一次呢？我们无从得知。

- ❑ 独立访客数：独立访客数显示的是有多少人访问了网页，并不能告诉我们这些人在网页上做了什么，他们为什么停留，是否离开。

- ❑ 网站停留时间、浏览页数：用这两个指标来替代客户的参与度或活跃度并不一定能说明问题。比如，客户在客服投诉界面停留很久，并不是一件好事，可能他花了很多时间在阅读投诉流程，说明这个界面的信息组织不合理，客户无法快速定位到想看的内容。我们可以采用A/B测试的方式来检验，当其他条件不变的时候，改变投诉界面的布局，看是否对提升该界面的转化率有帮助。

2. 寻找好指标

通常可以用指标的特征来鉴别如下指标。好的指标一般在可比较性、简易性、比率性、相关表征度等方面有明显特征。

- ❑ 可比较性：比如本周数据和上周相比是增加，还是降低了？有一个可供比对的基准值的指标往往是好指标。

- ❑ 简易性：过于复杂的指标往往意味着需要有间接的参数，而参数本身会影响指标的稳定性。简易性也是好指标的参考项。

- ❑ 比率性：比如销售利润率、员工平均收入等就是比率性指标。比率性指标的可操作性强，比如开车的速度比行驶的距离更能表达车辆的行驶状态。

- ❑ 相关表征度：相关表征度是各种因素间的相互促进、相互克制等关联性的表征程度。相关表征度综合了多种因素，更加贴近业务场景。比如单位时间内行驶的"里程数 / 罚单数"是一组里程和罚单相关表征度的指标，其信息量较高，场景感强。

8.2.2　设计数据模型

SaaS 数据模型主要包括数据口径和数据结构。数据口径就是按维度和流程来获取数据和清洗数据，数据结构就是数据在各个环节的存储。设计数据模型的步骤如下。

1. 找到引起指标变化的根源数据

查看商品的毛利率排名、商品的库销比时，需要明白这些指标来源于商品的动销。如果没有动销，那么商品的一切属性都是静态的，无法给运营提供参考。而动销的表现形式是订单，于是我们找到了引起指标变化的根源，就是订单数据的变化，我们称之为根源数据。

2. 找到根源数据与指标的关系

根源数据的变化并不会直接导致指标的变化，需要找到二者的转化关系，才能以模型的方式进行推演，于是我们绘制出订单的 E-R 图，如图 8-7 所示。

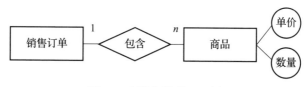

图 8-7　销售订单的 E-R 图

通过图 8-7，我们锁定了订单与商品的关系和参数，其中参数 n 表达了订单包含的商品数量。

3. 建立数据的分析模型

我们需要的是商品层面的销售指标，而商品与订单存在包含关系，那么我们得到商品维度的销售数据即可。本例中数据的分析模型比较简单，就是将销售订单拆分到商品编码维度，从而得到商品维度的销售数据，如图8-8所示。

图 8-8　商品维度的销售数据示意图

4. 建立数据结构

建立数据结构一般用于做大量分析的报表，底层要按照最小颗粒度存储数据，根据前端的需要可以做任何颗粒度的汇总。在本例中，我们需要提取最小颗粒度的数据，即订单编码＋商品编码。在实际情况中，客户往往需要加入更多的其他参数，比如渠道、时间、品类等。

5. 界面呈现

IT界有句名言："先把数据结构搞清楚，程序的其余部分自现。"当数据结构建立之后，接下来提供页面展示的字段和汇总规则就可以了。

做数据报表时找到一个成体系的数据源头，设计最小颗粒度的数据存储结构之后，再设计功能就相对容易了。如果一上来就设计功能，不深入思考数据结构，就可能本末倒置，困难重重。

8.2.3　进行可视化呈现

确定了观察指标后，我们要思考以什么形式呈现这些指标，以便客户能够准确、快速地理解并掌握指标及变化特征。具体是采用数据表格还是柱状图呈现指标，产品经理要和客户多讨论，寻找最佳的呈现形式。

二维报表是基础的呈现形式，也是 ERP 常用的页面样式。SaaS 产品往往需要提供更加直观和体验良好的报表，这就要求产品经理有一定的设计理念和经验。

比如客户需要知道商品的毛利和销售情况，为的是对不同的商品采取不同的经营策略，那么产品经理要知道销量和毛利以什么样的形式呈现最直观。毛利 – 销量四象限分析图就是一个不错的呈现形式，如图 8-9 所示。

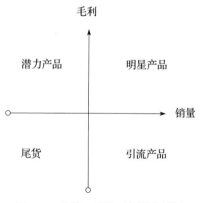

图 8-9　毛利 – 销量四象限分析图

在设计分析报表的时候需要注意两点，第一点是直观，因为报表数据一般是客户做出诊断和决策的依据，所以呈现给客户的效果必须体现数字的敏感度，能够让客户快速感知并解读数字背后的变化和问题。第二点是对比，如果指标出现了明显的波动，需要跟进分析产生波动的原因，这就意味着要在报表中实现一些方便对比的小功能。

如果客户要求的呈现形式实现起来比较复杂，例如复杂的表格、折线图、柱状图等，可以采用以下方案。

一种方案是请研发人员写代码来实现各种效果，但这样会花费大量时间，尤其是对于交互比较丰富的控件，对前端工程师的能力要求很高。更常用的方案是使用成熟的第三方报表引擎，也就是使用报表软件产品服务商提供的解决方案。

使用第三方报表引擎的思路是，产品经理指定数据指标，后端工程师准备数据并定义报表样式和基本交互方式（例如搜索选项、分页器等），然后报表引擎就可以完成数据呈现工作了。

帆软（FineReport）具有优秀的动态效果和强大的人机交互体验，并且提供超强的个性化设置选项，能在多种终端设备上完美呈现客户需要的数据和效果。

第三方报表引擎通常支持三维柱形地球、三维点地球、三维流向地球、KPI卡、粒子翻页计数器、时间齿轮、目录齿轮等多种扩展图表，作为基础报表可视化的补充，为大屏客户提供更酷炫的图表效果。

8.3 挖掘 SaaS 数据价值

SaaS 可以为客户提供合理且效果极佳的数据分析报表，来辅助客户对业务数据进行分析。然而有些场景下，客户的诉求是数据不能直接满足的，例如门店经营的品种的商品满足率，即现有商品/应有商品。应有商品的数据往往来自一定地区和时间范围内整个行业统计的结果，单独靠系统自身无法得到这类数据，需要打通外部数据。这就需要挖掘 SaaS 数据的价值。

8.3.1　沉淀行业历史数据

通常认为，每个行业（甚至细分领域）未来头部的 SaaS 公司的市值会非常高。因为它们可能拥有绝大多数的市场份额以及历史数据。通过不断积累行业数据，SaaS 公司对行业的理解其实是能够超过行业客户的。比如，某垂直领域的 SaaS 公司每月都会组织客户进行峰会研讨，本质就是给行业客户做培训。这些客户往往被自己公司的问题困扰着，而作为组织方的 SaaS 服务商可能接触到的信息更多、更全面。SaaS 服务商除了提出满足客户需求的 IT 方案外，也要考虑如何结合企业服务过程中沉淀下来的内、外部数据，提出更好的用于指导业务运作的建议，并将其作为 SaaS 产品的衍生服务。

对于工具类 SaaS 服务商来说，如果只通过销售代表与客户的"客情关系"推广产品或服务，而不是通过数据来提供增值服务，那么就不是好的 SaaS 服务商。

L 公司最初是帮助医药公司收集和分析医药临床数据的，拥有专业的医药分析专家。基于多年的经验，L 公司开发出了垂直于该领域的 SaaS 系统，客户可以利用该系统进行业务处理和分析。在 2022 年，L 公司意识到客户数据的价值，开始在原有的 SaaS 产品体系中搭建临床大数据中台，实现对药物临床数据的智能化比对，辅助客户筛选最佳的临床试验路线、临床试验条件、临床试验对象等，以降低客户的无效试验次数，为客户缩短新药研发的时间。

由此可见，能够沉淀和利用行业历史数据的 SaaS 产品才是有商业意识的，具有只靠工具服务的 SaaS 产品无法企及的优势。

8.3.2 连接外部数据

ERP 时代，软件的核心是业务流程，把业务流程固化到软件系统中，数据随着软件系统的操作自然就沉淀了下来。大数据驱动的智能时代，软件的核心是数据，通过数据驱动业务价值。

SaaS 有一个天然优势，就是可以向外扩展，连接全产业、全网数据。这些数据汇集在一起，可以真正实现大数据驱动型的服务闭环。这样不仅可以和过去的经营情况进行对比，还可以和行业标杆进行对比、和友商对比、和国内外对比、和产业上下游对比。

比如，SaaS 平台掌握了所有药店门店的销售数据，那么理论上就可以提供一个较为全面的必备药品目录。在 SaaS 服务商没有这个数据积累的情况下，往往需要连通第三方平台的数据，或者购买数据库以满足业务闭环的需求。

除了对接第三方的数据之外，还有可能需要对接客户的其他平台的数据。过去很多公司采用的 ERP 系统不止一个，经过多年的积累后，数据很难汇总在一起。那么切换 SaaS 系统时，就需要将系统的数据层打通。

多系统数据打通是 SaaS 服务商关注的一个重点问题。需要注意的是，多系统打通也会面临很多难题。首先，打通成本高昂；其次，仍会因为数据结构不同而丢失不少有价值的数据。而且，能迁移的只不过是原始数据，例如客户拜访记录，每个系统还有大量有价值的中介数据难以迁移。

8.3.3 数据决策

无论 SaaS 化的 BI 系统，还是综合性的 SaaS 系统，都有数据决策功能。数据决策功能可以通过模型、数据等多种方式驱动，进而协助客户进行决策。

数据决策能够告诉客户在何种情况下应该如何做。那么前提是发现风险，然后分析问题，获得决策依据（量化的参数），再套入决策模型，得出决策建议。其中决策模型是核心，需要积累大量的行业经验和业务运营经验训练模型。

常见的数据决策实现方式如下。

- ❑ 模型驱动：以算法模型为核心，常见的场景是，客户输入参数或一些数据，得到预测结果或者仿真模拟结果。
- ❑ 知识驱动：也叫作经验驱动，将专家领域知识（方法论）沉淀到系统里。
- ❑ 数据驱动：通过对数据的挖掘分析（通常是时间序列数据）获得数据决策。

不管采用什么实现方式，产品设计的核心都是对现状、目标、执行措施三者关系的本质理解，将模型、知识（业务方法论）、数据转化为建议。

数据决策的一般实现步骤如下。

第一步，定义决策主题和参数。

以补货建议为例，我们的最终输出物是采购数量，也就是需要提供建议补货的数量，因此需要提供具体的影响因素：当前库存、在途库存、安全库存、到货周期等。基于这些要素得到一个关于采购量的公式。接下来对应要素找到可以获得数据的参数，生成决策模型。

第二步，找准决策建议的触发条件。

触发条件就是触发生成决策建议的条件，触发条件有以下几类。

❑ 阈值触发：数据指标达到某个指定的数值时触发，如店铺会员进店率阈值，低于这个阈值会触发计算决策建议。

❑ 事件触发：当出现某个状态时触发，比如包裹派送状态为分配快递员，且客户的另一个包裹将在 1 小时内到站，触发提示快递员是否将已分配包裹标记为"等包裹到齐后一起配送"。

❑ 时间触发：指定时间触发，或者达到一定的时间周期时触发，比如每天早上 9 点，提供建议巡检设备清单。

第三步，确定决策效果。

决策的结果通常是定量建议和定性建议两种。

❑ 定量建议：需要给出具体的数字或者数据清单，比如增加 10% 的库存。一般考虑采取算法模型的方式，产品经理要重点整理算法的输入输出逻辑和算法需求，强调设定合理的评价方式和评价指标，对算法调优可以提供一个明确的目标值。在这个过程中，产品经理要和算法工程师反复沟通。

❑ 定性建议：需要给出具体的指向目的（文档、文字说明、功能等），比如查看定价合理性分析、建议关注粉丝新增率、把系统切换成节能模式。一般考虑给出建议的规则集（策略），规则策略可以由产品经理输出，设计要点是，力求对业务场景状态进行全面分类，让规则尽可能覆盖较多的场景。在这个过程中，产品经理要和业务方反复沟通。

以采购决策为例，近 30 日平均日销量为 5，那么首先我们设置一个安全库存参数，如安全库存 = 近 30 天平均销量 ×1.5，作为理想的当天备货数量。然后确定库存下限和库存上限。假设库存下限为平均销量，这就表示低于这个值一定会出问题。设置安全库存 = 平均销量 × 2.5，大于这个值就会出现库存积压。接下来确定采购频次和到货周期，比如每天都采购，到货周期为当天。最后确定采购量，公式为安全库存 – 当前库存 + 缺货量 – 在途库存。核心参数基本确定，也确定了模型规则，就可以将参数与系统的数据打通，建立整合机制。一旦一个参数的取值发生变化，对应输出的数据决策就会变化。

8.3.4 中台化数据

随着消费互联网向产业互联网过渡，产业互联网的数字化转型势在必行，企业数字化领域的营销、管理和生产成为驱动业务提升的重要方向，具备数据处理能力沉淀和业务能力复用的数字化中台成为数字化运营的最佳模式。

可以说正是企业不甘落后地加快数字化转型这一内部驱动力，给了 SaaS 数据中台机会。

1. SaaS 模式更适合中台化

数据中台可以定义为，基于大数据平台提供数据共享和能力复用的平台，依据企业特有的业务模式和组织架构，通过有形的产品和实施方法论加以支撑，构建一套持续不断地把数据变成资产并服务于业务的机制。

常见的 SaaS 化数据中台通过集中下层的数据存储、传输和计算等能力，向上赋能业务决策和创新应用。SaaS 的互联网化，不仅可以收集本系统业务产出的数据，还可以融合网络数据，比如第三方数据库 API。正是由于这种大中台、小前台的架构，上层的决策和应用才能够高效开展。

数据中台接入业务中台、后台和其他第三方数据，完成海量数据的存储、清洗、计算、汇总等，构成企业的核心数据能力，为前台基于数据的定制化创新和业务中台基于数据反馈的持续演进提供了支撑。

2. SaaS 化数据中台建设

在建设 SaaS 化数据中台之前，需要明确数据中台的核心能力：数据整合汇聚、分析处理、数据应用和服务。

围绕数据中台的核心功能，还需要一系列配套功能的支持，如存储管理、集群管理、离线数据管理、调度管理和可视化管理等。再结合其他扩展功能，一起构成一个最小化内核的数据中台。

评估数据中台的建设效果可以按照 3 条标准进行：可见、可用和可运营。此外，通过数据中台建设的成熟度模型，可以从系统建设、中台驱动力和过程管理三大维度来评估中台建设的目标。

第9章 | CHAPTER

构建 SaaS 功能体系

　　SaaS 功能体系是指 SaaS 产品中，为客户提供具体的系统能力、解决明确的业务问题的应用模块。这是 SaaS 产品价值的核心体现，也是客户使用频率最高、最能影响客户对产品评价的部分。客户之所以购买一款 SaaS 产品，往往是因为该产品的功能体系可以为客户解决诸如降本增效、规避风险、行业合规等问题。

　　笔者将 SaaS 的功能体系分为两类，一类是通用功能，另一类是业务功能。通用功能适用于多种产品，无论在哪款 SaaS 产品中都大同小异。业务功能往往带有很强的行业属性，比如医药行业的"GSP（Good Supply Practice，良好供应规范）记录"功能与跨境业务的"报关功能"相差甚远。

9.1　通用功能

通用功能在不同的 SaaS 产品或同一产品的不同板块中没有明显的差异，可以设置为统一的交互样式，做成可复用的插件。本节介绍常见的通用功能。

9.1.1　功能列表

系统中常见的列表或者报表通常支持操作和查询功能，其本质是对表格的线上化呈现，是最为基础、常见、普遍的功能。从这个层面看，可以将列表功能看作通用的工具类功能。但是其实现依赖于产品经理对业务的理解，尤其要注意以下细节。

1. 字段在页面中的展示

在设计字段的页面展示时，我们通常会思考以下问题。

（1）是否展示这个字段　原则是非必要不展示无用字段。产品经理在进行需求调研的时候，会发现如果问客户是否需要显示某个字段，对方的答案通常是需要。我们应该换个方式，深入挖掘客户想要的实际功能是什么，例如下面的场景。

问："您需要展示库存吗?"

客户："需要，看了就知道当前的库存了。"

问："知道当前库存后您会采取什么行动?"

客户："确定是否应该继续采购。"

问："继续采购的判断尺度是什么呢?"

客户："凭感觉判断。"

问："其他人和您的感觉不一样怎么办？"

客户："……"

实际上客户有时候只是想了解一个大概情况，并不清楚自己的真实需求。这种情况下建议多调研几个客户，或者持续观察一段时间，通过埋点监测客户获得这个数据之后的行为，判断是不是真的有助于采购决策。

在一些业务中，一些字段一起出现是行业惯例。比如在药品信息中，商品编码、通用名、规格、厂家、批准文号一般是同时出现的。虽然通过商品编码就可以知道后面的信息，但是药店的工作人员习惯于看到完整的核心信息。

（2）表格内容过长　对于文本类内容，或者多个字段显示在同一个单元格内的情况，需要考虑内容过长时的显示问题。通常的解决办法是要么换行，要么省略。

（3）字段顺序　一般重要的字段在前，"备注"之类的字段在后，字段顺序支持客户自定义配置。

（4）字段注释　通常需要在可能出现歧义的字段项上加注释，比如放置一个注释图标，单击后显示注释详情。

2. 展示的字段可以配置

当列表字段项太多，一屏展示不全时，客户就需要拖曳滚动条查看全部内容，这会导致操作不方便。这时候可以提供常用列表字段设置功能，每次只展示客户自行设置的常用字段，如图9-1所示。

除了设置列表字段，还可以按某一列的正序、倒序排列列表数据，如图9-2所示。

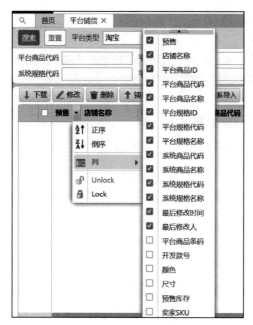

图 9-1　列表字段可选择性配置

图 9-2　列表数据排序功能

9.1.2 导入功能

导入是 B 端 SaaS 产品的常见功能，在流程和逻辑方面有很多需要注意与考虑的细节。

1. 导入的核心流程

导入功能的主要工作量在校验上，校验分为前置校验和后置校验两步。

（1）前置校验　前置校验主要包括模板文件格式和表头校验、导入数据行数校验、文件必填字段和格式校验、本文档重复校验等。前置校验是基于导入文件就可以完成的校验，通常由前端完成。

（2）后置校验　后置校验主要包括对拟导入的数据表中已有数据的重复性校验、拟导入的数据与系统的兼容性校验等，比如导入的"地区"须为系统支持的地区。后置校验通常由后端完成。前置校验通过的数据，才能进入后置校验，从而降低系统运算的工作量。

校验结果分为通过和不通过，对于校验不通过的需要汇报失败原因，对于校验通过的则汇报导入结果。

（1）汇报校验不通过的原因　无论前置校验还是后置校验，任一步校验失败后，都要阻断执行，并汇报失败原因。

（2）汇报导入结果　即使校验通过，也可能会有一些不可控因素（主要是系统运行问题）导致导入失败，这种情况也需要汇报。一般将全部失败结果集中汇报。失败结果文件通常是系统基于模板生成的，在前端提供下载入口。若导入成功，则汇报成功结果，向客户传递更加准确的信息。

2. 导入数据后异步执行

导入数据后若执行的运算量比较大，比如要与第三方接口交互，那么通常要考虑异步执行，也就是客户可以关闭页面去做其他事情，系统在后台继续运行。这种方案需要配套设计异步执行结果的查看页面，如图9-3所示。

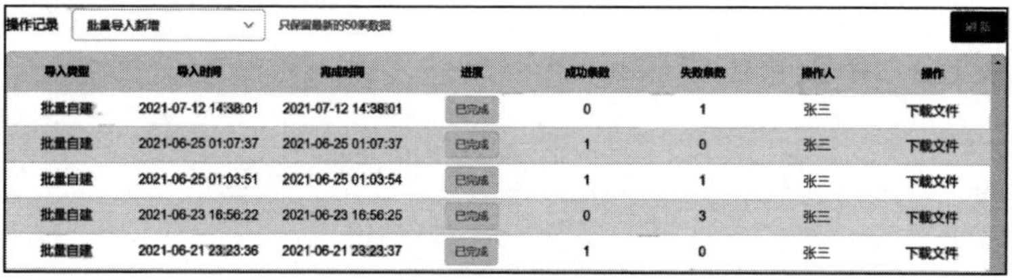

图9-3 异步执行结果的查看页面

若导入后无须异步执行，则可以在操作页面汇报结果，无须查看任务进度。

3. 案例：以导入的方式创建"组合商品"

SKU可以以组合的方式进行销售，为了方便数据流转，在系统层面通常要虚拟"组合商品"。如果原始SKU 001和002组成组合商品SKU ZH001，则数据结构如表9-1所示。

表9-1 SKU 001和002组成组合商品SKU ZH001

组合商品编码	子商品编码	子商品单价	组合商品描述	……
ZH001	001	1.00	该商品是洗漱套装，包含牙刷、杯子等	
ZH001	002	2.50	该商品是洗漱套装，包含牙刷、杯子等	

这个需求的要点在于，系统接到客户导入的文件后，识别哪

些子 SKU 属于组合 SKU。也就是找到导入文件中"组合商品编码"这一列的多条数据，只有同时校验通过的才能创建组合商品，任何一条数据校验失败都意味着该组合商品的创建条件未被满足，不允许执行写入操作。产品经理在写方案的时候最好画一张执行逻辑流程图，辅助梳理导入的执行逻辑。

9.1.3　单据号生成器

业务类系统中会生成很多单据号，生成方式也是一个值得考量的问题。在 SaaS 产品体系中，最好设计一套成熟的单据号生成器，作为全局通用的方案。

设计单据号生成器时通常考虑以下几点。

❏　单据号需要具有唯一性（作为内部数据交互的关键字段）。

❏　单据号应具有语义性（能通过单据号知道是什么业务）。

❏　单据号足够短（方便运维人员在或者客服人员在处理时记忆）。

❏　开发简单，能复用或减少维护成本。

在定义单据号的规则时，一般采用如下两种方案。

1. 关键字＋日期/时间＋自增法

这种方案最为常见，能让客户通过单据号快速读取一些信息，比如组合商品编码就用"ZH"作为关键字。

使用此方案时需要注意，尽管自带"关键字"标识，但是不能以该标识作为逻辑判断的依据，因为其他单据号或者外部单据号也可能带有类似的标识。比如在一个系统中，用后缀"-"加数字表示自增，可能外部系统引入的单据号本身就支持"-"和数字，那么这个"－"加数字的格式就不能作为逻辑判断依据。

如果自增只有4位，而单据号超过了4位怎么办？例如位数不够了，需要从9位数扩增到11位数。看起来很简单，实际上旧系统存在很多兼容性的问题，导致实现修改非常困难。为避免超过阈值上限，建议在一开始做好预判。

如果某个单据号被删除了，那么下一个单据号应该从该序号后自增，还是继续用删除的那个序号？为了保险，建议继续自增，不要沿用已经删除的单据号。因为不排除被删除的数据未来需要被恢复或者已经被存储在其他系统中的情况。

2. 随机生成法

随机生成法一般用于不希望客户通过单据号看出规律的场景，例如一些餐馆的等餐号码是随机的，就是为了避免被推断出营业额。同样，电商中的订单号如果采用自增法很容易被人猜到具体的业务订单量。生成随机单据号的技术手段很多，比如雪花算法。

9.1.4 埋点统计

在SaaS的市场驱动下，需要以数据形式获得自身的分析资料，埋点统计必不可少。完整的埋点方案应该具备以下要素。

1. 确认事件与变量

事件指产品中的操作，变量指描述事件的属性。在确认事件与变量时，我们可以按照产品功能的使用流程来设计关键事件。

以"站内转化路径追踪"这一电商行业的典型场景为例，需要追踪的关键指标是产品操作步骤，即浏览商品详情页、加入购物车、结算、支付。如果想要进一步监控不同品牌、不同商品的购买转化率，就需要从品牌和商品的维度去理解关键指标，那么品牌和商品就是这4个操作步骤的变量。

2. 明确事件的触发时机

事件的触发时机往往是影响数据准确性的重要因素。以"加入购物车"事件为例，触发时机是单击"加入购物车"这个按钮还是"加入购物车"这个结果呢？

不同的触发时机代表不同的数据统计口径，我们要尽量选择贴近业务的统计口径，多与开发人员沟通，在可行性与业务贴合度之间找到最优解。另外，由于产品中可能有多个入口均可实现"加入购物车"，触发入口是否已枚举完整也会影响数据的准确性。这个时候，我们可以采用MECE（Mutually Exclusive, Collectively Exhaustive，相互独立，完全穷尽）原则，不要重复列举，但要包含所有入口。

3. 规范命名

对事件进行规范、统一的命名，有助于提高数据的实用性和数据管理效率。建议使用"动词＋名词"或者"名词＋动词"的规则来命名，比如对于"加入购物车"事件，就可以命名为Add_To_Cart。需要确保团队/公司内部建立统一的认知，使用同一套命名规范。

4. 明确优先级

考虑到埋点技术的实现成本以及所需资源，在设计埋点方案时，一定要对埋点事件有明确的优先级排布。

在追踪站内转化路径时，优先级最高的场景是站内转化。我们先以这个场景为轴心，了解每个转化步骤的情况，找到优化点对症下药，再对优化点进一步地监控与验证分析，最终实现价值的持续交付。

基于上述要素来完成埋点方案的设计，不仅可以提升需求方与开发团队的协作效率，更能为后期的数据提供质量保障。

9.1.5 帮助中心

1. 帮助中心的意义

尽管SaaS产品追求客户体验，但很多产品依然操作步骤复杂，且功能迭代快，加之客户的适应能力参差不齐，导致SaaS服务商的客服人员并不能完全覆盖这些诉求场景，比如如下情况。

- ❑ 客服人员下班后，客户有问题，只能等第二天客服人员上班后处理，导致客户体验差，影响产品口碑。
- ❑ 客户群内每天都有很多重复的问题，客服人员只能重复回复，工作效率低。
- ❑ 当客户问到操作较为复杂的问题时，客服人员需要录制视频通过微信发给客户，耗时且视频会被压缩，观看效果不好。
- ❑ 缺乏产品答疑知识库，使得客服人员的回答不够统一、专业。
- ❑ 为了维持高效的问题响应，需要培养很多客服人员，导致人力成本高。

帮助中心是SaaS产品的重要工具，搭建帮助中心就相当于向客户提供了一个自助服务平台。

2. 帮助中心如何解决相关问题

搭建 SaaS 产品的帮助中心，将客户在产品使用过程中可能遇到的所有问题通过 Q&A（Question and Answer，问与答）的形式展现给客户。为客户提供一个自助渠道，不仅能减少客服人员的工作量，还节省了客户解决问题的时间，从而优化产品的客户体验。帮助中心的常见作用如下。

❑ 客户访问帮助中心自行寻找答案，大大减轻客服人员的售后压力。帮助中心有助于提高客户学习产品使用方法的积极性，同时加深对产品的了解。

❑ 帮助中心作为产品知识库，为新员工培训提供了素材，可以减轻培训压力，缩短培训周期。

❑ 帮助中心作为智能助手，可以实现 24 小时无差别服务。帮助中心包含产品的介绍、指南、上新等板块，便于产品品牌推广。

3. 搭建帮助中心

（1）配套的知识库　将帮助中心作为产品的配套知识库，使用现成的在线文档编辑之后，在 SaaS 系统上提供点击入口即可。

这种方式的优点是节省了开发流程，便于非技术人员编辑和修改，缺点是在线文档与 SaaS 产品体系是割裂的，会给客户带来反差感和不专业的印象，并且展现样式非常简陋，文档检索不方便，不能绑定独立域名。

配套在线文档的变种是将帮助中心放进 SaaS 产品的官网、社群或者论坛，形成客户社区，增强学习和交流的氛围。

（2）嵌入 SaaS 产品功能　将帮助中心作为 SaaS 产品的一部

分，加入整体的产品规划中。在 SaaS 产品管理后台提供内容维护功能，在 SaaS 产品界面提供便捷入口。这种方式比较普遍，客户体验较好，容易与产品的使用场景相结合，比如智慧脸的帮助中心，如图 9-4 所示。

图 9-4　智慧脸的帮助中心截图

（3）第三方帮助中心制作工具　市场上也有一些成熟的第三方帮助中心制作工具，非技术人员可以以在线文档的方式编辑帮助中心的内容，通过第三方产品帮助中心制作工具将这些内容转化成网站内容，再通过 URL 供客户访问。

9.2　业务功能

业务功能就是与客户的业务相匹配的功能，这些功能往往为行业或员工提供便捷的工具，提升业务运行效率，最终达到提升人效、降低公司成本等作用。做好业务功能，可以提升 SaaS 产品的行业专业度和口碑。

9.2.1 SaaS 产品中的业务承担

B 端 SaaS 产品承担着重要的 B 端业务使命,包括优化业务流程、提升员工效率、促进资源转化、优化用户体验和降低成本等,其流转关系如图 9-5 所示。

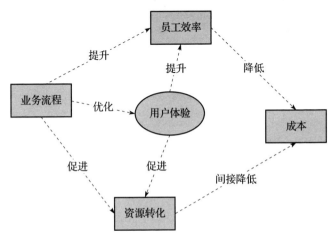

图 9-5 SaaS 产品的业务使命流转关系

1. 优化业务流程

对于任何一款产品来讲,契合业务运行的产品流程是基础,而流程的线上化是业务得以高效开展的保障。在搭建产品流程时,一方面需要审视当前的业务流程,另一方面需要考虑未来的业务走向,提前考虑流程可能的延伸点。可采取主流程先行,次流程后进的方式,保障业务及时落地。

2. 提升员工效率

效率是业务的核心指标,比如销售的接单率、客服的电话量等。一方面，业务流程的线上化从整体上提升了业务运行效率；另一方面，在逐步精细化提效上往往会需要一些工具的支持，比如自动分析报表省去了人工计算的时间。

3. 促进资源转化

对于 B 端客户而言，企业资源是客户的核心财产。这些资源包括客户资源、生产物料、人力储备等。对于涉及销售环节的客户关系管理系统，如何帮助销售跟进线索、管理客户、推荐服务是关键问题。转化环节往往涉及一系列策略，如线索分级、客户分配、跟进策略、推荐策略等，对数据的关注应更强烈。

4. 优化用户体验

做公司自用系统，如后台管理系统的团队经常会说："这是给自己人用的，体验差点没关系，习惯了就好。"但 SaaS 产品经理一定不能在体验方面妥协。产品的体验分为两类，UI 体验和操作体验。一般来说，UI 体验对业务效率的影响不大，但操作体验的影响不可小觑。比如筛选项因区分度不大而容易选错、操作步骤过长等，会增加业务人员的操作成本，甚至出现难以挽回的事故。

5. 降低成本

降低成本是产品的主要价值体现。不论搭建线上化的流程，提高业务的运行效率，还是提升销售转化率，最终都是建立在绝对或相对降低业务成本之上的。因为客户的收入来源于两端，外部开源、内部节流，而节流就是业务产品的核心所在。产品经理对效率、转化率等过程指标的关注，可以转化成人力、线索的成本数据，从而与公司的业绩挂钩。

9.2.2　行业属性的业务功能举例

业务功能往往带有很强的业务属性、行业基因。设计这部分功能时应当具备该行业的基本感知，否则在垂直甚至有门槛的赛道上很难设计出符合客户习惯和行业规范的功能。下面以医药行业的首营认证功能为例，介绍行业属性的业务功能。

首营就是首次经营，在医药行业表示的是首次经营某一药品。这里的经营主体包含整个医药流通环节的多个角色，比如药厂、医药配送单位、医药销售终端（比如药店）等主体。

经营主体需要有首营的资质，也就是能够首次经营某一药品的相关材料证明。在传统医药经营场景下，这些资质都是纸质版的原件或者复印件，在数字化时代转变为电子版或者扫描件。比如药店就要有零售该药品的经营范围证明、药品质量合格类文件、采销合同、供应商的相关资料等。供应商要有批发该药品的经营范围资质、药品质量合格类文件等。

将这些文件与药品 SKU 绑定，成为药品的一个属性，于是就形成了药品首营的资质信息。接下来要进行资质审核、资质变更等，总之需要保证只要销售该药品，就要具备有效的首营资质，否则就是不合规的。

9.2.3　业务场景下的离线应用

正常情况下，SaaS 产品要通过网络才能使用。一些业务行为需要支持离线作业，比如某药店使用的是 SaaS 收银系统，如果营业期间断网了，需要在电脑上离线完成客户交易。

如果网络不稳定，如何避免数据丢失？这就需要设计离线使用机制，网络不稳定时，系统自动切换到离线状态，数据丢失的问题也就解决了。离线应用是一种环境可感知的智能化适配，可以极大改善客户体验，保证 SaaS 服务的可用性，扩大 SaaS 的应用范围，同时提高系统开发效率。

1. 离线应用面临的问题

离线应用需要解决的问题如下。

- ❑ 支持本地存储机制。既然是离线应用，就需要在客户计算机上存储数据，也就需要支持本地存储机制。如果应用是 B/S 架构的，由于界面是网页，则需要将页面存储到本地，以便离线时启动系统。

- ❑ 数据一致性。离线使用会出现服务器端数据与本地数据不一致的情况，数据需要通过同步的方式保持一致。同时由于存在多个客户端，它们在与服务端同步数据的时候有可能产生冲突。

- ❑ 减少传输量以及保障数据安全。从客户体验的角度考虑，还需要解决减少传输量以及保障数据安全的问题。

2. 离线应用机制闭环

离线应用机制是当客户提交请求时，系统判断网络是否联通：若网络联通，则 SaaS 应用直接与网络上的应用服务器通信；若网络断开，则客户依然能够访问应用，但数据接口组件不向网络上的应用服务器提交数据（即使提交也会失败），而是向本地离线引擎提交数据，将数据暂存在本地的轻便型数据库里。等网络恢复后，再通过"数据同步"模块向网络服务器提交数据，如图 9-6 所示。

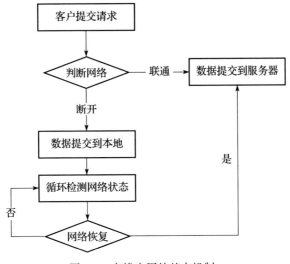

图 9-6 离线应用的基本机制

3. 离线应用的页面支持和数据库支持

无论查看电子邮件进行客户关系管理还是执行更加复杂的作业，客户都希望页面能及时响应，因此增强浏览器性能变得愈发重要。为了让 B/S 软件能在离线状态下使用，必须将页面保存在本地，并且由本地 Web 服务器提供支持。本地 Web 服务器的功能可以通过本地离线引擎来完成。对于客户来说，输入 SaaS 网站就可以启动服务，无论当前网络是否联通。

离线应用还需要解决本地存储。说到数据存储，自然会想到数据库。而这里的数据库需要在客户计算机上运行，浏览器可以使用脚本调用本地轻便型数据库来实现数据库的支持。

4. 离线查询和离线更新

离线应用一般包括两种场景，离线查询和离线更新。实现离线查询需要提前（在有网络的时候）将服务器端的数据下载到本地，对于 SaaS 应用则只下载当前租户的系统和业务数据即可。离线更新的业务对象涉及租户之外的关联数据，如客户、币别、部门等公共基础资料。离线应用通过本地数据存储，减少对服务器端的数据访问，从而提高应用性能，减少服务器的压力，同样也能节省服务器资源。

查询延迟导致的风险通常低于更新延迟的风险。在多数情况下，查询并不需要即时数据，数据稍有延迟并不会影响应用正常运行；但对于本地添加修改的数据，则应该立即更新到本地数据库中。

5. 增量数据

在某些情况下，全量数据同步是没必要的，只会浪费资源，这时我们需要把增量数据筛选出来再执行。增量数据就是某个时刻（更新时间）或者检查点（checkpoint）之后新增的数据。

在离线应用场景中，可以采用版本管理软件，通过数据版本来识别增量数据。数据版本就是我们常说的时间戳，是数据的历史版本号。这个时间戳在形式上可以是数据的修改时间，以 GMT（Greenwich Mean Time，格林尼治标准时间）来表示，也可以是单独设定并存储的字段。

6. 多客户冲突

如果同一条数据在本地的修改时间与在服务器端的修改时间不一致，说明有人修改了服务器端的数据，需要同步更新。对于服务器端来说，后提交者就是后修改者。因为是离线后发生的数据提交，所以后提交并不代表就是后修改。为了解决这种数据冲突，可以考虑如下几种策略。

- ❑ 覆盖策略：后提交者覆盖先提交者的内容，以后提交者的内容为最终结果。
- ❑ 丢弃策略：后提交者在提交前发现有人已经提交修改，则将自己的数据丢弃，在系统里仍然保留先提交者的内容。
- ❑ 提醒方案：当发生冲突时，将冲突信息提交给客户，由客户确定是覆盖还是丢弃。

9.3 SaaS 产品功能设计自查

产品功能设计自查是产品经理保证功能设计的主要措施，本节介绍一些常见的自查项。

9.3.1 数量上下限自查

设计功能的时候，需要注意数量限制的必要性。

1. 文本长度的限制

表单录入项需要限制长度，一方面是因为数据库有长度限制，另一方面是为了避免客户将无秩序的信息带入系统。比如，商品功能如果不加限制，会导致 C 端展示变形。

2. 数值型字段限制

对于金额、尺寸、库存、跨度等本身就是数值型的字段，在限制的时候需要考虑实际的范围。比如对于普通卖家而言，一个商品的库存不会超过百万，库存字段用 6 位数基本就够了。此外还应考虑整型、浮点型及小数位数。

3. 业务层面的数量限制

购物车通常不允许无限制地加购商品，这是典型的功能性数量约束，为的是避免大量囤货或者恶意下单的情况。购物车是通往结算的工具，若不结算，那么购物车的价值就不明显了。另外，商家也希望客户不要只加购不结算。从性能上看，大量数据对接会导致编码系统紊乱、支付拥堵。

据测算，150是人类的社交极限，是一个人在自己最大能力内能维持的社交人数。淘宝认为购物车上限如果超过150，客户维护起来就会有负担。

4. 数量的范围和开闭区间

假设对不同重量区间对应的邮寄费用计算规则进行设定，那么联动限制保证重量区间不交叉即可。如果采用导入 Excel 的方式，就需要增加很多校验环节。类似的区间设置在设计时间范围、重量范围的时候都会出现，还要考虑仅单侧有值的情况。

9.3.2 命名和文案

1. 提示文案

提示客户操作错误，不如给出建议，降低解释成本。比如"必填项不能为空"不如改为"请完善必填项"。同样，"门店商品不能为空"不如改为"请选择门店商品"。

2. 按钮命名

命名按钮时建议使用"动词＋名词"的结构顺序，比如使用"删除商品""导入数据"，而不用"商品删除""数据导入"。尽量使用强动词，而非弱动词。比如"操作商品"中，"操作"是弱动词，没能体现究竟是什么操作，应精确到编辑、删除、查看、新增这样具体的动词，增强指向性。

按钮下拉文案的内容尽量不要使用助词、介词，否则会显得过于随意。比如有两个删除按钮，一个可以删除当前勾选的数据，另一个可以删除搜索出来的全部数据，按钮分别命名为"已勾选的""搜索出的全部"，就不如命名为"已勾选""当前搜索"显得正式，如图 9-7 所示。

3. 提示类型与情景适配

提示的方式有对话框、气泡浮框、toast（土司提示）等，可根据要提示内容的重要性进行选择。基于情景，还需要进行色彩强调，比如：风险警戒高级警戒：叹号＋红色；一般警戒：橙色；汇报说明：无色；建议客户知道：绿色。

图 9-7 "删除"按钮的下拉文案

4. 注释说明

SaaS 产品的功能有时候也很复杂，需要加以解释，并保证整体美观。比如：想对操作按钮进行注释，那么可以设计为，当鼠标指针悬停在按钮上时以气泡的方式展示注释内容；输入框输入字数的约束性注释，可以展示在输入框后面或框内；产品功能使用教程类的注释，可以放置一段带超链接的引导文案，鼠标指针划入文案则下方出现下划线，单击文案则通过超链接打开教程文档。

9.3.3 离岸作业

对于一些需要离开系统作业的环节，需要考虑操作人员离开系统之后，可能发生系统信息状态变化导致的冲突。

比如商家为顾客邮寄包裹不及时，在投递后发现顾客已经取消了订单。为了避免这种问题，可以在投递交付的时刻与系统进行实时校验，确认该订单此刻是否仍满足正常投递的条件；也可以对投递行为进行时效性控制，比如设定打印出来的物流单号在5分钟内有效，一旦在5分钟内没有投递出去，就需要重新到系统打印，从而再次校验单据的有效性。

9.3.4 数据快照

数据快照用于记录之前发生事件时的信息，区别于当前的实时信息。数据快照的应用场景很多，比如，A公司的分销业务定义了分销商对该商品的佣金，但该金额可能会变化，业务上需要约定取某个时刻系统的约定金额作为结算金额。这个约定金额可以取顾客下单那一刻的数据快照，因为下单的时间是固定的，比较客观；若选择卖家发货的时刻或其他时刻的金额，显然时间不好把控，存在很多不确定性（性能导致的延迟等）。这种做法的弊端是会增加系统对历史时刻佣金的记录。在实际落地过程中，是否一定要以顾客下单时的金额为准呢？其实不一定，理论上只要双方约定一个规则就可以。

9.3.5 数据传输的同步、异步和返回超时

在数据传输的时候，需要考虑异步执行、同步执行及超时等

异常问题。

异步执行数据传输可以使用MQ（Message Queue，消息队列），因为MQ本身具有完整的工作方案，数据发出方只需要将数据一条条发出来，消费方慢慢消费接口即可，双方不需要等待另一方，也不需要为另一方负责。而接口通常需要实时交互，一方请求，另一方要答复，若迟迟不答复，就要考虑返回信息超时的处理机制，因为系统不能无限地请求。

举个例子，通过OMS调用WMS发货，发货后填写单据号的时候，为了确保数据准确，会顺便判断OMS内该订单是否仍是待发货的状态，若是，则OMS接收成功，并告诉WMS："我接收了你发货的事实。"若OMS因系统异常或者订单状态变化而无法接收单据号，那么汇报失败，以便WMS侧及时发现问题并处理。

第 10 章 | CHAPTER

SaaS 产品页面与交互设计

对于 Web 形式的 SaaS 产品，页面布局、首页设计、交互风格等，都是影响产品销售的重要因素。

本章首先介绍 Web 基础知识，然后讲解 SaaS 产品页面设计，最后列举 SaaS 产品页面交互规范和交互方案。

10.1　Web 基础知识

SaaS 产品大多是 Web 形式的，了解网页的基础知识对于 SaaS 产品的设计很有必要。

10.1.1　网页的前端和后端技术

1. 网页前端"三剑客"

网页一般是使用 HTML（HyperText Markup Language，超文本标记语言）、CSS（Cascading Style Sheets，层叠样式表）、JavaScript 设计的，这 3 种语言被称为网页前端"三剑客"。HTML 相当于一个文档，它通过标签编排和呈现信息。CSS 用于对文档进行修饰、美化，提升视觉效果。JavaScript 负责实现和访客的交互。如果把页面比作一扇门，那么 HTML 是门板，CSS 就是色泽或花纹，JavaScript 就是门的开关。

严格来讲，HTML 并不是开发语言，而是一种协议和规范。HTML 代码相当于一个带有规范的文档，文档的内容是要向访客呈现的信息，包括文字、图片、链接、声音等。HTML 提供了一些标签，用标签标记的方法把想要传递给访客的信息进行有序排列，并通过浏览器的解析呈现给访客。

HTML 文件的格式如下。

```
<html>
  <body>
  <head> 我的第一个标题 </head>
    <p> 我的第一个段落。</p>
  </body>
</html>
```

可以看到，HTML 中有很多用"＜＞"括起来的标识，这就是标签。标签是标识信息展示方式的规范，成对出现，用斜杠"/"表示结束，比如"</head>"。（少部分 HTML 元素没有结束标签。）

以上述 HTML 文件为例，用顶层标签 <html> 和 </html> 表示这是一个页面，页面的内容就放在 <html> 和 </html> 之间。在

"头部"标签 <head> 和 </head> 之间存放页面的标题。因为标题可以有多个，所以标题标签可以有多组。在"主体"标签 <body> 和 </body> 之间存放网页的主体内容，例如我们看到的正文的文字、图片等。

由于网页的主体中有不同类型的内容，因此 <body> 和 </body> 之间往往夹杂很多不同的标签。

段落是通过 <p> 标签定义的，示例如下。

```
<p>This is a paragraph.</p>
```

链接是通过 <a> 标签定义的，结构为 <a href="url">Link text</a>，其中 href 表单击链接后跳转的地址，示例如下。

```
<a href="http://www.w3school.com.cn/">Visit W3School</a>
```

图像是通过 <img> 标签定义的，示例如下，其中 src 是图片的地址。

```
<img src="ssl.jpg" width="104" height="142"/>
```

此外，<table> 标记表格，<input> 标记输入框，<ul> 标记无序列表，<style> 中插入 CSS 样式代码，<script> 中插入 JavaScript 代码等。百度首页的部分代码如图 10-1 所示。

在开发页面时，程序员就运用这样的标记组织出页面的主体内容。

CSS 用于定义如何显示 HTML 元素或 XML 元素。比如指定文字的颜色、大小、字体，以及按钮或输入框的样式等，然后将其插入 HTML 网页的 <style> 标签中，这样展示出来的就是 CSS 设置的风格了。CSS 的主要作用是对页面进行修饰，实现更好的视觉效果，让访客接收信息更加舒适、自然。

```
<html>
<head>
    <meta http-equiv="content-type" content="text/html;charset=utf-8">
    <meta http-equiv="X-UA-Compatible" content="IE=Edge">
    <meta content="always" name="referrer">
    <meta name="theme-color" content="#2932e1">
    <link rel="shortcut icon" href="/favicon.ico" type="image/x-icon" />
    <link rel="search" type="application/opensearchdescription+xml" href="/content-search.xml" title="百度搜索" />
    <link rel="icon" sizes="any" mask href="//www.baidu.com/img/baidu_85beaf5496f291521eb75ba38eacbd87.svg">

    <link rel="dns-prefetch" href="//s1.bdstatic.com"/>
    <link rel="dns-prefetch" href="//t1.baidu.com"/>
    <link rel="dns-prefetch" href="//t2.baidu.com"/>
    <link rel="dns-prefetch" href="//t3.baidu.com"/>
    <link rel="dns-prefetch" href="//t10.baidu.com"/>
    <link rel="dns-prefetch" href="//t11.baidu.com"/>
    <link rel="dns-prefetch" href="//t12.baidu.com"/>
    <link rel="dns-prefetch" href="//b1.bdstatic.com"/>

    <title>百度一下，你就知道</title>

<style id="css_index" index="index" type="text/css">html,body{height:100%}
html{overflow-y:auto}
body{font:12px arial;text-align:;background:#fff}
body,p,form,ul,li{margin:0;padding:0;list-style:none}
body,form,#fm{position:relative}
td{text-align:left}
img{border:0}
```

图 10-1　百度首页的部分代码

CSS 属于浏览器解释型语言，可以直接由浏览器执行。CSS 的代码结构举例如下。

```
<html>
<head>
<style>
body {background-color:yellow;}
h1    {font-size:36pt;}
h2    {color:blue;}
p     {margin-left:50px;}
</style>
</head>
<body>
<h1>This header is 36 pt</h1>
<h2>This header is blue</h2>
<p>This paragraph has a left margin of 50 pixels</p>
</body>
</html>
```

JavaScript 是用来控制网页行为效果的，即内容应该如何对事件做出反应。例如设置鼠标悬停效果，在客户端验证表单、显示警告框、设置 Cookie 等。

使用 JavaScript 编程可以为网页添加各式各样的动态功能，为客户提供更流畅美观的浏览效果。网页中所有对数据进行判断、操作，以及向浏览者反馈信息的本地代码实现，均是 JavaScript 承担的。这样既可以使网页更具交互性，给客户提供更令人兴奋的体验，同时又减轻了服务器的负担。

通常，JavaScript 脚本也是通过嵌入在 HTML 中来实现自身功能的，位于 <script> 与 </script> 标签之间，示例如下。

```
<script>
alert("My First JavaScript");
</script>
```

2. 网页后端技术

HTML、CSS、JavaScript 完成了网页视觉和交互层面的工作，那么谁来完成数据的逻辑处理和规则运算呢？这时候就需要后端开发语言了，比如 PHP、Java 等。

PHP 是一种通用解释型开源脚本语言，具有开发周期短、跨平台、安全、使用广泛等特点。PHP 将程序嵌入到 HTML 文档中执行，执行效率高。使用 PHP 能够更快地完成网页前端频繁而琐碎的更新，自如地应对各种业务需求的变化。因此，页面的结构调整、客户输入内容的基本验证、规则逻辑等，都适合使用 PHP 开发。

Java 也是常用的后端语言，它可以有效提高系统复用度，提升系统性能和吞吐能力，规避安全问题。Java 程序的运行效率高，不容易犯错，适合大中型项目开发。Java 也有缺点，比如开发复杂、维护成本高等。

一个完整的网站，通常是由前端代码实现界面效果，后端代码完成逻辑运算和数据处理。这种前后端分离的模式，可以确保网页性能稳定、快速且安全。

10.1.2 浏览器

网页借助浏览器加载呈现，浏览器的主要功能是将客户选择的 Web 资源呈现出来，从 Web 服务器请求资源并进行解析，将资源中的内容显示在浏览器窗口中。

浏览器的种类很多，遵循的规范并不一致，这就是 Web 页面兼容性问题的根源。浏览器的客户界面差不多，常见的客户界面元素包括：地址栏、前进按钮和后退按钮、书签选项、刷新按钮和暂停按钮、主页按钮等。

浏览器相当于一个应用程序，它所展示的内容是由访问的服务器提供的，支撑浏览功能的组件包括但不限于如下。

- ❑ 客户界面：用来显示服务器请求页面的主窗口之外的部分。
- ❑ 渲染引擎：用来解析并渲染服务器请求内容的引擎。例如，请求内容为 HTML，那么本身是类似文本的静态内容，缺少丰富度。这时候渲染引擎就负责解析 HTML，并将解析后的结果显示出来。
- ❑ 浏览器引擎：用来查询及操作渲染引擎的接口，这是一个核心功能，相当于动力装置。
- ❑ JavaScript 解释器：用来解释并执行 JavaScript 代码。
- ❑ 数据存储：一种客户端存储技术，浏览器需要在硬盘中保存 Cookie、缓存等数据。

拥有独立内核的浏览器被称为主浏览器，如表 10-1 所示。

表 10-1 常见的主浏览器

浏览器	内核
Chrome	Blink
Safari	WebKit
IE	Trident
Firefox	Gecko

壳浏览器是在浏览器内核之上增加相应的辅助功能，并改变其名称与外观。比如 360 极速浏览器、UC 浏览器、搜狗浏览器、猎豹浏览器、QQ 浏览器等。

10.1.3 网络协议、域名等概念

浏览器获取并展示页面内容是通过一些网络协议实现的。网络协议是网络标准规范，如 TCP/IP（Transmission Control Protocol/Internet Protocol，传输控制协议 / 网际协议）、HTTP（HyperText Transfer Protocol，超文本传输协议）等。

1. TCP/IP

TCP/IP 是用于互联网的通信协议，定义了电子设备（比如计算机）如何连入因特网，以及数据的传输标准。

浏览器展示网页内容时需要从服务器获取网页数据，这时候需要从浏览器（相当于客户端）发起 HTTP 请求到服务端，而该请求是基于 TCP/IP 才能生效的。

2. HTTP

HTTP 是互联网应用最为广泛的网络协议。

浏览器请求到服务器的数据之后，数据可能是散乱无序的，通过 HTTP 可以按照设计者的期望将数据展示给客户。HTTP 是在 TCP/IP 基础之上建立起来的，初衷是为了提供一种发布和接收 HTML 页面的方法。

3. 工作过程

当浏览器输入服务器的 IP 时，便开始通过 TCP/IP 向服务器发起 HTTP 请求，建立与服务器的连接通道。该通道先从服务器 IP 获取服务器页面数据，然后根据 HTTP，按照一定的格式展示页面，如图 10-2 所示。

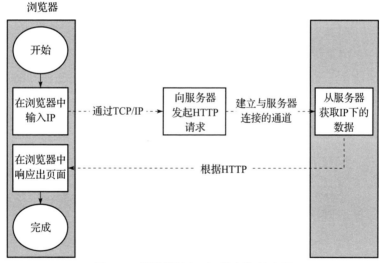

图 10-2　浏览器访问页面的框架性流程

4. IP

如果把计算机比作房间，那么 IP 就是房间的地址。IP 为互联网上的每一个网络和每一台主机分配一个逻辑地址，以此来屏蔽物理地址的差异。例如"163.125.121.123"就是一个电脑的 IP。

服务器也有它的 IP，实际上就是提供服务的那台主机的地址，访问服务器的 IP 就是访问提供服务的主机上的信息。

5. 域名

域名本质上也是用于标识计算机的电子方位，例如 google.com、baidu.com、163.com。（注意：加上 www 后就不再是域名了，而是网站名。）

6. 网站名

网站名由服务器名 + 域名组成。为了便于读者理解，以 http://mail.163.com/index.html 为例，各部分归属如下。

- ❑ "http://"是协议，即 HTTP，也就是网页在网上传输的协议。
- ❑ "mail"是服务器名，代表一个邮箱服务器。
- ❑ "com"是域名，用来定位网站的名字。
- ❑ "mail.163.com"是网站名，由服务器名 + 域名组成。
- ❑ "/"是根目录，通过网站名找到服务器，可以在服务器上存放网页的根目录。
- ❑ "index.html"是根目录下的默认网页（大部分的默认网页都是 index.html）。

7. URL

URL（Universal Resource Locator，统一资源定位符）就是我们平时所说的网址。URL = IP 或域名 + 端口号 + 资源位置 + 参数 + 其他。

URL 是网页元素的绝对路径，可以用来定位任何查得到的网页、多媒体文件等。互联网上的每个文件都有一个唯一的 URL，包含文件的位置以及浏览器对其处理的方式。

8. 端口

端口可以认为是设备与外界交流的出口。我们把 IP 比作一个房间的地址，那么端口就是出入这间房子的门。

在互联网世界，各主机之间通过 TCP/IP 发送和接收数据包。发送数据包的进程需要开启它的端口，接收数据包的进程也需要开启端口，这样双方就能循环往复进行数据包的传递。由于各个数据包是多进程同时运行的，因此目的主机就需要通过众多端口排队分发数据给各个进程，这就体现了端口的必要性。

10.1.4 Web 服务器

Web 服务器是网页的运行动力。

1. 服务器

服务器就是能对其他设备（客户端）提供某些服务的计算机系统。比如一个计算机对外提供文件传输服务，那么它就相当于服务器。最基本的服务器就是一台高性能的实体计算机或者云端的虚拟机（通过互联网租用第三方的云端服务器，比如阿里云、腾讯云）。在网络环境下，根据提供的服务类型不同，服务器分为文件服务器、数据库服务器、应用程序服务器、Web 服务器等。服务器与客户端的连接如图 10-3 所示。

由于需要提供高可靠的服务，因此服务器在硬件处理能力、稳定性和安全性、可扩展性、兼容性等方面的要求较高。具体包括但不限于如下内容。

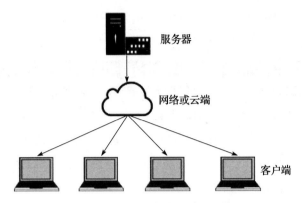

图 10-3　服务器与客户端的连接

❑ 硬件处理能力：服务器在网络中通常以一对多的形式提供服务，需要承担多种应用请求。服务器的计算机硬件必须有能力保障服务质量，对内存、容量、运行速度等硬件性能要求较高。

❑ 稳定性和安全性：服务器需要 24 小时不间断工作，要有可靠的数据备份机制、快捷的故障恢复功能，以及严格的数据保密措施。

❑ 可扩展性：服务器需要有更广阔的扩展空间，随着服务对象的数量、服务业务种类的变化而进行扩展和个性化定制。

❑ 兼容性：服务器常常要和附属硬件配合工作，比如交换机、负载均衡器、光缆等。

2. Web 服务器简介

不管什么网页资源，想被远程计算机访问，就必须有一个与之对应的网络通信程序。当客户访问时，这个网络通信程序读取 Web 数据，并发送给访问者。

使用 Web 服务器时，开发者只需要关注 Web 资源怎么编写，无须关心资源如何发送给客户端，从而极大减少了开发者的工作量。

Web 页面属于 B/S 架构，客户端使用 Web 浏览器，经过网络连接到服务器上，使用 HTTP 发起请求，告诉服务器现在需要浏览哪个页面，并将所有的请求交给 Web 服务器。Web 服务器根据客户的需要，从文件系统（存放了所有静态页面的磁盘）中取出内容，通过 Web 服务器返回给客户端。客户端收到内容之后经过浏览器渲染解析，得到最终的显示效果。

如果一个网站对应一个 Web 服务器主机，那么很多大公司岂不是要配置数不尽的服务器了？其实，在一台 Web 服务器上可以搭建多个网站。与之相反的情况是，多个 Web 服务器对一个网站服务。大型网站的 Web 服务器都有均衡负载策略，虽然是一个 IP，但对应的可能是多台内部服务器，由负载均衡策略决定每次访问落实到哪台服务器上。这样客户看到 IP 所对应的其实不是一个 Web 服务器，而是一个负载均衡器，负责分发外部请求到具体的 Web 服务器上，如图 10-4 所示。负载均衡器通过合理管理网上的数据流量，来减轻单个服务器上的负担，力求使网络访问者享受最佳的联网体验。

图 10-4　负载均衡器将客户端请求分拨给不同的服务器示意图

10.1.5　缓存、Cookie、Session

缓存、Cookie、Session 是前端绕不开的话题，与 SaaS 产品设计关系密切。

1. 缓存

缓存即数据交换的缓冲区，简单说就是临时存储数据的地方，可以存储一些高频数据的副本。缓存无处不在，有浏览器端的缓存、服务器端的缓存、数据库的缓存等。

浏览器会缓存浏览过的资源，包括网页、图片等数据。由于 CPU 处理缓存数据的运行速度比内存数据快得多，因此缓存的存在可以提高响应速度，减少服务器压力。

缓存与数据库的区别如下。

❑ 范畴不同。所有具备持久化存储能力的机制，甚至是直接读写的本地文件，都可以看作数据库。所有保存中间的、额外的数据的机制，都可以看作缓存。

❑ 结构不同。数据库的存储方式严格且多样，而缓存通常是简单的 key-value 结构的数据。

❑ 处理速度不同。数据库是存储在低速设备上的，每次访问数据库，都要经过 I/O 过程，即从磁盘调入内存的过程，该过程是耗时、耗性能的。而访问缓存的速度非常快，从数据结构层面来说，缓存使用了异步非阻塞，使用了动态字符串，并采用了跳跃表。

❑ 范围对比。缓存中有的数据，数据库中一定有，反之则不成立。缓存中存储的是一些请求频次比较高的数据，不是所有数据都会存储到缓存中。

2. Cookie 和 Session

倘若我们在计算机上使用账号、密码登录过某网站，那么下次进入该网站时通常会自动登录。这就是浏览器的 Cookie 和 Session 在起作用。二者都是用来保存状态信息的，是为了解决 HTTP 无状态（即 HTTP 对前后请求没有任何识别能力）问题而生的。

客户登录一次网站，就会生成 Session 文件并保存到服务器中，还会对应生成 Session ID，保存到 Cookie 文件中。Cookie 文件被保存在客户端，可以在浏览器目录下查询到。这样下次同一个客户在同一个客户端上登录时，就能够通过 Cookie 文件中的 Session ID 将登录资料调用出来。需要注意的是，如果浏览器禁用了 Cookie，那么 Session 也会失效。

3. 缓存、Cookie 和 Session 三者的对比

缓存与 Cookie、Session 的主要差别在于，缓存的内容比后两者更广泛、数量更大，比如会话信息、秒杀商品、热点新闻、热门商品等需要频繁查询的信息，都会保存在缓存中。从数据存储位置看，三者对比如表 10-2 所示。

表 10-2　缓存、Cookie、Session 的存储位置对比

名称	存储位置
Cookie	客户端 – 浏览器目录下
Session	Web 服务器 – 文件夹下
缓存	Web 服务器 – 内存区中

10.1.6　页面加载

页面加载速度是影响 SaaS 体验的主要风险点，产品经理需要

了解页面加载原理，以便更好地规划 SaaS 页面提速。

1. 页面加载的过程

客户打开一个页面，页面框架中那些不需要加载的内容会先呈现出来，之后浏览器会逐步拉取服务器上的数据。这就是为什么客户打开一个页面时，开始页面上的部分内容为空白，需要等待一会才能够载入。客户等待的时间主要花费在下载网页元素上，这些网页元素包括 HTML、CSS、JavaScript、Flash、图片等。每增加一个元素，网页载入的时间就会增加。

以浏览器加载 HTML 页面为例，我们来简单看一下页面加载的过程。

1）客户输入网址（假设是第一次访问），浏览器向服务器发出请求，服务器返回 HTML 文件。

2）浏览器开始载入 HTML 代码。这时发现代码中 <head> 标签内有一个 <link> 标签，引用了外部的 CSS 文件，于是浏览器又发出 CSS 文件请求，服务器返回这个 CSS 文件，获取该文件后，浏览器开始渲染页面。

3）与此同时，浏览器继续载入 HTML 中 <body> 部分的代码，发现一个 <img> 标签引用了一张图片，于是向服务器发出请求（此时浏览器不会等到图片下载完，而是继续渲染后面的代码）。

4）服务器返回图片。由于图片占用了一定的页面面积，影响了后面段落的排布，因此浏览器需要重新渲染这部分代码。

5）客户点击界面中的"换肤"按钮，浏览器换了一下 <link> 标签的路径，并向服务器请求了新的 CSS 文件，重新渲染页面。

上述浏览器加载 HTML 页面的过程如图 10-5 所示。浏览器就这么来来回回地运行，不断将代码中的元素逐步运算并加载出来。

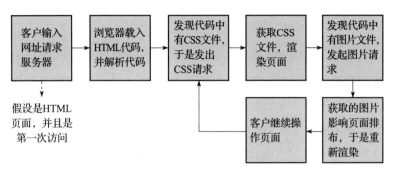

图 10-5　浏览器加载 HTML 页面的过程

2. 加载速度的重要性

客户的耐心非常有限，如果访问网站时等待过久，他就会放弃访问。许多研究表明，令客户满意的打开页面时间是 2s 以内。如果等待时间超过 12s，网页还没有载入，99% 以上的客户就会关闭这个网页。

Google 曾经做过一个实验，显示 10 条搜索结果的页面载入需要 0.4s，显示 30 条搜索结果的页面载入需要 0.9s，采用后面一个方案的流量和收入各减少 20%。

3. 优化页面加载速度

随着技术发展，优化页面加载速度的办法越来越多。常见的方案包括但不限于如下。

❑ 减少文件请求次数：要想提高网页打开速度，就要减少 HTTP 请求文件的次数，有效的办法包括合并文件和优化缓存。对于文本文件，可以直接合并内容。例如，将多个 JavaScript 文件合并成一个，将多个 CSS 文件合并成一个。对于没有变化的网页元素，当客户再次访问的时候没必要重新下载，直接从浏览器缓存里读取就可以了。

❑ 压缩网页元素：网页中元素的体积越小，下载所需的时间就越少，因此要尽可能压缩文件。现在比较成熟和流行的压缩网页方式是 Gzip，一般可以让网页文本内容减少 70% 以上。

❑ 将 CSS 文件放在 HTML 文件的 <head> 标签中：这样可以让页面尽快开始渲染，客户所感受到的载入速度将会变快，如图 10-6 所示。

```
1   <html>
2   <head>
3       <!-- 此处引入CSS --> 
4   </head>
5   <body>
6       <!-- 正文内容 --> 
7       <!-- 此处引入JavaScript,在正文结尾 --> 
8   </body>
9   </html>
```

图 10-6　将 CSS 文件放在 HTML 文件的 <head> 标签中

❑ 把 JavaScript 文件放到网页底部：当网页被打开时，所有元素都是按顺序显示的。由于 JavaScript 文件的特殊性，相比其他元素来说，它的加载速度慢得多。在 JavaScript 文件下载完成之前，后面其他元素的显示将被阻塞。因此应尽量把 JavaScript 文件放在网页底部。

提升页面加载速度的方法还有很多，比如压缩组件、使用外部 JavaScript 和 CSS 文件、去掉不必要的插件、使用内容分发网络等。需要注意的是，在努力提升页面加载速度的同时，也不能忽视交互响应的优化。对于客户来说，每次操作，不管返回结果是慢还是快，网页都要及时响应。

10.1.7　微前端架构

SaaS 页面是基于前端架构实现的，产品经理有必要了解一些基本的前端架构知识，比如微前端架构。

1. 微前端架构的基本原理

在了解微前端架构之前，先来了解一下微服务。微服务将单体服务拆分成多个服务，多个服务相互独立，通过聚合层对外暴露公共端口，每个服务实现独立部署，如图 10-7 所示。

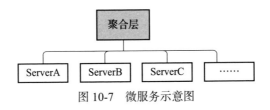

图 10-7　微服务示意图

前端是不是也可以这么做呢？答案是肯定的。微前端架构是一种类似于微服务的架构，它将微服务的理念应用于浏览器端，即将 Web 应用由单体应用转变为多个小型前端应用聚合而成的应用。各个前端应用还可以独立运行，独立开发，独立部署。微前端不是单纯的前端框架或者工具，而是一套架构体系，只需要在主系统构造一个足够轻量的基座，让各子应用按照共同的协议去实现即可。这个协议包括主应用如何加载子应用，以及子应用如何被主应用感知、调度，应用之间如何通信等。

2. 微前端架构在 SaaS 系统中的应用

当 SaaS 系统有多个不同的子模块，并且子模块之间有相对独立且庞大的功能体系时，一旦子模块变得越来越多，那么整个应用将变得非常庞大且臃肿，使开发和维护成本大大提高。这时候可以考虑使用微前端架构。好处是每个SaaS子模块在主应用中共享公共组件和状态，但是要保证子应用运行时内部状态隔离，并且不同子模块之间可以单独开发部署，模块间切换不刷新页面，并且模块之间、父子应用之间可以通过某种简单的方式实现通信。

应用微前端架构的SaaS系统中有多个子模块菜单，统一入口和鉴权。客户登录后可以看到自己权限下的子模块，访问网站没有响应速度（资源加载、应用响应等）的区别。

10.2　SaaS产品页面设计

SaaS产品从打开的那一刻，就是以网页的形式呈现给客户的。页面设计是SaaS产品给客户的第一印象。

10.2.1　SaaS产品页面布局、页面适配和页面层级

搭建SaaS产品时，需要确立的内容包括页面布局、页面适配和页面层级。

1. 页面布局

页面布局主要体现在页面内容分区上。页面一般以分栏的方式进行分区，主要分为单列布局、两列布局、三列布局3种。

单列布局是最简洁的页面布局方式，目前主流的后台网站大多是单列布局的，如图10-8所示。

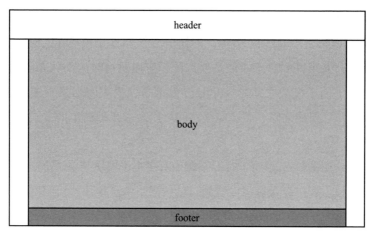

图 10-8　单列布局结构

　　两列布局一般应用于前端网站，后端系统也可以使用，好处是左侧分栏和右侧分栏可以互相补充，如图 10-9 所示。

图 10-9　两列布局示意图

　　三列布局很少用在后端系统中，主要原因是分栏过多会导致信息被过度切割，影响传达效果。对于小体量、弱后台的系统，或者商业化的 SaaS 管理系统，可以使用三列布局，更能体现界面美观，并且有一定的商业元素，如图 10-10 所示。

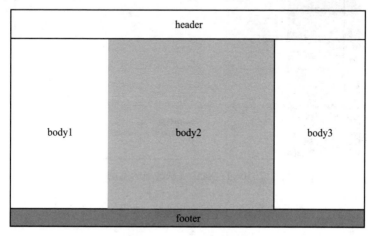

图 10-10　三列布局结构

2. 页面适配

SaaS 页面可以遵循 24 栅格布局，以实现不同尺寸屏幕的自适应需求。框架层级从左至右，保持层级一致性，工作区域动态缩放。这样可以提高内容布局的规律性，减少客户的认知成本，让页面更有秩序和节奏感，提供更好的客户体验。

3. 页面层级

为保障交互的简单和轻便，需要控制页面的层级数量。通常以一二级导航能选中一个明确的菜单为目标，SaaS 页面建议三到四个层级。一级导航如图 10-11 所示。

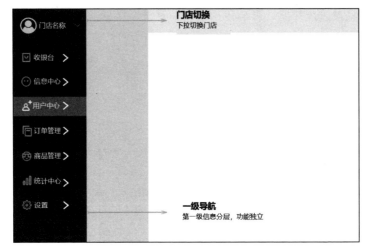

图 10-11　SaaS 一级导航示意图

点击一级导航菜单，打开二级导航，如图 10-12 所示。

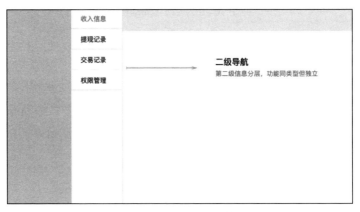

图 10-12　二级导航示意图

打开二级导航菜单之后，增加顶部菜单路由，如图 10-13 所示。

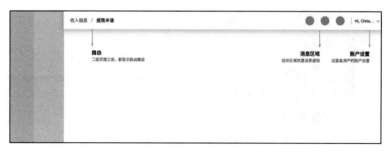

图 10-13　页面顶部菜单路由示意图

10.2.2　主菜单位置、色调、字体和浏览器兼容

在 SaaS 产品搭建之初，产品经理要关注产品的调性，包括主菜单位置、色调、字体、浏览器兼容等。

1. 主菜单位置

常见的主菜单位置有 3 种：第一种是顶部一级菜单的形式，可以节省主页面大部分的空间，便于展示主题；第二种是左侧栏菜单；第三种是左侧 + 顶部菜单组合。

选择哪种菜单位置取决于想让主页展示多少内容。例如对于报表较多、数据量较大的页面，建议使用顶部菜单栏，因为报表很可能会有很多列，而顶部菜单可以节约横向空间。

2. 色调

色调主要包括系统颜色、品牌色、文本色、线框色、背景色、状态色等。

- ❑ 系统颜色一方面传递 SaaS 的主题，另一方面是无情感的基础颜色。

- ❑ 品牌色是在不引起歧义的情况下为页面做点缀，以突出品牌效果。
- ❑ 文本色包括主文本色、提示文本色等。
- ❑ 线框色包括输入框激活边框颜色、失焦框色、错误提示框色等。
- ❑ 背景色是用于页面背景或者区域划分的颜色。
- ❑ 状态色用于表示成功、警告、危险等状态。

3. 字体

对于文字字体及字间距、行间距等元素，产品经理不用过多关注，只需要验收设计师的方案。

SaaS 网页的文字可以使用浏览器系统自带的字体，且分一级标题、二级标题、主内容文字、次内容文字、辅助文字（说明或引导性文字、提醒性文字）等。根据对比原则，应该活用字体颜色、大小、粗细来区分功能。

4. 浏览器兼容

SaaS 产品通常需要兼容主流浏览器，比如 Chrome、Firefox、Safari、IE8 等。需要兼容的内容如：页面大小、弹窗、弹页大小、图片格式等。

10.2.3　基于场景的 SaaS 产品布局和菜单归属

设计 SaaS 布局的时候需要根据客户习惯、业务场景等综合考虑。

1. 基于海外客户场景的购物车布局

我们在设计购物车的时候，通常让左边展示商品信息，右边展示支付信息，或者上面展示商品信息，下面展示支付信息，这符合客户的视觉规律和操作动线。海外网站调研结果显示，391个网站界面中，95%的购物车界面采用了左边展示支付信息，右边展示商品信息的布局，此类布局更符合海外客户群体的使用习惯。SaaS产品经理无疑需要调研目标地区的客户习惯，实事求是地进行测试，验证页面布局的合理性，而不是一概而论地套用常见布局模型。

2. 基于"实体"场景的菜单归属

商品管理页面需要显示供应商信息吗？这就是页面设计的时候，菜单下的内容归属问题。

鉴别商品页面显示供应商信息是否合理，可以从菜单下的主实体与次实体之间的关系入手。商品是页面的主实体，供应商只能算是次实体，因为这个菜单不叫"供应商管理"。供应商算不算是商品的属性呢？算，但不是强属性，因为商品可以没有供应商。我们得到的结论是，主实体与次实体之间不是强属性关系，从结构上看，分开更合理。也有特殊情况：如果业务需要看到供应商信息，那么就只能显示出来了。

我们用同样的思路分析订单和商品的关系。订单菜单下需要显示商品，因为订单是主实体，商品是次实体，而这里的次实体可以视为主实体的一个属性，即订单必然包含商品，否则就不能称之为订单。这种强烈的从属关系决定了订单是不能缺失商品的。反过来，商品菜单下不可能显示订单信息，因为这个场景下商品是主实体，订单是次实体。

10.2.4　SaaS 产品首页设计

SaaS 产品的首页设计很重要。首页的作用在于吸引客户、转化客户、教育客户。成功的产品首页可以在客户脑海中建立产品认知，给客户留下深刻印象。

1. 首页提供简练有力的产品价值宣言

作为为客户服务的 SaaS 产品，价值宣言可以让新客户快速捕捉产品定位、产品独特性。图 10-14 所示是 Salesforce 的 CRM 产品价值宣言：借助全球广受好评的 CRM 来帮助企业加快恢复业务增长。

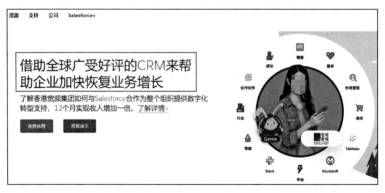

图 10-14　Salesforce 的 CRM 产品价值宣言

2. 展示易于理解的产品核心亮点与价值

首页必不可少的内容是对产品的介绍，除了描述产品的功能和工作机制，最好也描述一下客户可以从这个产品中获得什么帮助。图 10-15 所示为 Shopify 首页，有提示客户 Shopify 可以帮助客户解决创业、开店的问题。

图 10-15　Shopify 首页信息

3. 易于获取的客服支持

SaaS 产品的线上客户功能作用很大，在首页部署实时客服助手可以与客户及时取得联系，有助于将流量转化成商机。

4. 客户案例或品牌背书

通常在 SaaS 产品的首页底部，会展示品牌合作商。客户在首页浏览产品时，即使已经对产品动心了，可能还会有疑虑：这个产品的功能靠不靠谱？售后服务怎么样？这个时候，就需要客户案例或品牌背书了。展示知名平台的软件评分和评价，可以增加产品的可靠性，如图 10-16 所示。

5. 免费体验和产品演示

为了增强客户的使用体验，SaaS 产品可以提供试用，让客户免费直接体验产品的功能。如图 10-17 所示，通过首页的"免费体验""查看演示"入口可以验证客户期望，强化客户对产品的感知。

图 10-16　Zoho CRM 首页截图

图 10-17　4KMILES 亚马逊店铺运营系统首页

6. 合适的注册表单页面

当吸引到客户之后，核心目标就是完成转化。转化的第一步就是注册，SaaS 产品的注册往往是客户自助完成的，在这个阶段只需要收集必要的客户信息。

如果注册表单信息较多，有些信息还较敏感，那么客户很容易感到麻烦而放弃注册，这时候可以设置一个"试用"入口，引导客户打开注册页面。这样设计的另一个好处就是方便统计游客—注册漏斗流失率和注册跳出率。

10.2.5 SaaS产品页面设计规律

尽管不同的SaaS产品的页面设计不尽相同，但是可以总结出一些规律，来指导SaaS产品的设计。

1. 各个页面尽量展示产品Logo

SaaS产品的生命周期长，属于慢线增长型，强化品牌效应的作用很大。SaaS产品的Logo一般位于屏幕的左侧，因为多数人的眼动习惯是从左向右。有些SaaS产品的Logo出现在页面中间，比如阿里云、百度云。

2. 支持移动端自适应

互联网时代遵循简单易用、随开随用的理念，与SaaS的便捷服务理念不谋而合。只要需要，就应该发挥SaaS产品从计算机转向移动设备的优势。当然也不能照搬，通常会将使用场景确切的典型功能扩展到移动端。

3. 使用浅色的背景

传统的ERP通常使用深色背景，但是深色的网站可能会让人更容易产生视觉疲劳，不利于长期注视。SaaS系统一般为阅读作业功能类软件，需要长时间使用与阅读。浅色背景可以营造出一种友好且随和的感觉，与深沉的 ERP 印象划清界限。我们看到的 SaaS 产品大部分都是偏向于浅色系，如浅蓝色、浅黄色。

色彩可以影响人的选择和行为，下面列举几种颜色所传递的含义。

- ❑ 红色：跟强烈或攻击性的感觉关联，比如爱、自信、热情、愤怒等。
- ❑ 橙色：充满活力的暖色，给人以兴奋的感觉。
- ❑ 黄色：幸福的色彩，象征着阳光、喜悦和温暖。
- ❑ 绿色：大自然的色彩，给人带来平静和新生的感觉。有的时候也可能表示经验不足。
- ❑ 蓝色：一般用来表示企业形象，往往表现出冷静的感觉，但是作为一种冷色，也跟距离与悲伤有关。
- ❑ 紫色：长期以来与皇室和财富联系在一起。紫色也是代表神秘与魔力的颜色。
- ❑ 黑色：这种颜色有很多含义，往往跟悲剧和死亡相关联，可以代表未解之谜，可以是传统的，也可以是现代的。背后的含义取决于怎么用，以及跟哪些颜色一起用。
- ❑ 白色：意味着纯洁和纯真，以及完整性和清晰度。

4. 新手引导

SaaS 产品的业务功能复杂，一些新手上手功能页面，可能觉得工作烦琐，甚至产生烦躁情绪。为了让客户快速学会使用产品的功能，设计一个制作精良且易于浏览的新手引导功能非常重要。

5. 简洁的设计

导致 SaaS 产品操作复杂的原因不仅是业务本身复杂，还有很大一部分原因在于交互流程设计复杂和 UI 视觉效果复杂。

操作界面简洁是 SaaS 产品设计的重要指标。设计出简单易懂的界面，并贯穿整个 SaaS 软件的生命周期，尽可能降低客户的学习成本，是 SaaS 设计需要遵循的原则。

6. 设计 SaaS 产品时要避免的一些问题

设计 SaaS 产品需要避免以下几个问题。

❑ 复杂的、拥挤的登录页面：登录页面应设计得尽可能简单。

❑ 过多的菜单栏功能：菜单的设计跟业务架构有关，我们必须充分理解业务需求，在规划产品结构时，了解哪些模块可以合并，哪些可以简化。

❑ 难以阅读、深色背景：SaaS 系统多数为阅读作业功能，需要客户长时间使用与阅读，应避免采用大面积深色背景，不给客户增加阅读障碍。

❑ 漫长而艰巨的注册程序：先让客户加入 SaaS 系统，再去收集客户信息。尽量减少前置性门槛，不要为了获得客户信息而导致流失客户。

10.3　SaaS 产品页面交互规范和交互方案

SaaS 产品有一些常见的页面交互规范和交互方案，可以作为产品设计过程中的参考。

10.3.1　常见页面交互规范

产品经理需要掌握 Web 页面基础的交互规范。本节从页面菜单路径、页面加载、页面列表等方面做举例说明。

1. 页面菜单路径

由于企业服务类产品页面层级一般较深，因此理论上每个页面都显示当前页面所处的菜单路径（弹出页、预览页等特殊页面除外）。页面菜单路径如图 10-18 所示。

图 10-18　页面菜单路径

菜单路径的每一级都支持点击，也就是能随时返回到菜单路径的任一层级，且鼠标划过或选中各级菜单时有交互效果，比如文字突出或高亮。

2. 页面加载

加载页面的时候，显示沙漏、进度条等表示"加载中"的图标，提示客户系统正在执行。当网络状况不佳，数据获取较慢时，要提示客户"网络不佳，请耐心等待或稍后再试"。

客户做完某些操作（如发布评论）后，页面自动刷新。当页面加载失败、出错或没有数据时，也要进行相应提示，避免客户长久等待。

3. 页面列表

SaaS 产品的很多页面都是报表或含有报表，因此列表设计是很常见的。

❑ 列表表头：字体加粗、居中，字体比单元格正文的字体大一号，并设置底色。

❑ 列表单元格正文：如果是文本内容（比如"姓名""职业"），则左对齐，显得整齐。如果是数字类型的（比如"收入"），则右对齐，以便小数点对齐，便于比较大小。其他情况下可以居中，比如表示判断的"是""否"。

❑ 操作栏（操作列）：操作栏位于列表最左侧或最右侧。原则上，操作列的内容均用带颜色的文字或按钮表达，如"删除"用红色，"编辑"用蓝色。

❑ 相邻的行用底色区分：列表的相邻行之间用不同的底色进行区分，比如一列白一列灰，在列表的数据量大时候，可以有效避免视觉错乱。

❑ 用鼠标辅助浏览：鼠标划过表格单行时，该行颜色高亮。

❑ 默认显示条数：原则上列表页默认显示 10 ～ 20 条数据，数据量大的系统，默认展示 10 条数据，主要是考虑加载的压力。

❑ 避免表格变形：注意向开发人员明确表格的宽度和高度，避免填充过多内容导致挤压表格。比如，规定表格宽度均匀一致，表格中的内容最多显示 2 行，多出的内容用"…"表示。鼠标悬停在"…"时，在浮动层显示详细内容。

❑ 超链接：有超链接的项，可以用蓝色字体，也可以加下划线。鼠标划过要有交互效果，比如高亮。点击超链接则新窗口打开，或者弹框打开，一般不关闭原页面。

❑ 每一页底部显示数据统计和翻页控件：支持上下翻页和跳页（输入具体页数进行查询）。

- ❏ 返回按钮：当从一个页面点击按钮或链接进入子页面时，子页面必须提供返回按钮。
- ❏ 列表数据顺序：所有列表数据一般按更新时间倒序排列。

4. 页面搜索

每个搜索条件（页面筛选项）都设置默认值，一般为全选或全不选（在某些时候，二者是有差异的）。搜索功能要有"重置"按钮，重置后各搜索项恢复到初始状态。每次搜索后，要保留当前输入的搜索条件。翻页后，是否仍按上一页的搜索条件进行搜索，视具体业务需求而定，一般保留原搜索条件。当未搜索到任何记录时，须给予未查找到相关记录的提示信息，比如"未查询到相关信息"。

输入框形式的搜索项通常要提供模糊查询功能（客户明确要求不需要的除外）。下拉选项根据需要可以支持多选、输入查找选项等。刷新页面后，自动重置筛选条件。

5. 页面操作项

- ❏ 全选：勾选"全选"，则选中当前页面的所有记录，但是不勾选后面的分页，也就是所有的操作是基于看得到的内容进行的。
- ❏ 输入框：输入框的必填项用红色"＊"标识在该项名称的前面。必填项未填写时，输入框红色描边，且输入框下方有红色提示文案。多行输入框需要有"当前已输入字数／最多可输入字数"的提示，如"50/100"。对输入的内容格式予以提醒，该提醒信息可放置在输入框内，或者控件尾部。

- ❏ 提交（或上传）数据：客户提交数据时，进行空值、异常值、重复数据的校验，避免带入错误数据。若是多个字段共同去重，则需要这几个字段完全相同的才算重复。设置终止提交的功能，避免进退两难的局面。提交成功后，自动回到数据列表页，且不可重复提交。再次点击提交按钮，则系统给予刷新的操作效果，直接返回展示页面。提交失败后留在当前提交页，并保存客户已经输入的内容，以便再次提交。

- ❏ 删除数据：必须有确认删除的提示，注意确认按钮在左，取消删除在右。当被删除的信息与其他记录存在关联时，提示不允许删除，或提示先解除关联关系。例如，要删除商品分类，假设商品信息数据中用到了该商品分类，则不允许删除操作，并给出提示。删除成功后刷新列表，则列表不再显示已删除的记录。删除操作成功后，回到原记录所在页面。若原记录所在页不存在，则返回上一页。若上一页也不存在，则页面提示"当前无数据"。

- ❏ 操作提示：谨慎操作类提示对于不可逆转、重大决定、容易出现错误的操作项，须给出提示或二次确认信息。如确认删除、确认退款申请、确认汇款等，需要客户选择后方可执行。错误操作提示指的是当客户的操作不符合规则时，需要给出错误提示，比如"请输入正确的验证码"。可以在操作时就提示错误，也可以在提交整个表单的时候统一提示。

除了上述规范，还有交互原则，就是操作前、操作时、操作后，都要有界面状态变化并及时响应。设计交互方案的时候，要考虑异常情况下的对应机制。例如客户未上传则显示系统提供的默认图片。考虑到 SaaS 产品客户工作的保密性，一段时间未操作时，自动退出账号。对全局性功能或规则，定义通用的规范。比如时间的显示形式可以使用具体的日期和时间，也可以使用"几分钟前""几天前"这样的方式。若使用后者，就要制定清晰的规则。

10.3.2　常见页面交互方案

常见的页面交互方案包括客户直接看得到的，比如浮窗样式的导航，还包括间接看得到的，比如页面加载方案。产品经理需要多做调研，跟进交互方案的最新趋势，同时也要形成自己的常用页面交互方案知识体系。

1. 页面加载方案

页面加载不仅影响交互效果，而且关乎系统性能，影响业务效率。一般情况下，对于页面负载严重的部位，产品经理要考虑有针对性的加载方案。

异步加载也叫非阻塞模式加载，就是浏览器在下载的同时还会执行后续的页面处理。异步加载机制很常见。比如发布朋友圈时，不等所有文字和照片都上传完毕才显示到朋友圈，而是当你点击发送后，界面上就显示已发出的朋友圈，其实后台仍然在上传数据。上传完毕会有一个闪屏效果，那个时候数据才正式发布完成。这样的异步处理减少了客户的等待时间，从视觉上消除了客户等待的焦虑感。

延迟加载就是在需要的时候才加载，不需要则不加载。虽然这样做效率会比较低，但是占用内存也小。页面有很多可能暂时不用或根本就没用到的模块，延迟加载有助于减少服务器负载。

例如，当打开淘宝首页的时候，只有在浏览器窗口里的图片才会被加载，其他从未进入窗口的图像并没有加载。快速滑动页面的时候可以明显看出这个现象。

预加载是一种浏览器机制，指的是使用浏览器空闲时间预先加载客户接下来可能会浏览的页面或资源。这样一来，当客户访问某个预加载的链接时，如果从缓存中命中，页面会得以快速呈现。

2. 列表字段灵活展示

页面列过多的时候，默认给客户展示使用频率较高的字段。客户点击"我要选列"，可以勾选自己需要的列。系统会保存本次的选列结果，默认下次打开后还是展示上次客户选的列。选列功能能如图 10-19 所示。

图 10-19　选列功能

3. 下钻页面的打开方式

点击查看详情，新页面加载方式一般是弹框或者在新窗口打开新页面。点击"查看订单"，则向右侧滑动展开订单详情，且不完全遮住原页面，如图 10-20 左侧部分所示。这样设计的好处就是方便新旧页面的对比，并且新旧页面都可以操作。

图 10-20　以向右滑动的方式打开新页面

4. 浮窗样式的导航

有的页面比较长，甚至分成不同的标题和步骤，客户需要向下翻很久才能到达目标页面。可以在页面的左侧或右侧设置一个悬浮状态的导航条，客户点击导航条上的子菜单，便能直接到达目标页面。悬浮状态的导航条如图 10-21 所示。

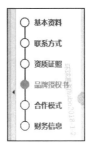

图 10-21　浮窗状态的导航条示意图

这种侧边导航的模式其实很常见，比如百度百科内容页面右侧的目录导航，如图 10-22 所示。

图 10-22　百度百科内容页面右侧的目录导航

5. 规则配置界面的参数选择

规则配置的本质就是选参数，并对参数值进行设置。有时候参数很多，并且类别不一，很难设计成一个简洁的界面。这种情况下，可以将所有待设置的参数进行分类，每个大类下细分二级小类。第一步，分级选择参数项。第二步，对参数项分别弹出适合的赋值界面。第三步，将设定好的参数展示出来，以备客户查看或操作。

电商数据当中，"订单信息"是一个一级参数类别，下设二级类别，如"收货国家""发货仓库""商品编码"等。当选定"收货国家"参数时，弹出收货国家的编辑框，包括国家选项，以及"等于""不等于"运算关系项，如图 10-23 所示。

图 10-23　"收货国家"参数选择界面

比如，客户勾选了"等于""俄罗斯""英国""加拿大"，表示"收货国家"这个参数已经配置完毕，会在"已选条件"中罗列出来，并且支持删除和编辑，如图 10-24 所示。

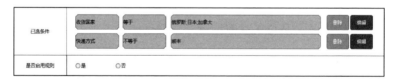

图 10-24　设置参数项的界面

6. 联动显示

我们在设计一些配置规则的时候，可能需要设置为联动显示，比如开启使用自动规则，才会展示规则配置项。在关闭自动规则的情况下，是展示规则配置项但不可编辑（置灰），还是压根就不展示呢？通常这种交互设计会遵循一些原则，比如交互七大原则：费茨定律、米勒定理（7±2法则）、希克定律、接近法则（亲密性）、泰斯勒定律（复杂性质量守恒）、奥卡姆剃刀原理、新乡重夫防错原则。

真实的情况往往难以一刀切。笔者建议若有引流的必要，就采用"玻璃门"，让对方知道有这样的配置存在；若不建议客户知道，或者知道和不知道都不会产生潜在影响，就不展示，避免增加不必要的理解负担。

7. 触发事件

有些产品经理可能不了解哪些事件是不可以设计的，导致产生一些诸如"手机屏幕随手机壳颜色变化"的设想。对于产品经理而言，有必要掌握一些触发相关的知识点，以便把握最佳交互，比如悬停、失焦。

在设计注释的时候，可能在悬停按钮上浮现对按钮的注释。失焦指的是这个光标不在该组件上的时候，该组件即失去了焦点。比如鼠标停留，光标提示客户输入信息，这个时候就是得到焦点。把鼠标移到输入框外，这个时候就是失去焦点，就会触发失焦。一个表单元素的失焦事件是必须在它得到焦点过后才会触发的。也就是说，一个从来没得到过焦点的表单元素是不可能会失去焦点的。

第三部分　SaaS 产品打磨方法

在第二部分我们了解了 SaaS 产品的构建，接下来的核心任务就是打磨产品。第三部分介绍 SaaS 产品打磨的指导思想、SaaS 产品标准化与个性化的博弈、SaaS 产品的可配置性、SaaS 产品的生态化与集成、SaaS 的平台化与 PaaS，帮助读者更好地提升 SaaS 产品的价值。

SaaS 产品打磨的指导思想

了解了 SaaS 产品的基础构建之后，SaaS 产品体系基本完备，打磨 SaaS 产品一方面去粗取精，让产品更加完善，另一方面瞄准价值目标，适配商业模式。

11.1 找到打磨 SaaS 产品的参考标准

大部分 SaaS 初创公司容易犯的错误就是有了产品之后，仍旧用"完美主义＋系统逻辑"的思想来主导产品的打磨工作。这很容易进入关门造车的状态。打磨 SaaS 产品的参考标准是 SaaS 成熟度模型、价值赋能、SaaS 产品的"护城河"。

11.1.1 SaaS 成熟度模型

可以以 SaaS 成熟度模型为参考标准打磨产品，不断提升 SaaS 产品的成熟度。根据 SaaS 产品是否具有可配置性、高性能、可伸缩性，SaaS 成熟度模型被分成四级，如表 11-1 所示。

表 11-1 SaaS 成熟度模型分级

等级	可配置性	高性能	可伸缩性
第一级	×	×	×
第二级	√	×	×
第三级	√	√	×
第四级	√	√	√

1. 第一级：成熟度最低

SaaS 成熟度模型的第一级与传统的项目型软件在应用架构上差别不大，唯一的差别在于商业模式不同，即软硬件以及相应的维护由 SaaS 服务提供商负责，这和 ASP（Application Service Provider，应用服务提供商）模式类似。

在这种模型下，软件服务提供商为每个客户定制一套软件并为其部署，每个客户使用独立的数据库实例和应用服务器实例。数据库的数据结构和应用代码可以根据客户需求进行定制化修改，SaaS 成熟度模型第一级如图 11-1 所示。

虽然在 SaaS 成熟度模型的初级阶段，还不具备高成熟度模型的特性，但是相对于传统的软件模式，SaaS 应用提供商整合软硬件资源，对降低软硬件建设和维护成本方面有一定的帮助，在一定程度上降低了客户使用软件的综合成本。

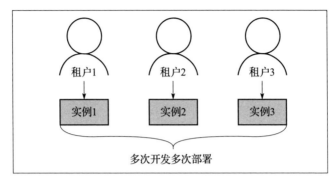

图 11-1　SaaS 成熟度模型第一级

2. 第二级：具备可配置性

SaaS 成熟度模型第一级对于每个客户都需要进行代码定制化开发，并且独立部署，开发成本、软硬件运行维护成本随客户数量的增加而显著增加。当这种模式下的应用达到一定的规模之后，想要进一步扩大规模，就会非常困难。

SaaS 成熟度模型第二级如图 11-2 所示，在第一级的基础上增加了可配置性。通过不同的配置可以满足不同客户的需求，不需要为每个客户进行定制化开发，降低了定制化开发的成本。

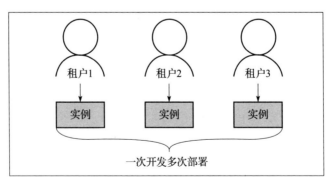

图 11-2　SaaS 成熟度模型第二级

利用元数据可以实现可配置性，对于没有基于元数据设计的应用架构，要想符合第二级成熟度模型的要求，需要从底层架构开始改造，系统复杂度较高。

3. 第三级：高性能的多租户架构

多租户单实例的应用架构才是真正意义上的 SaaS 应用架构，也就是多租户架构。多租户单实例的应用架构可以有效降低 SaaS 应用的硬件搭建及维护成本，最大化发挥 SaaS 应用的规模效应。

实现多租户架构的关键是通过一定的策略来保证不同租户之间的数据隔离，确保不同租户既能共享同一个应用的运行实例，又能独立享有自己的数据空间。SaaS 成熟度模型第三级如图 11-3 所示。

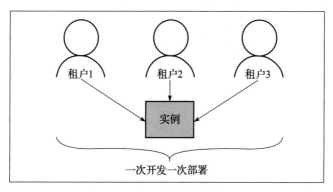

图 11-3　SaaS 成熟度模型第三级

4. 第四级：可伸缩性的多租户架构

在实现了多租户单实例的应用架构之后，随着租户数量逐渐增加，集中式数据库的性能成为 SaaS 应用的性能瓶颈。当应用规模增长所带来的压力达到单一硬件设备的极限时，将导致 SaaS 应用架构难以满足低成本的运营需要。此时需要进一步考虑数据库的分区设计，以满足 SaaS 应用水平扩展的需求。

在客户数大量增加的情况下，无须更改应用架构，简单增加硬件设备的数量，就可以支撑应用规模的增长。不管有多少客户，都能像单客户一样方便地实施应用修改，这就是 SaaS 成熟度模型第四级所解决的问题，如图 11-4 所示。

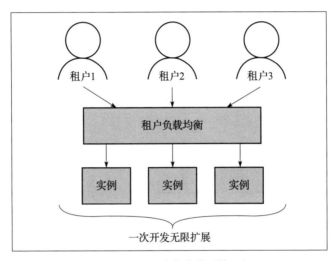

图 11-4　SaaS 成熟度模型第四级

从应用架构的角度来看，同时具备可配置性、高性能和可伸缩性的 SaaS 成熟度模型第四级是最为理想的应用架构。综合商业需求、实现成本及系统复杂度等方面的考虑，并不是所有的 SaaS 应用都需要达到第四级。选择哪个级别的 SaaS 成熟度模型，需要综合考虑如下因素。

❑ 产品所面向的客户群体的特征与需求。

❑ 产品的租户数量级别。

❑ 团队的开发能力与开发、改造成本预算。

11.1.2　价值赋能

打磨产品，可以提升对客户价值赋能的能力。SaaS 产品赋能客户价值的途径如下。

1. 不改变价值链的前提下降本增效

以面向企业服务的 SaaS 产品为例，这类产品始终需要围绕客户的价值链进行业务赋能，前提是需要了解企业客户是如何创造价值和如何分工的，这样才能找到赋能的契机。

迈克尔·波特提出的价值链分析法，也叫波特价值链模型，把企业内外提升价值的活动分为基本活动和支持性活动，如图 11-5所示。基本活动涉及生产、进料后勤、发货后勤、售后服务。支持性活动涉及企业基础设施、人力资源管理、研究与开发、采购等。基本活动和支持性活动构成了企业的价值链。

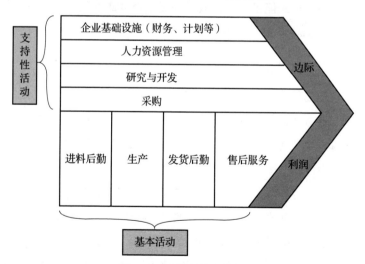

图 11-5　波特价值链模型

波特价值链模型中，并不是每个环节都能创造价值，实际上只有某些特定的经营活动才能创造价值，这些创造价值的经营活动，就是价值链上的战略环节。企业级 SaaS 产品需要运用价值链的分析方法来确定客户的核心竞争力，密切关注客户的组织资源状态，分析客户业务领域中哪些实体业务是消耗资源（时间、人工等）的，对应进行拆解，找到可能缩减的环节，通过系统进行辅助缩减。

举例来说，仓库交货作业的过程中，经常遇到多个订单多个商品需要拣货，通常要增加作业人员或作业时间来满足业务需要。显然拣货本身是消耗资源的，需要借助体系化的系统功能进行缩减。这时候货位系统化管理功能就可以起到关键作用，将订单、商品、货位、作业人员等信息录入系统，指引作业人员分批次以"播种"的方式拣货，可以极大地提升工作效率，从而为企业节约成本。

由此可见，关注和培养 SaaS 产品在客户企业价值链关键环节上的机会，找到能极大提升效率和极大降低成本的地方，可以形成和巩固 SaaS 产品的竞争优势。

2. 引入新的价值链元素

行业的价值链本身通常是闭环的，其增长会受到闭环的限制。服务于业务闭环的 SaaS 系统一方面需要做好对现实业务的支撑，另一方面也要考虑能否引入新的价值链元素，去影响行业或生态格局，为行业创造新的增长。

医药体系的主体是药企、患者、医药终端。药企的痛点在于研发成本大、研发周期长，患者的痛点在于购药造成的经济压力，医药终端（包括医院、药店、电商）作为药物传递的媒介，本质上并没有创造新的需求和新的供应。长期以来，一直存在重大疾病的病人买不起新特药，而药厂研制新特药又存在利润回馈的风险等，这是一组双方都希望化解的矛盾。另外，社会和国家也希望药企有更多的资金研发尖端药物，使病人更容易得到药物治疗。

市场上很多 IT 服务平台连通了患者和药企等主体，但是并不能真正解决上述痛点。于是一些 IT 服务平台与医保、商保、银行合作，以期将以保险公司为代表的第四个主体拉入这个体系，从而形成患者－平台－药企－保险公司四方主体的医药创新支付循环体系，如图 11-6 所示。

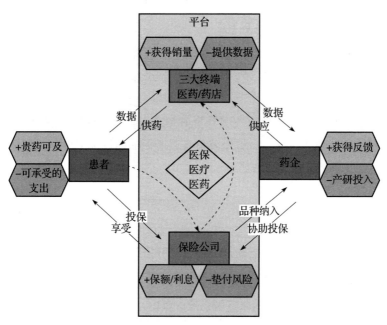

图 11-6 四方主体的医药创新支付循环体系

从图 11-6 可以看出，该体系运行的动力是找到四方主体的利益和痛点，将彼此的优势吸纳进来，作为驱动全局良性运转的元素，让各个主体得到满足并且有所付出，创造新的价值增长机会，最终化解药物与患者的矛盾。

3. 扩展原来的价值链

假设 A 业务的价值链和 B 业务的价值链互不相干，但是如果可以将二者连接在一起，并产生新的价值机会区，那么就会诞生新的价值机会。一个典型例子就是外卖服务，即将餐饮等服务业与同城配送业务相结合。美团就是通过自建骑手配送体系，提供给客户更快、更省心、更安全的外卖服务，从而扩展了原有传统行业的覆盖半径和服务机会。

11.1.3 SaaS 产品的"护城河"

构成产品"护城河"的要素有很多，比如产品的品牌价值、客户的替换成本等。SaaS 服务商在打磨产品的过程中可以结合市场和自身情况找到突破点。

1. 品牌价值

SaaS 产品绝对不是关门做生意，而是要在客户群体中有明确的品牌影响力。从产品初创就要有做品牌的意识。品牌影响力一方面有助于获得客户的信赖，促进成交，提高销售转化效率；另一方面可以为服务商积累口碑，抢占市场。

2. 替换成本

如何打造替换成本呢？首先思考客户为什么要离开，其次思考如果要离开，客户会考虑哪些问题。

在解决客户流失的问题时，SaaS 产品经理首先要打造产品的核心价值，增加客户想要替换同质产品会面临的损失，从而降低客户流失。

客户在替换产品的时候，除了要考虑产品价格和旧系统数据的迁移成本之外，还有学习成本和增值服务成本等。这对于 SaaS 产品经理的启发是，一旦在前期留住并服务好客户，那么客户本身会倾向于不随意替换其他系统。

3. 网络效应

梅特卡夫定律描述了网络效应的现象，即一个网络的价值与这个网络的节点数的平方成正比。简而言之，随着使用的人越来越多，产品的回报将呈指数级增长，如图 11-7 所示。

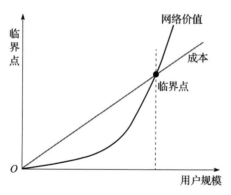

图 11-7　网络的价值与网络节点数的关系

网络效应的现象更多出现在 C 端产品的客户增长过程中，一旦形成这种态势则将以"病毒式"的模式自增长，从而形成基于增长的"护城河"。而大部分 2B 产品的增长与营销获客成本的增加是接近线性关系的，那么 SaaS 产品是否能够借助网络效应实现跨越呢？

实际上已经有一些 SaaS 产品通过做平台、做生态，让产品的增长体现出一些网络效应。

- ❑ 小鹅通：在微信生态连接老师和客户。
- ❑ 腾讯会议、Zoom：通过在线会议连接企业和个人。
- ❑ 盖雅工场：在灵活用工领域连接蓝领和企业。
- ❑ 上上签：通过电子签名连接不同行业或者企业。

这些案例中的 SaaS 产品与平台或生态结合，随着使用平台和加入生态中的主体增多，平台和生态的发展速度越来越快，价值越来越高，从而促使更多主体进入平台和生态。这对 SaaS 服务商就产生了 3 个益处。

- ❑ 获得客户的效率提升。
- ❑ 自身边际成本降低，能够形成指数级增长。
- ❑ 企业自身形成一定的竞争壁垒。

4. 成为垂直行业的专家

SaaS 服务商应选择适合的行业，打造行业专家的形象，因为深耕一个行业更有利于积累行业的资源，而集中资源可以快速打造成功案例。再加上垂直行业有一定的门槛，服务商可以在客户群体中积累口碑并请专家背书，让竞争对手很难再进入，从而形成"行业壁垒"。

5. "边界防御"理念

客道云在 2008 年开发了覆盖点餐、收银、会员管理、进销存、促销、会员营销等多种功能的 SaaS 餐饮软件。然而，在 2013 年遇到劲敌美团进入餐饮 SaaS 市场，并推出一系列具有强大吸引力的措施，快速吸聚商户，极速攻入市场，从而占据垄断地位。这对客道云是碾压式的打击。

由此可见，有时候等到 SaaS 服务商发现存在竞争对手的威胁时，可能已经措手不及了。构建"护城河"需要借用"边界防御"理念，在威胁尚未发生时开始预警和防护。比如原本具有先发优势的客道云如果率先采取一系列快速吸聚商户的措施，占领市场，那么面对后来的竞争对手就会从容很多。

另外需要注意的是，"护城河"是相对的。就算是"护城河"，甚至是"壁垒"，也不意味着不可逾越，只是正面攻坚的代价较大，将其视作难以复制的竞争优势更为合理。作为 SaaS 服务商，需要以发展的眼光看待自身和对手的"护城河"。

11.2　贯穿客户价值主张

在 SaaS 产品打磨的过程中，要始终贯穿客户价值主张。客户价值主张（Costumer Value Proposition，CVP）是由詹姆斯·安德森在 2006 年提出的。CVP 通过三步法来分析一个产品的价值，帮助企业找到与竞品竞争的突破口，快速锚定产品的竞争优势，巩固自身在行业中的生态位。这三步就是产品全价值、优势差异点、共鸣点，如图 11-8 所示。

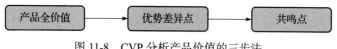

图 11-8　CVP 分析产品价值的三步法

11.2.1　确定产品全价值

产品全价值就是产品能够给目标客户提供的所有价值点。在这一步，产品经理需要全方位地理解目标客户的需求和产品功能之间的关系，以及行业中竞品能够提供的产品价值。这无疑是最重要的一步，也是最难的一步。

在 SaaS 的销售过程中可以发现，客户的需求很多。虽然集中在局部业务场景下，是可以收集汇总的，但这只是指向某一个功能层面的内聚，放大到产品层面就会发现需求很散乱。药店 SaaS 系统可以为店员提供执业药师学习功能、病人寻医问药功能、会员管理功能、药品进销存盘查功能、GSP 合规记录工具等。在梳理产品全价值的时候需要做一些结构化归属，比如将上述需求所涉及的领域分为店员职业能力提升、顾客服务、店务管理，这样有助于后续的功能定位和分析。

11.2.2　找到优势差异点

优势差异点可能是一个功能，也可能是一系列功能。这一步主要思考一个问题：为什么客户选择我的产品而不是竞争对手的？产品经理都希望设计产品功能时与众不同，在满足客户需求的同时又能彰显产品个性，提高品牌影响力，这就需要找到优势差异点。

所谓大道至简，一切产品的问题终究是需求分析的问题。每个客户都有明确的任务和业务目标。只有从众多需求中摘取客户真正关心和正在做的业务域，才能找到优势差异点。无关客户 KPI 的功能很难触达客户，产品经理应该以行业的业务目标类需求作为客户价值的切入点。

此外，在需求收集的时候，需要注意客户层次与需求层次的对称性。比如：店长或者区域经理的 KPI 是 GMV 达到 5 000 万元，对应的需求是销售渠道配比与实时分析看板；店员的 KPI 是客诉降低到 0.1%，对应的需求是售后数据洞察等能力。

11.2.3　寻找共鸣点

共鸣是价值、理念、认可度的综合表现。如果说 SaaS 服务商提供差异化的功能价值是让客户选择产品的契机，那么共鸣点则是客户留存并长期使用产品的保障。

与客户取得共鸣，需要以高效的方式满足客户的核心需求。与客户的现状对比，只有当客户对目前的解决方案不满意时，SaaS 才有机会。笔者曾经接触过一个垂直药品行业的 SaaS 服务商，它为客户提供标准化的药品资料库，客户就不需要重新维护商品资料的几十个字段了。更重要的是，客户感受到了 SaaS 服务商的专业度，找到了共鸣点。

11.3　做好产品迭代

打磨 SaaS 产品就是不断地进行优化、迭代和完善。版本迭代是打磨 SaaS 产品的途径。

11.3.1　SaaS 产品迭代

1. SaaS 产品的发展阶段

SaaS 产品的发展阶段主要分为 MVP（Minimum Viable Product，最小可行性产品）阶段、PMF（Product Market Fit，产品和市场需

求匹配）阶段、快速成长阶段、成熟阶段。每个阶段的产品都有所侧重，需要完成相应的指标。

- ❏ MVP 阶段，产品要解决的是可用性问题，也就是输出一个最小可用的产品。之后面对客户反馈、业务拓展或者一些在新技术和新商业推动下产生的新需求，再根据实际情况进行迭代。

- ❏ PMF 阶段，产品要解决的是可卖性问题。在这个阶段主要做市场验证，包括产品匹配度验证和商业模式验证。

- ❏ 快速成长阶段，产品要解决的是客户规模化的问题。这时候产品经过了市场验证，需要全面推广。这个阶段由于客户种类和数量都在增加，会导致新的产品问题出现，比如部分客户提出定制化需求。SaaS 服务商需要快速应对新需求，避免对客户造成负面影响。

- ❏ 成熟阶段，产品、客户和销售模式基本稳定，产品要解决的是深挖客户的衍生价值、探索第二条发展曲线、强化产品壁垒等问题。

2. 产品迭代路线

上述阶段完成若干次迭代，尽管不同阶段的迭代特点和侧重点有所不同，但是我们仍可以将其共性抽取出来，绘制产品迭代的基本路线，如图 11-9 所示。

- ❏ 立题：定义本次产品迭代的主要目标，即为谁提供什么价值。

- ❏ 范围：确定为目标客户做什么、不做什么。

- ❏ 黄金流程：确立客户的核心业务链路。

- ❑ 模型架构：抽象出产品模型并搭建产品架构。
- ❑ 产品基调：定义产品的功能模块和风格。
- ❑ 细化实现：从 PRD 输出到发版及之后的验证。

图 11-9　产品迭代的基本路线

单次迭代是阶段性迭代的一个环节，每次迭代的过程中都需要思考整体战略目标、迭代的优先级。

3. 迭代导向

产品迭代通常有两个指导思想，一个是以业务价值为导向的迭代，另一个是以产品功能为导向的迭代。

（1）以业务价值为导向的迭代　以业务价值为导向的迭代从解决客户的问题出发，解决方案随着资源成本不同而发生较大的变化。在前期通常由于资源不足，设计出的产品即使能够直击痛点，但往往也是粗糙简陋的。比如设计一款出行工具，那么以出行作为业务价值衡量点，其迭代路径是滑板→滑板车→自行车→摩托车→汽车，如图 11-10 所示。尽管前后相差很远，但是每一次迭代都围绕着客户的核心问题。

1　　　　2　　　　3　　　　4　　　　5

图 11-10　以业务价值为导向的迭代路径

需要注意的是，以业务价值为导向的迭代并不提倡前期发布一个简陋的功能应付客户，如果目标是汽车，那么一开始交付滑板车只会失去客户。

（2）以产品功能为导向的迭代　以产品功能为导向的迭代类似于增量做产品，相当于把终态的产品功能做拆解，一步一步实现功能碎片并组合拼接。容易出现的问题就是产品逐渐成型，迭代过程中客户的问题却得不到及时解决，遇到产品缺失的功能，需要通过线下操作弥补。如以产品功能为导向做一辆汽车的迭代，如图 11-11 所示。

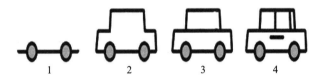

图 11-11　以产品功能为导向的迭代路径

这种情况下经常遇到的问题是，如果功能要做全，资源或时间就不够，如果功能不全，就无法满足客户需求。

在处理迭代的过程中既要规划好优先级，又要保证每一次迭代的业务闭环。

11.3.2　产品迭代的注意事项

1. 利用客户对产品的注意力

迭代需要基于客户的注意力，并会影响客户的情感。客户对 SaaS 产品的注意力可以分为 5 个阶段：关注阶段、移情阶段、黏性阶段、传播阶段、营收贡献阶段。

❑ 关注阶段：客户留意到产品，并尝试进一步了解产品，产品中的引导性功能如试用、客户指引在这个阶段比较重要。

❑ 移情阶段：客户对产品完成了试用期的考察，很可能弃用产品，改换竞品。这个阶段的产品迭代需要做好差异价值的强化，瞄准价值痛点，或者增加客户评价模块来收集反馈。

❑ 黏性阶段：这个阶段客户对产品产生了黏性，比较关注产品的稳定性和对需求的响应速度。产品迭代需要重视客户数量和业务数据量增加后的系统性能，关注留存客户的活动数据、反馈的需求等。

❑ 传播阶段：这个阶段产品的客户数量开始爆发式增长，可以通过增加产品分享页、邀请注册奖励等方式鼓励客户参与到产品传播中。

❑ 营收贡献阶段：这个阶段的客户已经开始为产品付费或续费，关心的是产品的付费价值。在产品迭代的时候可以突出对 SaaS 新功能的宣传、产品套餐的合理配置、续费模式的合理性等。

2. 产品迭代必须持续正向增长

整体来说，SaaS 的盈利模式决定了其短期内是无法快速盈利的，而产品迭代和收费都是持续的。依靠产品迭代保持吸引力，才能保证持续收费，二者的关系如图 11-12 所示。在保证产品吸引力持续上升的情况下，才能保证收费走势不下降。

SaaS 产品的设计要保持一定的成长空间，在一段时间内，合理分配功能优化或新功能的开发节奏，不要忽而密集发布大量新功能，忽而很长一段时间无任何更新。

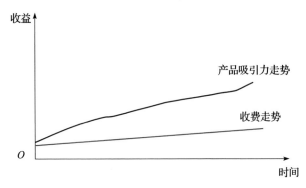

图 11-12 产品吸引力与持续收费的关系

3. 不要轻易下线功能

迭代过程中可能会出现一些功能需要下线的情况，不要认为下线功能是理所当然的。客户使用 SaaS 产品的时候，可能好不容易才学会了操作，如果直接下线功能，一来可能影响客户的业务，二来客户会失去信赖，认为系统不稳定、SaaS 服务商不专业。

4. 先简单后复杂

在设计功能时尽量先简单后复杂，在缺少有效的数据支撑时，先实现基础的功能，这样更容易迭代，也可以保持一种越来越好的趋势。

需要注意的是，即使再简单的迭代，也要充分考虑各种角色和核心场景的诉求，以确保产品功能闭环。

5. 合理的版本切换机制

SaaS 应用免去了客户安装、维护、升级等工作，这些繁杂的工作并未消失，而是转移到了 SaaS 服务商身上，且变得更为复杂和艰难。

在升级、维护 SaaS 系统时不能暂停客户正在执行的业务，要避免业务数据丢失，因此需要一种合理的产品发布机制，实现持续、无缝、零重启的交付过程。

- □ 版本可回退：如果新上线的功能模块遇到重大问题，可以回退到之前的版本而不影响客户的正常业务。
- □ 版本向下兼容：新版本的系统需要尽可能向下兼容旧系统的数据。在升级过程中，如果客户正在使用旧版本提交数据，需要慎重考虑适配旧版本提交的数据。
- □ 零重启：在不终止服务的情况下完成系统的升级工作，这就要求 SaaS 平台具备热部署的特性，确保 SaaS 平台具备 7×24 小时的持续服务能力。

11.3.3　迭代验证

对于快速迭代的团队来说，产品经理有很大一部分工作是在产品上线后才开始的，包括观察线上版本的数据是否出现异常，版本的功能、风格是否符合预期，是否需要进一步调整和优化等。下面列举 4 种常见的 SaaS 产品迭代验证方式。

1. 灰度下的 A/B 测试

某餐饮收银系统上线了一个智能点餐功能，通过 A/B 测试，投放新旧点餐功能。

- □ 观察客户使用两个点餐功能的效率、时间、转换率等关键指标。
- □ 调研客户的使用体验。
- □ 收集并分析客户反馈。

2. 埋点数据的整体评估

我们在设计时就需要考虑如何评价新功能是否达到了预期的效果。通常可以通过埋点来收集数据，通过收集到的数据进行分析与判断。另外，通过观察数据，可以分析新功能有哪些地方需要再做优化。

埋点是有目的地前置统计代码，对特定客户行为或事件进行捕获、处理和发送。埋点代码往往是一起发版的，可以自己完成，也可以通过第三方专用 API 完成。

埋点可分为前端埋点和后端埋点。前端埋点主要统计页面操作事件，分析客户对功能的使用；后端埋点主要监测服务器性能、进行逻辑运算等。

3. UAT 走查

UAT（User Acceptance Test，用户验收测试）是由客户主导，按照签订的合同、技术协议以及需求说明规格书来检验产品是否满足业务方的需求。原则就是在发版之后，对照客户诉求、需求文档、实际功能，执行一轮验收测试，看是否按计划实现了功能，并对存在的问题进行登记，以便继续迭代。

4. 客户满意度回访

企业服务类 SaaS 产品功能做得好不好，单纯统计页面访问量、访客量、点击量是不具备说服力的。既然通过普通的埋点无法获得真实的反馈，那么不妨收集客户的直接反馈，做好客户的回访和评价。可以采用有偿征用意见和匿名满意度回访的方式，了解客户的推荐意愿。

NPS（Net Promoter Score，净推荐值）统计是一个不错的方法，即让客户对产品满意度进行打分，将收集到的结果按公式"NPS =（推荐者数 / 总样本数）× 100% −（贬损者数 / 总样本数）× 100%"计算。在设计满意度打分页面的时候，推荐采用卡片的形式，如图 11-13 所示。

图 11-13　一个简易的满意度打分卡片

需要注意的是，不要根据客户的反馈过度优先设计某项功能，因为客户也会说谎。在产品的 MVP 阶段，客户的行为要比话语更可靠。跟踪 SaaS 产品功能热力图，即可知道哪些功能有用、哪些没用。

SaaS 产品标准化与个性化的博弈

产品经理刚承接一个产品线的时候，往往会以为自己是这款产品的主导者，结果却难免被客户带偏方向。而 SaaS 产品最典型的"魔咒"就是被客户的个性化需求带偏——"加逻辑""加分支"，离标准化 SaaS 产品的初衷渐行渐远。因此产品经理应该看透标准化和个性化需求的本质，以便找到化解这一难题的办法。

12.1　SaaS 产品的标准化

标准化是一个相对的概念，也是 SaaS 产品理想的交付形态。本节介绍 SaaS 产品的标准化，以及如何加固 SaaS 产品的标准化。

12.1.1　什么是标准化

对于 SaaS 服务商来说，"标准化"可以理解为"领域＋群体＋环境＋业务目标"组合而成的可接受的规范和条件。这些规范和条件包括组织架构、人员角色、操作流程、数据储备、作业效率等。

站在 SaaS 产品的角度，产品的标准化依赖于行业标准化。标准化可以分为两类：业务标准化和客户标准化。

1.业务标准化

业务标准化程度存在进程和地区上的差异性。

宏观层面，国际标准化组织（International Organization for Standardization，ISO）负责世界上绝大多数领域的标准化活动，内容涉及信息技术、交通运输、农业、保健、环境等。

相对于宏观层面而言，微观层面的标准化更加接近客户需求本身，对产品规划的意义更大。比如客户企业内部标准作业程序（Standard Operating Procedure，SOP）类的文件和制度、区域性企业之间的"效仿"等，都有助于形成业务标准化。

国内企业业务标准化程度低的原因之一，是发展快的企业组织频繁变革，而效仿者很难保持同样的节奏。行业标准峰会或委员会有助于推进行业规范化，但这是一项存在"志愿者困境"的行为，因为一旦标准推行成功，受益的是大家，而推动者的付出与收益无法平衡，只能靠奉献精神支撑。

2.客户标准化

客户标准化主要体现在企业的发展时间、企业规模、管理风格、企业效益、对信息化和数字化程度的要求上，必然导致公司员工的工作习惯、整体素质、培训能力、管理制度等方面参差不齐。

企业作为 B 端 SaaS 产品的主要客户，有着不同的规范偏好。企业员工作为 SaaS 产品使用者的时候，自然就产生了个体之间的差异，所提出的诉求自然有所不同。

12.1.2　标准化对供需双方的影响

在客户侧，客户经营的各个环节都需要做到足够的标准化，只有这样才能实现可复制的成功。在服务商侧，标准化的意义在于把客户变成格式化的"机器"，提高 SaaS 产品的稳定性，降低产品的波动，提高数据的置信度，缩短行为结果的反馈时间。

在塑造客户标准化的过程中，强大的服务商往往可以在更短的时间内养成客户的标准规范和使用习惯。SaaS 巨头进入行业的时候，对行业的标准化可能是有促进作用的。如果没有美团的进入，餐饮服务行业可能要花更多时间来培育市场，在相当长的时间内，客户对餐饮服务类 SaaS 产品的接受度都会较低。正是由于美团的进入，大部分客户才在短时间内知道了餐饮服务类 SaaS 产品相比于传统软件的优势，相当于降低了客户的试错门槛，缩短了客户的接受周期。

由此可见，标准化不仅是客户业务的标准化，也包含服务商侧基于 SaaS 产品的服务的标准化。如图 12-1 所示，对于服务商而言，应用的个性化程度越低，即标准化程度越高，越有利于应用的推广。标准化程度可以分为可复制的标准化市场和多元化的长尾市场两种趋势。

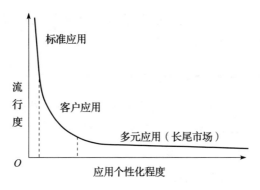

图 12-1　应用个性化程度与流行度对比走势图

12.1.3　如何加固产品的标准化

让标准化产品笃定持久，是 SaaS 产品的理想。笔者从工作经验中提炼出如下几种加固产品标准化的方式。

1. 孵化客户

B 端 SaaS 服务商单靠拜访客户、接听回访电话来确定标准化需求是远远不够的，甚至只会收集到一些伪需求。要想更加深入地理解客户的业务场景，可以与客户"共生"，以合作的模式与客户一起开展业务，孵化客户，互惠互利，形成利益共同体。这不仅在产品上实现共建，在业务上也一起成长。以孵化为契机，一方面可以扩展客户，另一方面可以直接收集需求，理解客户需求和业务场景。

需要注意的是，孵化过程中 SaaS 服务商不应过度看重业务经营中的利润份额，因为这样会导致 SaaS 服务商成为客户的竞争对手，客户会担心行业数据被服务商窃取并加以利用，影响客户对服务商中立性的判断。因此孵化到了一定阶段，服务商需要跳出来，腾出空间让客户独立发展。

2. 与标杆客户战略合作

如何将标杆客户和 SaaS 产品绑定在一起，共同把这艘 SaaS 大船开好，而不是简单的租用软件关系呢？办法就是寻求战略合作。

例如某 SaaS 服务商曾经与平安健康合作一个项目，服务商帮助平安健康在某地区打造了 600 家本地标杆前置仓库，平安健康则承诺 5 年内都使用该服务商的 SaaS 软件，同时为服务商提供资金支持。

这样的合作对服务商的好处显而易见，一方面与客户绑定为利益共同体，增加抗风险能力；另一方面服务商可以找到具有捆绑关系的深度客户。

3. 单点突破

大家平常看到的瑞士军刀，通常是带着小刀、开瓶器、剪刀等多种折叠工具的组合装备。这是经过多年迭代的结果，早期瑞士军刀的功能其实很简单，就是一把简单的匕首。正是这种匕首，因功能单一但质量过硬而广受好评，成为多个国家军队采购的对象。

SaaS 产品也可以借鉴这种单点突破的经验。一方面，单点突破是找到产品突破口的最短路线，有助于快速构建基本的产品体系，优先抢占需求单一的中小型客户，完成 SaaS 产品生命周期的起步阶段。另一方面，单点功能一定是非做不可的，不太可能出现差异化，能被广大客户接受，是标准需求的内容。

12.2　SaaS 产品的个性化

相对于形形色色的客户，很难有完全标准的 SaaS 产品。而 SaaS 产品的个性化是一个普遍性的概念，因为客户都有自己对 SaaS 产品的期望和想象。产品经理需要识别客户的个性化需求，理解其普遍性，并及时解决阻碍 SaaS 产品推广的个性化问题，SaaS 产品才可能如期推广。

12.2.1　识别个性化需求

个性化需求具有以下几种常见的特征。

1. 受客观现实条件限制

受客观现实条件限制的需求场景很常见，比如客户用惯了本地系统的订单列表，换成 SaaS 版之后，仍要求一次加载 2 000 条订单数据。因为 SaaS 是 B/S 架构的，数据都存储在云端服务器上，每一条数据都是通过网络请求获取的，所以很难和 C/S（Client/Server，客户端 / 服务器）架构下本地数据的访问量和速度相提并论。若要求大量数据一起加载，很可能因为浏览器负荷超载或网速限制而出现异常。

面对这样的需求，建议重新回到需求的原点，找到替代方案。比如先找到展示 2 000 条订单数据的目的，然后重新为客户提供解决办法。如果客户需要做大量的数据对比，那么可以提供导出功能；如果客户需要计算数据，那么可以直接跳转到计算页面。

2. 违背功能定位

订单管理功能的定位是处理线上订单问题，确保履约这一业务活动的顺利开展，对操作难度和时效性有要求。若一款 SaaS 产品的订单管理功能被要求提供很多后置性的数据对比、分析、统计，那么就违背了该功能的主要定位，需要谨慎采纳。

3. ROI 低

行业里有一个并不严谨的说法是"没有实现不了的需求"，言外之意是"要实现有价值的需求"。一些需求之所以不能归属到标准化需求的行列，主要是因为它们不具备标准需求的投资回报率（Return On Investment，ROI）。

笔者曾经做过一款 CMS 类 SaaS 产品，客户提出希望系统支持多种语言，原因是其客服是外包国外的客服团队，使用浏览器自带的页面翻译效果不佳。在笔者进一步沟通这个需求后发现，该 SaaS 产品在不断迭代中，如果每个版本都需要跟着中文版迭代，将有大量的翻译工作，且周期较长。如果不实现多语言版本，客户可以通过对外包客服人员进行产品培训，解决浏览器翻译不够准确、不易于理解的问题。总体上看，支持多语言是一个 ROI 很低的需求。

4. 违背产品或服务商定位

有个客户自己开发了一款 App，但是没有可视化的后台界面，客户希望购买可以通过接口与自有系统对接的 SaaS 产品，但是要定制化其 App 的后台能力。正常的对接流程如图 12-2 左侧所示，而该客户的期望对接流程如图 12-2 右侧所示。

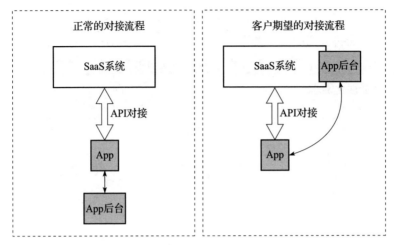

图 12-2 某 SaaS 系统正常的对接流程和客户期望的对接流程

从技术上看，虽然该客户的诉求是能实现的，但是一般 SaaS 服务商是不会接受这种要求的。因为一旦按客户的要求做定制服务，就意味着服务商的身份发生了转变，从面向所有目标客户提供 SaaS 服务，转变为作为外包公司为特定客户提供定制项目服务。

5. 通用性差

一些需求因为时间、空间等的局限而无法通用。在识别需求的通用性上，需要调研更多客户，考虑时间、地域等因素是否会导致需求难以通用。

12.2.2　个性化需求的普遍性

1. 个性化需求不是 SaaS 产品独有的

SaaS 标准化与个性化产生的差异，本质是产品交付与客户诉求匹配程度的差异。如图 12-3 所示，服务商定义标准化的产品，通过交付去匹配客户的需求，一旦客户的需求不被匹配，就可能演变为个性化需求，而客户大多会要求服务商重新定义产品以满足个性化需求。

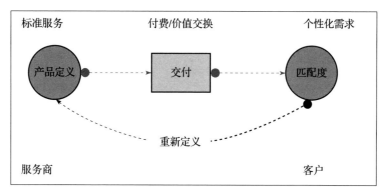

图 12-3　服务商标准化的产品与客户个性化需求匹配

这种不对称不是 SaaS 独有的，做任何一个软件，都可能由于功能使用频率低、使用人数少、涵盖场景少、功能价值低、ROI 低、引入风险大等而被归为个性化需求。

2. 个性化需求并非国内独有

《中国 SaaS 行业发展阻碍因素报告》中列举了影响中国 SaaS 行业发展的主要因素，行业服务标准缺失就是其中之一，这导致 SaaS 产品寻找标准参考系比较困难。

12.2.3　个性化需求的处理办法

个性化需求永远是与标准化需求对立统一进行处理的。对

SaaS 服务商来说，常见的处理办法如下。

1. 直接拒绝

过于个性化的需求有可能导致产品底层架构不兼容，引入诸多风险因素，增加维护成本，因此直接拒绝是一种"断舍离"的做法。这样可能会失去一两个客户，但从好的方面看，也是过滤掉非价值客户的手段。

2. 为客户的个性化需求提供定制化开发

为客户的个性化需求另行提供产品来满足，或者将该需求进行项目化独立开发。比如在与大客户合作的过程中，由于其独特的业务模式和记账方式，导致无法与通用版的系统相匹配，解决办法就是将 SaaS 产品复制一份给客户，将其转化为私有云部署，独立开发。

3. 配置

配置就是前期为客户开发足够多的差异化组件，供客户在可视化环境中配置，也可以由服务商协助客户在底层做配置。配置通常包括套餐配置、数据配置、功能配置等。

配置说起来简单，实际上对大部分客户而言相当于增加了操作复杂度，对开发人员而言更是增加了工作量。最理想的 SaaS 产品是开箱即用的，而不是增加前置的配置工作。

4. 灰度发布

笔者在处理一个医药门店场景时遇到过这样的案例，正常的流程是顾客通过线上下单，总部从仓库中把商品邮寄给顾客。一部分商家的业务场景是总部将顾客购买的商品邮寄到线下门店，再由门店将商品邮寄给顾客或者通知顾客自取, 理由如下。

- ❑ 有些药品如果放在驿站或者快递柜中, 可能因温度等条件影响质量。
- ❑ 药店希望与客户有更多接触, 以便增加客户黏性。
- ❑ 希望减少菜鸟驿站等代收点的费用支出 (门店也有代收的能力)。
- ❑ 线下自取对部分顾客而言更便捷。

于是需求的逻辑就变为顾客下单→选择到附近门店自提→系统获取附近门店地址作为收货信息→仓库接单发货→药品邮寄到门店→店员通知顾客并确定是邮寄还是到店自提。

这种需求具有小众化的特征, 并且隐藏着一些风险, 比如门店是否能够做到类似菜鸟驿站那样的取件管理, 门店保存的时候有没有专门的负责人等。

本例中, 客户是一家大型连锁企业, 有自己的业务模式。那么从产品的角度来讲, 可以提供灰度发布这样的功能。若客户能将其形成一种模式, 就可以扩大化, 并且从功能上做到更多的适配和支持。

5. 留中不发

"留中不发"出自《史记·三王世家》, 意思是皇帝把臣子的奏章留在宫中, 不交议也不批复。对于一些定制化的需求, 我们可以采取冷处理的态度, 等待合适的时机和方案再解决。

如果你是一个室内设计师, 那么室内智能家具的触控点设计在哪个位置呢? 如果在交付之前就要设计标准化的方案, 会发现设计出来的结果并不一定能满足客户所有的需求。在客户使用之后,根据大量的数据观察结果能给出更加满足客户需求的设计方案。

　　同样，设计 SaaS 产品的时候，一些需求在没有足够样本的情况下很难一步到位，只能先实现一些临时过渡功能。这时候可以冷处理的需求先继续观察，不要着急实现。产品迭代一段时间之后，发现多个按钮打开之后的界面可以设计成相同的模式，其规律很明显，比如都有商品的搜索条件，如图 12-4 所示。

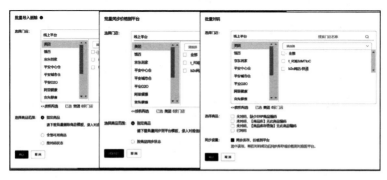

图 12-4　多个按钮打开后的界面

　　经过梳理，确定了统一的交互和执行逻辑。在打开的选项框中，复用外层列表的商品筛选项，这样可以最大限度地满足商品的筛选需求，并且所有的功能都通用，只需开发一次。这样的设计模式不仅兼容性强，而且符合面向对象的设计思路。

6. PaaS 化

　　通过 PaaS 化手段处理个性化需求，就是预制大量能覆盖客户个性化需求的 iPaaS 或 aPaaS 到底层的 PaaS 中。当客户提出个性化需求的时候，由服务商或者客户的开发工程师甚至非技术人员，进行低代码开发或无代码配置来满足个性化需求。

在处理个性化需求方面，PaaS 的优势是降低了开发成本，提升了效率和客户满意度。难点在于需要预测大量的客户低频需求，才能覆盖个性化的需求场景。搭建 PaaS 服务，不仅依赖服务商的技术能力和资源，更依赖服务商对客户业务生态的了解，这样才能事先将大量客户可能用到的差异化、碎片化功能点做成可组装拼搭、二次开发的服务。

个性化和标准化需求是相对的，并贯穿于产品服务的始终。尽管我们一直希望产品能实现标准化，但也需要重视个性化需求，因为只有重视客户的每一个诉求，才有机会掌握市场动向。

在处理个性化需求的时候，服务商可以先将明确且合理的需求通过标准化产品方案加以实现，因为实现这些需求在产品搭建初期一定是性价比最高的。然后尝试满足部分客户的个性化需求，尽量争取更多的深度客户。在这个过程中既要掌握一定的原则，比如以价值为导向，也要以服务商自身的状况和发展阶段为依据，灵活调整服务方式，不让产品锁死服务。

12.3 全面看待 SaaS 产品的标准化与个性化

为了更好地理解和处理 SaaS 服务，我们需要结合实践，全面看待和分析 SaaS 产品的标准化与个性化。

12.3.1 标准化与个性化的 3 个层面

在软件领域，标准化和个性化可以引申到 3 个层面：交付层面、需求层面、产品层面。这 3 个层面都与 SaaS 产品有着紧密的关系。

1. 交付层面的标准化与个性化

交付层面的标准化与个性化表现了服务商与客户在产品交付模式上的差异。标准化交付模式就是服务商无差别地为所有客户提供标准化的产品，双方是供应与采购的关系。客户首先遴选服务商的产品，然后进行试用、商谈，最后签约交付。很多 SaaS 产品都是这样的模式，比如通用版纷享销客、基础版钉钉等。标准化交付模式是软件行业产品化和市场化的表现，供需双方所受到的限制和束缚较小，促进了产品的多样性和交易的灵活性，也是 SaaS 产品理想的交付模式。

个性化交付模式是指服务商为客户提供个性化服务，双方是雇用关系。作为甲方的客户雇用了作为乙方的服务商，乙方需要按照甲方的要求进行一对一的需求定向开发。这种模式有两个特点：一个是双方存在相对严格的约束关系，比如需求范围、验收标准、交付清单等方面的约束；另一个是单次且定向，即一款产品往往只发生一次交付，接受者为一个或若干个明确的特定客户，交付完成之后产品的所有权和使用权归客户所有。

通常来说，标准化交付和个性化交付这两种模式是市场供需水平、成本、价格、客户量等多方博弈的结果，是可以相互转化的。一般规律是服务商倾向于标准化交付，这样服务成本相对较低，产品价格相对较低，客户量就会相对增加，服务商更容易占领市场并获得收益，总体而言对服务商是有利的。客户的个性化需求是标准化产品无法满足的，对这部分客户就可能需要采用个性化交付模式。个性化交付模式下研发成本和产品价格通常会增加，因为产品是定制的，不具有通用性，所以这部分产品的客户量就会相对减少。出于营收等方面的考虑，服务商需要重新评估自身的服务定位，调整产品交付模式，如此就形成了如图 12-5 所示的动态关系。

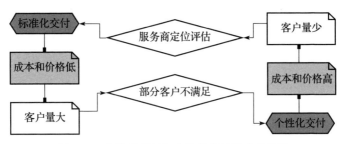

图 12-5　标准化交付与个性化交付的动态关系

2. 需求层面的标准化与个性化

SaaS 产品面向不同的客户，不同客户的需求会有所差异，这就导致面向客户进行需求收集的时候，会产生离散形态的需求分布，大部分是普通需求，小部分是个体需求，如图 12-6 所示。

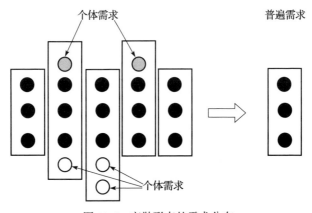

图 12-6　离散形态的需求分布

相同领域和客户群体下，需求呈现离散形态分布的主要影响因素有时间因素、空间因素、行业或业务特殊因素等。

（1）时间因素　时间因素带来的需求差异化分布一方面是由于客户在不同发展阶段的需求是不同的，另一方面受社会发展不同时期的宏观影响，例如5G普及前后客户对移动在线办公的诉求是不同的。

（2）空间因素　空间因素的影响主要体现在不同地区的客户会有地区性差异的需求上。例如医药有地域性政策的差异，A地区的医保药品清单、医保支付比例、使用条件等，与B地区无法通用。因此A、B两地的客户需求就是空间因素导致的差异化需求。

（3）行业或业务特殊因素　一些细分行业或业务场景本身具有特殊性，所需的服务就会表现出差异化。例如一款给中小型企业客户使用的商城SaaS系统，可以给蛋糕店使用，也可以给药店使用。如果是给药店使用，就会发现部分药店提供虚拟服务，如推拿、按摩，那么在商品管理板块这些虚拟服务就没有库存盘点、商品养护等概念，也无须与仓库系统对接。

3. 产品层面的个性化与标准化

产品层面的个性化与标准化指的是产品在实现标准化的过程中，因为某些原因而导致偏离标准化目标，趋于个性化。

产品由功能构成，功能是对需求的映射，如图12-7所示，从产品的定位开始，设想产品的需求覆盖区，若将其视为标准化需求区域，那么产品需要命中这部分区域才能实现

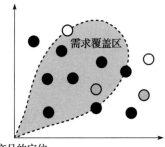

图12-7　产品的需求覆盖区示意图

标准化。在实现过程中，无论因为方案决策的误差，还是技术实现的障碍，都可能导致产品与标准化需求范围有一定的出入，从而导致产品偏离实际的标准化范围。

作为产品负责人，产品经理需要秉承"做正确的事"的态度，对产品定位、需求范围、实现标准等核心节点做好把控，降低预期与实现的偏差，尽量让产品落在需求覆盖区中。

12.3.2 关于 SaaS 产品个性化的话题

1. 持续服务的理念

SaaS 产品的主旨是解决客户问题，一改传统软件一次交易的理念，SaaS 产品的销售只是为客户提供服务的起点，随后的很长一段时间里都需要持续收集客户的需求，关注并认真对待客户的动态需求，持续迭代产品。

2. 招商过程的过度承诺

在招商的过程中，客户关心的是"产品是否满足我的需求"。为了尽快完成销售任务，销售人员可能会夸大功能和额外承诺。在签约后，产品经理和开发人员面临着客户提出新需求而骑虎难下的局面，只有不断升级和优化 SaaS 产品才能促成续费。

3. 大客户的影响

客户对 SaaS 产品的个性化要求，主要基于客户所处行业的标准化程度。一般可以从客户对业务有无明确的定义、有无规范的业务流程、业务组织是否完整等几个方面观察客户所处行业的标准化程度。

客户所在行业的标准化程度越高，越容易产生标准化的需求。需要注意的是，客户规模和标准化程度不成正比，可能会出现企业规模越大，个性化需求越多的现象。

4. 赛道挤压

高兼容的赛道往往通用性高，所有客户的需求基本无差别，更容易实现标准化，比如远程视频会议领域的Zoom、钉钉、企业微信、WeLink、飞书等。这样的领域基本没有或者很难有新SaaS服务商入场的机会。

余下的垂直行业，也就是低兼容的赛道，相对而言受巨头围追堵截的压力小一些，当服务商入局的时候，会发现兼容性越低，行业越垂直，客户标准的一致性就越低，个性化需求就越多。

5. 供需双方的认知偏差

客户和服务商的认知偏差也会影响SaaS产品的标准化。比如付费行为导致客户感觉自己拥有的是SaaS的所有权，而不仅仅是使用权。就算不是强烈的需求，客户也会向服务商提出个性化需求。

而客户的这种心理，也反向影响了服务商。部分服务商将功能"多"作为SaaS产品的亮点，甚至产生"电影院效应"[⊖]而导致友商之间的恶性竞争，进而影响SaaS的标准化。

6. 云部署的中心化特性

传统软件多是本地化部署给客户的，遇到单个客户的个性化

⊖　电影院效应是指在电影院看电影时，前排有人站起来，如果不想被遮挡，后排的人也只能站起来，最终导致整个电影院的观众不得不全部起立看电影。这体现了一种过度竞争的状态。

需求，可能在现场就完成了本地升级，因此个性化需求的问题止步于客户端，不会影响产品的通用版本和其他客户。

相对于传统软件，SaaS 产品往往是将一套通用的代码部署在云端。这是一种偏向于中心化的部署方式，一旦遇到个性化需求，就必须回到中心（即云端）迭代 SaaS 产品的共用代码。

一款标准化的 SaaS 产品往往由于以上种种原因而具有更加显著的个性化问题。在遇到很多个性化需求时，服务商只能继续开发，增加额外的功能并配以增值服务，进一步适配客户需求以求得客户不流失，这个过程如图 12-8 所示。

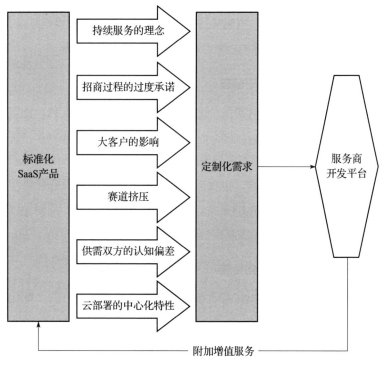

图 12-8　SaaS 遇到个性化需求时的持续迭代

12.3.3 标准化的辩证法视角

SaaS 产品经理最头疼的，莫过于这样的场景：一边是老客户的要求，一边是给新客户的承诺；一边是项目经理追问进度，一边是竞争对手恶意竞争；一边是老板要看业绩，一边是开发和测试的抱怨。

2021 年，笔者在线上分享 SaaS 个性化和标准化的经验时，产品经理提问最多的两类问题是：SaaS 产品是不是应该坚持原则、不为所动地按照标准设计？产品经理觉得不能开发，但是外部施压非要开发的时候，该怎么办？

对于这两类问题，我们可以从两个方面辩证地思考和看待。

1. 是不是标准的 SaaS 产品重要吗

如果不是通用的标准化产品，还值不值得做？这是产品经理经常纠结的一个问题。

有关调查显示，我国 89% 的中小企业处于数字化转型探索阶段，仅有 3% 的中小企业处于数字化转型深度应用阶段。这就是企业总是习惯于把数字化转型效果和使用的 SaaS 产品联系在一起的原因。客户以为用了 SaaS 产品就是数字化转型，反之，数字化转型效果不好一定是没用对 SaaS 产品。

解决行业问题获得多边价值是企业永恒的追求。合理的个性化需求，最终必然需要服务商提供解决方案，产品呈现为泛 SaaS 化的形态，是再正常不过的。是不是标准的 SaaS 产品其实不太重要，一些被视为伪 SaaS 的产品也具有存在的合理性。

2. 服务商的定位是 SaaS 吗

事实上很多 SaaS 服务商自己都不清楚究竟承担什么样的角

色，也就是没有找准产品定位。企业内部没有形成共识，一方面产品经理想用更标准化的产品来满足更广泛的市场需求，另一方面销售人员为了签约，恨不得答应给每个客户都做个性化定制，最终导致销售人员和产品经理的矛盾越来越大。

笔者工作过的一家SaaS服务公司一开始是做SaaS化智能办公OA系统的，由于市场推广效果很差，最终放弃该款产品。后来公司认为客户需要的不是产品，而是销售能力，于是转做营销方案提供商。后面的几年，公司的业务主体还在变，如今业务主体变为"沉浸式新文创技术内容服务商"了。单看这个拗口的主体命名，很难知道是做什么业务。这个例子充分体现了中小型SaaS创业公司的被动和迷茫。在这样的公司里做SaaS产品经理的困惑可想而知。

如果不清楚公司业务定位和产品定位，产品经理需要找老板谈，要定下来在可预见的一段时间内做什么，可以只做标准化的SaaS产品，也可以做收益可观的个性化产品，但无论如何，这个定位必须明确。不朝着一个方向发力，就会白白浪费多年的所谓的探索，最终无法沉淀出自己的客户群体或核心业务。

SaaS 产品的可配置性

可配置性是软件中一直存在的需求，在 SaaS 产品上尤其需要重视并加以利用。一方面，可配置性是 SaaS 产品成熟度模型等级划分的重要参考；另一方面，具备可配置性的 SaaS 产品可以快速、灵活地适应多样化的客户需求，因而可配置性是 SaaS 产品竞争力的重要表现，也是客户选品的参考。

13.1 可配置性概述

可配置性指的是 SaaS 产品可以通过可视化或者非可视化的配置操作，快速完成对客户需求的响应。可配置性是对标准化 SaaS

产品的补充，在产品功能定义中需要掌握一定的灵活度。

13.1.1 传统软件与 SaaS 产品在配置方面的比较

在传统的应用系统中，也会考虑系统的可配置性，主要是为了适应业务参数的高频变化或者运行环境的变化。如图 13-1 所示的"数据字典"就是产品可配置性的典型表现。

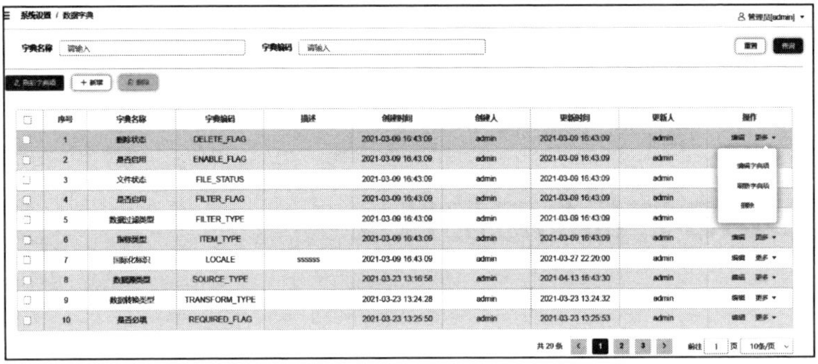

图 13-1　某系统的"数据字典"配置界面

类似的配置功能在 SaaS 产品中是通用的，但 SaaS 多租户环境下的配置与传统软件的配置在许多方面存在很大区别，并且更加复杂，需要投入更多精力去思考，如表 13-1 所示。

表 13-1　传统软件配置与 SaaS 多租户环境下的配置比较

比较项	传统软件配置	SaaS 多租户环境下的配置
相关度	与软件特征相关	与租户特征相关
配置时间	一般在系统运行前配置	在系统运行过程中配置
数量	系统内只有一份	一个租户一份配置
使用人员	由运行、维护或实施人员配置	由租户管理员来修改和配置
作用范围	整个系统内有效	对租户数据有效
装载时机	系统初始时装载	使用时动态装载

13.1.2　综合评估 SaaS 产品的可配置性

虽然标准化是 SaaS 模式比较理想的产品形态，但绝对标准化的产品会丧失一部分客户。规模化的客户群体不太会为绝对标准化的产品买单，不同客户的需求存在差异性，产品不够灵活就无法适应客户的业务需要。

产品也不能过于灵活，因为灵活度过高甚至接近独立定制的产品意味着开发成本增加，开发周期变长，最终降低产品的可及性。为此，在标准化产品的基础上增加可灵活配置的功能变得很有必要。可配置性与其说是 SaaS 产品的亮点，不如说是对标准化产品的补充。那么是不是只做一个基础的功能，其余的大部分功能都做成配置化的，就能满足绝大多数客户的需求了呢？答案是否定的。

开发 SaaS 产品是为了帮助客户解决问题，同时希望客户能持续使用产品，持续付费。如果灵活配置的功能太多，配置项就会增多，反而导致页面不简洁，增加客户的学习成本，而且还会大大增加 SaaS 产品自身的开发成本和开发周期。

在实践中我们发现，过多的可配置功能，很多中小型客户根本就不用，或者不会用。客户更需要一套固定的模板。我们需要通过综合评估（包括对客户的理解、收入方式、客户服务投入度等），把握产品可配置性的程度。

13.2　SaaS 订阅套餐的可配置性

SaaS 应用要实现"按需使用，按需付费"，需要支持客户选择自己需要的功能集合和订阅模式，这就需要实现 SaaS 订阅套餐的可配置性。

实现 SaaS 订阅套餐的可配置性主要包括准备 SaaS 资源池、配置销售包、配置订阅属性、交付订阅套餐等。

13.2.1 准备 SaaS 资源池

我们将 SaaS 产品视为一个功能资源池，资源池连接云端，客户接入并使用 SaaS 服务。资源池主要包括功能应用、运算逻辑、数据存储等。基于云服务的可切割性，SaaS 资源池可以从客户角度拆分成不同的功能单元，我们称之为"原子功能"，如图 13-2 所示。

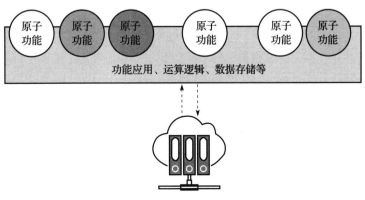

图 13-2 SaaS 资源池

1. 划分原子功能

所谓原子功能，就是系统中最小的功能单位。原子功能通常会遵从 MECE 原则，需要满足如下要点。

❑ 每个原子功能都是有价值的。

❑ 原子功能不可再分。

❑ 原子功能之间互不重叠，且不遗漏。

❑ 原子功能之间不循环依赖。

以"每个原子功能都是有价值的"为例，原子功能要有一个衡量尺度，就是能完成一件对客户有意义的事情。例如新建账号时，系统会对管理员输入的手机号等信息进行验证，但这种验证只是新建账号的一个步骤，并不能帮助客户获得一个账号，也就不能将其划分成一个原子功能。

除了关注原子功能所具有的价值外，在划分原子功能时，还需要基于既定功能架构尽量做到每个原子功能都是不可再分的。例如针对表单的录入，在创建时往往会区分新建表单和提交表单，这两个操作对客户而言都是具有意义的，划分原子功能时，应该拆分新建表单和提交表单两个原子功能。

在分解时，还需要关注原子功能之间的关系，做到互不重叠，且不遗漏。原子功能的分解需要保持系统的完整性。

原子功能之间不循环依赖指的是尽量将原子功能设计为独立完成价值交付，避免调用所有原子功能的情况。需要注意的是，部分原子功能之间的依赖是被允许的。例如，订单管理系统具有查看订单操作日志的功能，该功能依赖于"订单列表"的权限，如果租户没有购买订单列表功能，那么查看订单操作日志功能也是没有意义的。

2. 原子功能定义

在实际操作中，还需要对划分的原子功能进行定义。所谓功能定义就是对原子功能进行描述，定义名称、关键字、内容描述等信息。其中名称和内容描述便于对原子功能进行详细的介绍，关键字对该原子功能进行唯一标识，在系统上需要时刻确保标识的唯一性。

3. 功能包设计

通过划分原子功能以及对原子功能的定义，基本实现了最小颗粒度功能单元的梳理，接下来还需要将原子功能有机地组合成功能包。如图 13-3 所示，将不同的原子功能组合成 3 个不同的功能包。

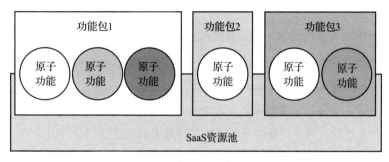

图 13-3　功能包设计示意图

之所以提出功能包的概念，是因为：一方面，原子功能的使用并不是完全独立的，很多功能是协同实现的；另一方面，如果产品只具有原子功能，并不能高效实现套餐化，原子功能太多太细，直接对这些原子功能进行管理是十分复杂、烦琐的事情。

功能包就是一组具有关联性、依赖性的原子功能的集合。功能包的设计需要按照功能定义和依赖关系进行，并遵循高内聚、低耦合的原则，将具有关联性的原子功能聚合在一起。功能包与功能包之间要尽量减少依赖关系，尽可能保证每个功能包都单独使用。

13.2.2　配置销售包

我们为客户提供的是SaaS产品，为了让客户购买后能够充分使用产品完成整个业务链路闭环，还需要按不同的商业意图构建适合客户使用的销售包。在这个环节中，需要兼顾产品、市场、业务、客户付费能力、商业化等因素，将这些功能包前置组装成能快速命中客户痛点的销售包。

把功能包按照业务场景和客户习惯配置成销售包，针对这个产品就可以差异化定价后供客户选择。如图13-4所示，不同销售包含有的功能包会有所区别，我们可以用基础版、高级版、尊享版等进行区分。

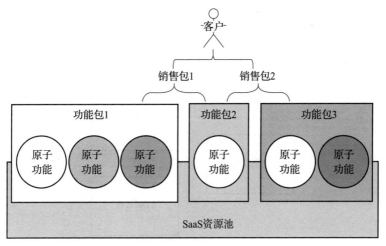

图 13-4　配置销售包示意图

13.2.3 配置订阅属性

配置 SaaS 产品的销售包之后，是不是就可以推广给客户了呢？还不行。此时为客户提供的 SaaS 权益还不完善，需要配置 SaaS 的订阅属性。

订阅属性是在客户购买的销售包之上，搭配一个或多个用来表征客户订阅计量维度的字段。订阅属性配有相应的计量单位，常见的 SaaS 订阅属性和计量单位如表 13-2 所示。

表 13-2　常见的 SaaS 订阅属性和计量单位

订阅属性	计量单位
订阅周期	周、月、季度、半年、年
容量	MB、GB、TB、PB、EB
设备数	台、个
人数	人
信息数	条

订阅属性与销售包是两个不同的维度，可以分别设置参数，再搭配组成订阅套餐，如图 13-5 所示。

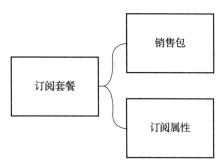

图 13-5　订阅属性与销售包组成订阅套餐

13.2.4 交付订阅套餐

订阅套餐的设计原则是根据客户的业务需要进行搭配的，实际上同一行业的客户，业务场景基本相似，订阅套餐也不会有太大差异。比如在电商业务中，客户需要的套餐往往是商品管理、商品库存同步、订单履约等，具有明确且独立的业务场景。图 13-6 为某 SaaS 产品的套餐管理界面。

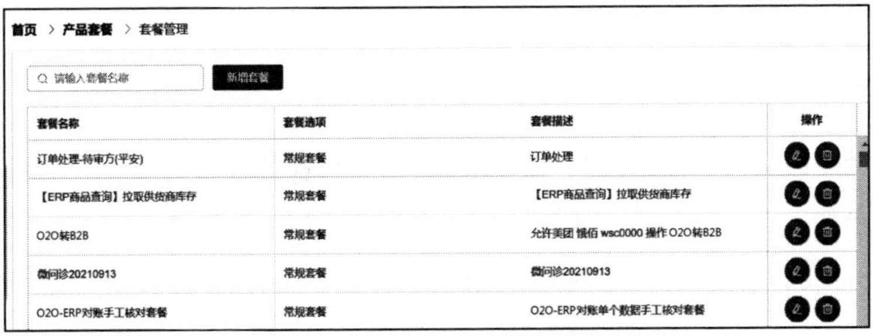

图 13-6　某 SaaS 产品的套餐管理界面

SaaS 订阅套餐有相应的收费标准，客户支付的费用仅指定权限的业务人员可见。图 13-7 所示是 SaaS 服务商后台看到的商户列表和套餐配置入口。

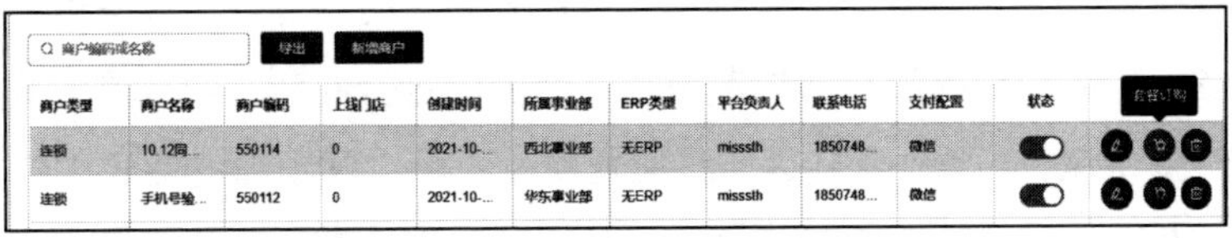

图 13-7　商户列表和套餐配置入口

交付订阅套餐之后，客户可以在销售包和订阅属性这两个层面进行套餐升级，这为 SaaS 运营创造了很大的发挥空间。

13.3 SaaS 功能的可配置性

订阅套餐的可配置性实现了将 SaaS 产品在内容和价格方面灵活地交付给目标客户，客户在使用 SaaS 产品的过程中，对具体的功能也会有个性化的要求。笔者将常见的功能配置分为三类：A/B 选项式配置、积木组装式配置、非结构化信息配置。

13.3.1 A/B 选项式配置

举个例子，某服务商打造了一套智慧景区 SaaS 系统，该系统的一级模块"商品管理"包含门票（指付费门票）子模块，需求场景如下。

❑ 有的景区需要游客付费购买门票，而有的景区则不需要。

❑ 有的景区入园时需要游客出示身份证，而有的景区则不需要。

这是两个常见的需求场景，不同的景区有不同的个性化需求，该如何进行产品设计呢？

通过梳理发现，对于免费门票和付费门票的业务逻辑，在景区工作人员的工作流程里是相似的，不同之处在于有的景区门票收费，有的不收费。由此可见，只需要在"门票管理"模块里配置一个"是否收费"的配置项，就能解决这个问题。如果要为游客提供免费门票，工作人员将配置项设置为"否"，操作界面中的销售价格等内容就会被置灰；如果门票需要收费，则将配置项设置为"是"，操作界面就会显示销售价格等信息。

对于第二个需求用同样的方法，在"门票管理"模块里配置一个"景区可选择取票时是否需要出示身份证"的配置项即可解决。

上述例子中配置功能的特点是配置对象对不同的客户具有差异，且变化范围是可控的，可以使用 A/B 选项式配置实现功能。

13.3.2　积木组装式配置

仍以景区 SaaS 系统为例，如果每个景区都希望 SaaS 服务商为自己提供一个游客选购商品、购买商品的店铺（或者叫作商城系统），并且景区对店铺的诉求各不相同。对于这样的个性化需求，我们对比如下两种方案。

第一种方案是开发多套景区系统供景区选择。这样做的缺点是，投入的产研成本会越来越高，而开发出来的店铺模板景区也不一定满意。显然这不是 SaaS 服务商的理想选择。

第二种方案是只开发一套景区 SaaS 系统，增加一个店铺模板自定义功能，景区可以自由增加、删除、修改店铺模板中的功能组件。

显然第二种方案更合理，就像为客户准备了积木，客户自行组装即可搭建店铺。

企业微信里有一款叫作微伴助手的插件，该插件有一个功能是围绕客户的全生命周期做精细化运营管理。微伴助手所服务客户的业务逻辑不一样，客户的全生命周期节点也不一样。为了解决这一差异化问题，微伴助手提供了一套可配置的全生命周期管理方案，供客户自行编辑、增加、删除。

在 Jira 中，项目角色初始值可以只设为项目经理，在此基础上客户可以根据需要自行配置项目角色的枚举值。例如建筑项目可以将"配置工程师""设计师""研发工程师"等配置成项目角色，如图 13-8 所示。

图 13-8　Jira 中配置项目角色的操作界面

从以上案例中我们可以看到以下规律：

首先，要为客户做好默认项的设置。例如景区门票通常要收费，那么默认配置为收费。

其次，要定义好可配置的范围。横向决定哪些参数可以配置，纵向决定这些参数的配置项可以有哪些枚举值。例如"客户生命周期"是一个可以配置的参数，"新客户"和"老客户"就是枚举值。

在一个模型当中，自由参数越多，能拟合的维度就越高。但参数太多会增加运算复杂度，越简单的算法效率越高。可配置参数要根据业务的边界、业务延展性等因素综合确定。

13.3.3　非结构化信息配置

A/B 选项式配置和积木组装式配置都是比较整洁的配置类型，还有一些非结构化信息配置，比如层次和位置的配置、命名的配置等。

1. 层次和位置的配置

为了更符合客户的使用习惯，菜单的层次结构也需要进行配置。比如在管理库存的 SaaS 系统中，业务场景中入库、出库、挪库、临时出库等操作都需要审核。有的客户希望这几个审核对应的菜单独立展示，因为入库审核、出库审核、挪库审核、临时出库审核等对应的审核人员不同，在各自的菜单中查看和操作比较容易管理。有的客户则需要把各类审核统一纳入审核管理母菜单，这样便于集中审核所有的库存操作。

这种需求需要实现菜单层次结构的可配置，客户通过挪动菜单的顺序和位置来实现差异化需求。

2. 命名的配置

同样的功能，在不同行业可能会对应不同的术语，例如对于"客户姓名"这个标签，有的客户会定义为"顾客姓名"，有的客户会定义为"代理商姓名"。

对页面元素的命名、位置、个数、顺序等元素的配置及动态展示，是 SaaS 系统实现跨行业使用的基本要求。

13.4　流程可配置性

流程即在组织内部流转的一系列相关活动的过程，通常是指业务流程。流程是企业运作的基础，企业部门之间、成员之间乃至和客户之间都需要依靠流程进行协作。好的流程能提升工作效率，为企业提供服务的 SaaS 产品中，业务流程对客户具有重要的影响。

SaaS 的一个重要特征是多租户共用一个代码实例，而要求所有租户使用相同流程是满足不了其个性化需求的，因此最好的解决方法就是实现流程可配置。

13.4.1 流程配置模型

想要支持不同租户对同一领域流程的配置化，需要利用模型来规范 SaaS 流程配置单元的颗粒度、复用性。

运用业务连续性管理的指导思想，将业务流转过程中涉及的核心模块拆分成组件，再根据租户的需要对服务流程组件进行生产和组装，从而实现流程可配置性。

1. 定义流程配置模型的组件

流程配置模型可以借鉴加工通道的原理，即在产品生产流水线中，原材料通过一个事先配置好的通道，经过多次加工，得到预期的产品。把原材料看作初始数据，把通道看作数据关联，把加工站看作一个个服务，初始数据通过数据关联可以找到服务，服务生成的数据再经过数据关联找到下一个服务，直到完成最后一道工序，即走完了流程。而流程配置化就是在必要的时候对通道上的原材料做适当的处理，如挪动位置、改变形状等。基于加工通道原理，流程配置模型中的组件可分为以下几类。

（1）服务　流程配置模型中的服务是指可重复使用的用于执行特定任务的模块。服务相当于操作，服务的上游是输入，下游是输出，输入和输出分别表示被操作的对象。服务可以看作一个三元组 $S = (A, I, O)$，其中 A 代表所做的操作，I 代表输入，O 代表输出，如图 13-9 所示。

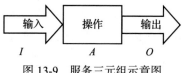

图 13-9　服务三元组示意图

（2）规则　规则的作用是对模型中输入的数据进行判断，并依据判断结果选择下一个关联。规则可以抽象为三部分：输入、条件、出口。规则可以看作一个四元组 $R = (D, M, A1, A2)$，其中 D 代表输入，M 代表一组条件，用来对输入内容进行判断，出口 $A1$ 和 $A2$ 分别代表满足或不满足条件后的关联关系，如图 13-10 所示。

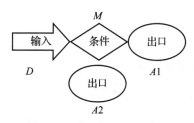

图 13-10　规则四元组示意图

（3）关联　流程配置模型中关联的作用是连接服务与规则。通过关联，将不同功能的服务串联起来，进而实现业务数据的流转。关联可以看作一个五元组 $A = (DI, DO, I, O, M)$。其中 I、O 分别代表入口和出口，DI、DO 分别代表数据的输入和输出，M 代表筛选的条件，如图 13-11 所示。

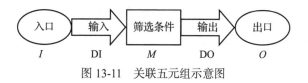

图 13-11　关联五元组示意图

（4）节点　流程配置模型中定义节点是为了支持并行时序，也就是当多个关联组件执行时需要有统一的起点，如图13-12所示。多个关联汇聚在一起，这样执行完各自的任务后，可以同时触发后续任务。

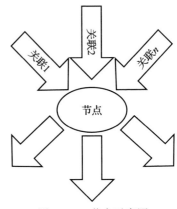

（5）约束与依赖　约束是针对 SaaS 模式多租户情况提出的，在实现流程可配置时，需要添加约束来确保租户数据的隔离。依赖描述的是规则与规则之间的关系，存在数值与逻辑互为条件或不可分离的情况。

图 13-12　节点示意图

2. 流程配置模型组装

基于以上要素，可以组装最基本、最简单的流程配置模型，如图 13-13 所示。

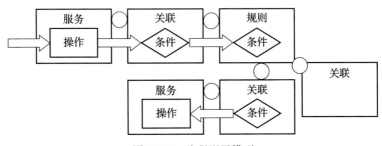

图 13-13　流程配置模型

从图 13-13 可以看出，流程配置模型中关联是连接服务和规则的中介，将二者串联起来，就合成了一个新的服务。由于服务是多租户共享的，没有租户差别，因此可以将服务看作不可变点；而规则可根据租户的需求进行自定义，是可定制化配置点。

业务领域下的流程配置模型包括但不限于串行流程配置模型、并行流程配置模型、分支循环流程配置模型。

（1）串行流程配置模型　串行流程配置模型实现的是基于串行流程的可配置性，即完成一个业务后，继续完成下一个业务，中间没有分支等复杂的变化，如图 13-14 所示。

图 13-14　串行流程配置模型

（2）并行流程配置模型　并行流程配置模型实现的是基于并行流程的可配置性，即完成了业务 1 以后，在节点 1 处同时开始若干个业务，全部完成后，在节点 2 再触发后续业务，如图 13-15 所示。

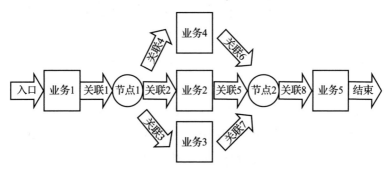

图 13-15　并行流程配置模型

（3）分支循环流程配置模型　分支循环流程配置模型如图 13-16 所示，执行完业务 1 后，根据规则 1 的条件进行判断来选择执行后续业务。

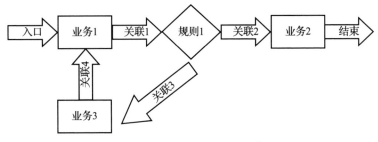

图 13-16　分支循环流程配置模型

13.4.2　流程配置模型的应用

本节以 SaaS 架构的物流平台为例，介绍如何利用流程配置模型进行流程的定制。

假设租户 A 和租户 B 这两家公司都想为自己仓库中的一批货找一个承运商。租户 A 选择承运商的流程是，根据货物的库存确定：如果大于 300 件就在平台中查找整车的信息，将车辆位置和接货时间（两天之内）都合适的车辆筛选出来，根据价格计算，选择其中最实惠的车辆，这个车辆所属的承运商即被选中；如果小于 300 件，则选筛选出车辆位置和接货时间都合适的零担商（零担是相对整车而言的），再从中选择价格最低的来运输。

租户 B 不考虑采用零担商运输，更重视快速地将货物运送出去，它选择承运商的流程是，查找整车的信息，将车辆位置和接货时间（当天）都合适的车辆筛选出来，根据车辆所属承运商的信誉，选择信誉最好的承运商。如果没有符合要求的车辆，则选择空运。查找货机[○]的信息，将符合要求的货机筛选出来，选择其中

　　○　货机指用于载运货物的运输飞机，通常专指用于商业飞行的民用货运飞机。

信誉最好的承运商。

针对租户 A 和租户 B 的需求，按如下步骤设计流程配置模型。

第一步，定义租户 A、租户 B 涉及的服务，并提取到服务池中，如表 13-3 所示，表中 S1～S5 分别表示第一步～第五步。

表 13-3　定义服务

	S1	S2	S3	S4	S5
操作	查询库存	查询整车	查询零担商	通知承运商	查询货机
输入	运单号	始发地目的地	始发地目的地	承运商信息	始发地目的地
输出	货物数始发地目的地	集合【整车信息】	集合【零担信息】	无	集合【货主信息】

第二步，对租户 A 和租户 B 分别进行规则建模，规则建模结果如表 13-4、表 13-5 所示。

表 13-4　租户 A 的流程规则建模

规则编号	入口	条件	是	否
AR1	AL1	数量 >300	AL2	AL5
AR2	AL3	整车数 >0	AL4	结束
AR3	AL6	零担数 >0	AL7	结束

表 13-5　租户 B 的流程规则建模

规则编号	入口	条件	是	否
BR1	BL1	整车数量 >0	BL2	BL3
BR2	BL4	货机数量 >0	BL5	结束

第三步，为租户 A 和租户 B 进行关联建模，分别如表 13-6、表 13-7 所示。

表 13-6 租户 A 的流程关联建模

关联编号	入口	筛选条件	输出	出口
AL1	S1	无	货运单数量 货运单信息	R1
AL2	R1	无	货运单信息	S2
AL3	S2	两天之内地点匹配	集合【整车】	R2
AL4	R2	价格最低	承运商信息	S4
AL5	R1	无	货运单信息	S3
AL6	S3	两天之内地点匹配	集合【零担】	R3
AL7	R3	价格最低	承运商信息	S4

表 13-7 租户 B 的流程关联建模

关联编号	入口	筛选条件	输出	出口
BL1	S2	一天之内地点匹配	集合【整车】	BR1
BL2	BR1	信誉最好	承运商信息	S4
BL3	BR1	无	运单信息	S5
BL4	S5	一天之内地点匹配	集合【货机】	BR2
BL5	BR2	信誉最好	承运商信息	S4

第四步，对租户 A 和租户 B 的流程进行模型定制，即定义租户 A 和租户 B 的独特流程，分别如图 13-17、图 13-18 所示。

基于以上，便输出了租户 A 和租户 B 的流程配置模型，在实现 SaaS 流程可配置性的过程中，开发人员可以专注于具体的服务实现，包括数据库、组件等。

在实际的技术方案中，会用到流程引擎。流程引擎主要由服务组合器和异常监听器组成。服务组合器用来对服务池中的服务进行调度，执行操作并把结果或异常情况进行反馈。由于对租户的数据进行隔离，因此流程引擎在运行时会根据当前操作账户所属的租户，去查找属于该租户的流程，然后实例化流程。

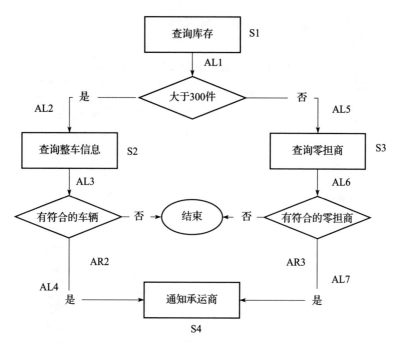

图 13-17 租户 A 的流程配置

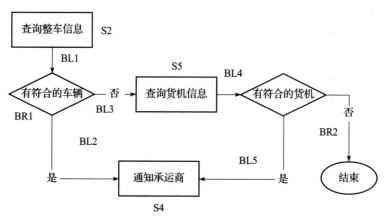

图 13-18 租户 B 的流程配置

13.4.3　流程可配置性的功能呈现

SaaS 流程的个性化配置是要交付给客户自己操作的，要为客户提供可操作的功能界面。

在流程可配置性方面，SaaS 应用与传统应用在本质上没有太大的区别。只是在多租户的 SaaS 应用中，租户之间的流程和数据要进行隔离。图 13-19 所示为某 SaaS 系统对审批流程的配置化设置。

图 13-19　SaaS 系统对审批流程的配置化设置

在图 13-19 中，SaaS 系统为客户提供了可以自行配置的审批功能。以"价格调整"为例，客户选择发起机构，并添加审批步骤。审批步骤可以分多个阶段进行，每个审批阶段可以配置审批机构、审批角色，也可以配置固定的审批人员。

在设计流程配置界面时，主要考虑流程拆分、节点把控、权限设置等环节。

（1）流程拆分　流程拆分主要起到确定数据流向的作用。当客户希望将不同的数据交给不同的人处理时，就可以添加流程分支进行流程拆分，让申请数据进入多个节点的路线。

（2）节点把控　流程中的节点是指数据在流转过程中经过的各个任务阶段，如申请人节点、审批节点、填写节点、抄送节点、自动化处理节点等。在流程节点中通常可以添加负责人，设置各类操作，如审批、退回等。

❑ 申请人节点：流程的初始节点，可以在此配置与申请人相关的内容。

❑ 审批节点：适用于流程中存在上下级审核关系的场景，负责人可选择通过、退回或拒绝申请。

❑ 填写节点：适用于协作类流程，在申请人、负责人之间需要相互提供内容支持时使用。

❑ 抄送节点：适用于流转结果的抄送，可以抄送上一层负责人的处理结果，起到通知的作用。

❑ 自动化处理节点：当触发设置好的条件时，自动新增数据或修改数据。

（3）权限设置　权限设置可以为节点配置权限，比如市场和销售部门的出差报销申请，申请范围仅为市场和销售部门成员；产品部门的客户意见调查，申请范围是所有客户。

除了节点配置权限，我们也可以对字段进行权限配置。图 13-20 所示为某 SaaS 产品的表单流程模块，可以针对某一节点或者某一固定字段进行权限设置。

图 13-20　某 SaaS 产品的表单流程模块

13.5　数据可配置性

数据可配置性指的是技术层面对数据表或元数据的配置。

13.5.1　数据表配置

在 SaaS 多租户模型下，租户可能会要求扩展表字段。以 CRM 系统为例，租户 A 希望能保存客户纪念日、客户来源等信息，而这些数据租户 B 并不需要，这种情况下就需要提供扩展字段。

对扩展数据的处理，在传统软件模式中相对简单。在传统软件模式中，一个客户对应一套软件及数据库实例，系统可以根据客户的要求定制数据库实例。在 SaaS 模式中，多个租户共用同一套实例，如果依旧采用传统定制化模式，数据库必将产生大量多余的字段，进而影响数据库的性能。

最常见的解决方案就是实现数据表可配置，包含如下 3 种主流的解决方案。

1. 定制字段

根据客户的需求，在数据表中增加相应的字段。对于 SaaS 多租户模型，如果每一个租户都添加自己所需的字段，那么势必会使表中字段多如牛毛，随着定制字段的增多，将产生大量无意义的字段，严重影响数据库性能。定制字段虽然是最简单的解决方案，但并不是最好的。

2. 预分配字段

预分配字段的实现逻辑是在设计数据表结构时，预留几个无意义的字段，根据实际运行过程所需的业务要求，为这些字段赋予实际的业务意义。

与定制字段方案相比，预分配字段也是在数据表中增加字段来存储扩展数据，但这些预分配的字段事先是没有特定含义的。对不同的租户来说，这些预留字段可以存储不同含义的数据。

对于同一租户来说，一个扩展字段只能用来保存同一含义的数据。这些字段的数量也是有限的，不会随着租户数量的上升而不断增加。具体预设多少个预分配字段，要根据应用场景和扩展数据的需求来定。

预分配字段在一定程度上满足了租户对于拓展数据的需求，但并不是完美的解决方案，依旧存在如下不足。

❏ 可拓展性差：预分配字段数无法实时把控，需要在数据库设计前期就确定预留字段的个数。预留字段过多会造成浪费，预留字段不够则无法支撑扩展使用。

❏ 数据类型难把控：预分配字段可能需要存储字符类型，也可能需要存储日期类型，具体的类型无法把控。当然，也可以统一存储为字符类型，需要根据实际的业务要求，在代码逻辑中实现类型的转换。

3. 扩展表

预分配字段方案很好地实现了数据的可配置性，但预分配字段的个数在系统设计时就确定了，而 SaaS 应用要面对的是形形色色的客户，对数据表字段的需求存在不确定性。为了解决这个问题，可以将扩展数据与原数据表分离，另外用一张统一的扩展数据表来保存。扩展数据表就是取原数据表中的关联字段，新建一张数据表，类似于将原数据表的横向扩展字段转换成纵向数据行。例如原始的订单表中，需要补充订单的税额、备注等信息，但是原订单表已经无法添加字段，这时候可以在扩展表中完成。

扩展表方案为扩展数据的保存提供了非常大的灵活性，可以提供无限的自定义扩展字段。租户可以根据业务需要不断增加自定义数据。这种模式在带来灵活性的同时，也增加了数据操作的复杂性。新增、修改和删除数据时，都需要对自定义数据进行分拆处理。查询数据时，也需要多次访问数据库才能获取完整的业务数据，无法针对扩展字段方便地进行统计和关联查询。这些操作都会影响数据访问的性能。

13.5.2　元数据配置

对于一个完整的 SaaS 应用来说，会有很多功能模块需要实现可配置性。如果各功能模块单独考虑可配置性的实现，对于系统业务逻辑的实现来说是非常复杂的。这样做不容易实现统一，客户体验会很差，功能业务的逻辑也会变得复杂，在系统中实现可配置性的成本就会非常高。对于通用逻辑，如果分散到业务逻辑中处理，是不符合设计复用原则的。

同一类多项配置可以统一实现，即脱离业务逻辑实现统一的数据可配置、功能可配置、界面可配置。为此，可以考虑将这些配置参数进行抽象，对于系统内可配置的扩展点，以及租户基于这些扩展点进行配置的内容进行统一管理。从技术层面上，可以将可配置的参数在元数据上进行统一。

元数据又称中介数据、中继数据，指的是描述数据的数据，主要描述数据属性的信息，用来支持指示存储位置、历史数据、资源查找、文件记录等功能。

SaaS 应用中要管理的可配置参数包括表、原子功能、功能包、菜单、页面、页面元素等。可以将这些参数称作配置元。对于这些配置元，可以采取模型驱动架构的思想进行抽象，得到配置元的通用数据模型，以及通用数据以外的扩展数据。通过提供一整套统一的公共接口来使用和操作这些配置数据。

由应用开发者来设计系统中可以配置的元数据，由租户管理员在统一的界面中管理元数据，整个系统基于公共的元数据服务来运行。简化业务功能并实现可配置性，同时保证统一的配置规划和管理风格。

SaaS 产品的生态化与集成

如果试图做一款大而全的产品，覆盖客户所有的业务场景，就会出现产品越做越臃肿、越来越不好用的情况。如果向客户提供单一细分场景的产品，又不能覆盖客户的业务范围，且容易导致系统孤立，增加被替代的风险。如何应对这种两难的局面呢？

借鉴国外的经验，绝大多数成功的 SaaS 产品是向着小而美发展的，并且在聚焦核心业务的基础上，通过互相集成形成互补，达到 1＋1＞2 的效果，甚至形成企业级服务生态体系。SaaS 服务商需要思考这种生态化的价值和实现途径，并熟悉产品集成相关的知识。

14.1　SaaS 产品的生态化

先来看一个故事：有个人在一个小山村开了一家理发店，另一个人看到理发店生意不错，也跑过来开理发店。第三个人看到前两家理发店生意挺好，也来开理发店，但一个小山村能有多少人？于是三家理发店在想尽办法宣传、降价、竞争后，因为赚不到钱都倒闭了。

这个故事还有另外一个版本：第二个人觉得理发店可以聚集人气，就在旁边开了一间杂货铺。然后修车的、卖车的、开饭店的都来了，几年以后，这个偏僻的山村变成了有人气的小城镇。

这个故事和 SaaS 行业很像。2015 年之后，已经没有哪个 SaaS 行业敢说自己处于蓝海了，因为每一条赛道都有无数厂商入局。陆续还出现了各厂商不合作的现象，哪怕核心功能还不够好，依然想方设法拓展边界，通过融资、降价等手段试图占领更多的市场份额。

这种局面下，需要有一种生态化的思维指导 SaaS 产品的走向。所谓 SaaS 生态化，就是基于对客户业务生态的理解，用发展的、联系的、开放的眼光和思维来打造 SaaS 产品，并最终实现价值愿景。

14.1.1　SaaS 产品生态化的意义

SaaS 产品向生态化发展，主要是为了适应 SaaS 服务的开放性发展趋势，满足客户业务完整度的需要，最大化发挥产品的价值以及适应生态平台的网络效应。

1. SaaS 服务的开放性发展趋势

在过去信息化水平不太高的时期，服务商资源有限，服务商之间的信息差、资源差就是竞争的核心。早期的 SaaS 产品更多的是对友商的防备，缺乏共享和生态化的意识。

如今互联网时代的信息趋向拉平，封闭保守、不开放就会被时代抛弃。反之，从封闭走向开放，可以收缩战线，把目光聚焦在自己的核心业务上，将自己擅长的领域做精、做强。通过强强联合，实现生态共建。

2. 业务完整度的需要

在过去，为了满足客户需求，SaaS 服务商不得不抽出人力、物力去开发自己不熟悉的功能。比如 CRM 服务商开发人力、财务系统，仅仅是因为客户在购买 CRM 产品的时候，也想使用其他模块的功能。

SaaS 是一种更加重视行业经验积累的服务模式，很多看似简单的模块，背后的业务逻辑是环环相扣的。仓促开发没有深入研究的功能，很难提升 SaaS 的整体能力，客户用了也不会满意，谈客户成功，谈续费率，更是难上加难。一味被动地累加功能既不能很好地服务客户，又大大增加了服务商的成本。

在这种情况下，可以考虑与专业领域的服务商进行生态合作。事实证明，合作共建的效果，往往优于独自构建大而全但不强的系统的效果。

3. 最大化发挥产品的价值

每个 SaaS 产品都有其所属的生态，如行业文化、业务属性、客户群体、产品调性等。SaaS产品的能力和价值，只有在其所属的生态环境下，与该生态下的其他产品形成互补，才能发挥最佳的效果。这也是成功的SaaS厂商努力扩大SaaS产品对外集成能力的原因。

从国外排名前15的大型SaaS厂商所集成的外部SaaS产品数量中可以看出，主流的SaaS产品平均能与300个其他SaaS产品进行业务集成，而大平台的SaaS产品支持的集成产品更多，比如Salesforce的产品可以集成近4 000个其他产品。这些大厂商通过联合外部SaaS厂商形成生态化服务能力，向客户提供优质服务。

从这个意义上看，评价一个SaaS产品的能力和价值，不单要看其自身的功能，还要理解它所属的生态，以及集成到生态化产品群体中的能力。

4. 生态平台的网络效应

生态平台指的是在平台模式支撑下，具有自我闭环、自我融洽能力，具有内部价值链和生命力的商业协同网络环境。随着使用和加入生态平台的第三方服务商和客户不断增多，生态平台的发展速度会越来越快，价值会越来越高，从而促使更多的第三方服务商和SaaS产品进入生态平台。这就是网络效应，对于服务商而言无疑是一种助力，可以提升获客效率、降低的边际成本，以及形成竞争壁垒。

目前，国内已经有不少SaaS服务商通过加入生态平台而表现出一定的网络效应。

❑ 小鹅通：在微信生态中降低连接老师和学生的成本。

❑ 腾讯会议、Zoom：通过在线会议连接企业和个人。

❏ 盖雅工场：在灵活用工领域连接蓝领和企业。

❏ 上上签：通过电子签名将行业和企业连接在一起。

❏ 诺信创联：连接医疗机构和医生。

❏ 先胜业财：连接财务从业者、企业和报告需求方等。

14.1.2 SaaS产品生态化的条件

既然服务商之间合作共建的效果优于自建大而全的系统，那么 SaaS 企业达成合作，或者直接组合在一起不就可以共赢了吗？实际上建立 SaaS 产品生态这件事难度极大，需要在意识、组织、环境、参与者的专业度和规模等方面具备相应的条件。

1. 意识

通常 SaaS 创业者的关注点都在自己的赛道上，没有意识到可以与相关联的服务商形成生态化合作。即使意识到了，还要对其他服务商有足够的信赖，缺少信赖也是 SaaS 生态化遇到的障碍之一。

2. 组织

虽说生态化不需要组织者，但目前国内市场环境下，需要有组织者来建立一些标准或规范。一旦生态中有多家 SaaS 服务商参与，就不可避免地存在利益关系。有利益就会有竞争，如果没有组织规范，内卷会在生态内部再次产生。

3. 环境

这里的环境有两方面含义，一方面指的是参与者的 SaaS 产品本身需要有成熟的对外对接能力。如果 SaaS 系统本身就是封闭的，不开放 API，那么显然就是一个障碍。

另一方面指的是建立 SaaS 产品生态需要有可以共享的基础设施、应用平台和公共服务等。比如云计算、AI、区块链等底层技术，在 SaaS 产品生态搭建中充当底座、支柱的角色。基于统一标准的基座，更有利于生态化集成的落地。之所以较多谈到 SaaS 产品生态的是腾讯、阿里、华为等大型互联网企业，是因为它们的云服务等基础设施已经触达各行各业，而国内诸多 SaaS 产品也刚好搭建、运行在这样的基石上。

4. 参与者的专业度和规模

对参与生态化的服务商而言，首先要有专业的、过硬的 SaaS 产品。然后，在客户群体方面最好有一定的规模，毕竟客户群体是衡量产品效果的重要因素。

14.1.3　SaaS 产品生态化案例

所谓生态化的实现，是通过对相关 SaaS 产品的功能进行集成，提供面向某一行业业务的数字化服务。这种生态化并不是几个 SaaS 产品的随机拼凑，而是符合行业特点和事先设计的业务组合。

正如一些业内人士的观点，从某种意义上看，SaaS 产品就是为产业互联网服务的。而产业互联网之下的 SaaS 产品不仅是功能层面的构建、对接、集成，更多的是不同生态位的相互补齐。

医疗互联网 J 公司和跨国药企 Y 公司都持有 7.7% 的股权入

股 W 信息软件公司，某种意义上看就是生态位的补齐。W 信息软件公司是医院管理软件的领头羊，有存量客户群体和大量的数据积累，对接了 W 信息软件就相当于对接了很多医院。如图 14-1 所示，在这个价值链之下，形成了医药流通核心要素的闭环。表面上看打通了医药供应链到医疗终端，3 个公司互为增长引擎，实际上背后的价值远不止于此，这就是产业生态的魅力。

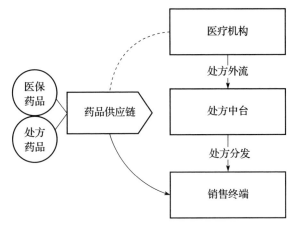

图 14-1　医药流通核心要素的闭环

　　在图 14-1 所示的闭环中，不再出现药品代工厂、药品批发商、药品销售代表，这些要素只能在价值链内部流转。于是省去了很多环节，实现了"产 – 供 – 销 – 研"一体化的最短价值链，这就是药品行业打通 SaaS 产品生态闭环的效果。像这样细分垂直行业的产业生态互联比比皆是。

　　2018 年，一款名为"薪人薪事"的 SaaS 产品接受金蝶的战略投资，重点打造数据价值应用能力，以数据驱动为核心，建立了 AI 化、集中化、实时化的数据中心。

"薪人薪事"在自身产品得到强化的基础上，于 2019 年开始打通企业微信、钉钉、飞书等第三方 IM（Instant Messaging，即时通信）平台，以及金蝶财税周边应用。融合并连接了财务系统、协同办公，打通了人力＋财务＋业务多渠道，"薪人薪事"最终实现了智能化数据共享、快捷模型分析、精准决策依据等全业务的一体化数据体系。

从这个案例可以看出，SaaS 生态化行业解决方案的本质是从单点竞争和切入方式，向联合获益模式转变。实际上是通过共享模式，使参与生态的各方成本最小化，而服务效能和效率最大化。

一方面，生态化的行业方案可以统一营销。另一方面，解决了客户选择 SaaS 产品的难题。SaaS 生态化行业方案通过触及和覆盖更多行业，产生新的行业增量市场，使 SaaS 摆脱内卷。

14.1.4　巨头们的 SaaS 产品生态化实践

一个相对成熟的 SaaS 产品生态，理论上可以把所有相关的 SaaS 厂商聚合到一个平台上。同一个生态的 SaaS 软件来自财务、人力、协同、营销等各个服务赛道，每一个细分赛道都有清晰的模块化布局。搭建 SaaS 产品生态不仅需要把厂商聚集到一起，还要保证各个厂商之间实现互联互通，包括数据互通、业务互通、商业逻辑互通等。

搭建 SaaS 产品生态，不仅需要平台，更需要玩家。有实力的 SaaS 公司会通过收购、合作、开放 API 等方式，组织和主导生态化进程，比如阿里巴巴、腾讯、华为。

- ❑ 阿里巴巴：阿里云 + 钉钉 + SaaS 合作伙伴。
- ❑ 腾讯：腾讯云 + 企业微信 + SaaS 合作伙伴。
- ❑ 华为：华为云 + WeLink + SaaS 合作伙伴。

巨头们尝试用一系列战略、计划吸引更多的 SaaS 厂商加入自己的生态。比如阿里云的"被集成"战略，以全盘收购的方式将投资标的纳入生态版图；腾讯的 SaaS 产品生态"千帆计划"，倡导"把半条命交给合作伙伴"；华为云的 SaaS 应用扶持计划等。国外服务商在 SaaS 产品生态构建上，每个大型 SaaS 企业都有各自的应用市场，而且是可扩展的，比如 Shopify 的插件库。

以腾讯全面入局 SaaS 产品为例，首先腾讯云作为 SaaS 产品生态的底座，为生态建设提供了设施环境。在服务大量 SaaS 产品的基础上，根据 SaaS 产品的运行特征，腾讯云建立了完备的 SaaS 服务支撑能力。其次，布局在腾讯云上的企业微信、腾讯企点和腾讯会议等关键应用，解决了云上 SaaS 的入口、连接和服务需求，为 SaaS 产品生态提供公共服务。最后，腾讯通过"千帆计划"，汇聚了各个细分赛道的上千家 SaaS 公司，形成了国内最大的 SaaS 产品生态资源池，起到了开放生态组织者的作用。在腾讯云的基础上部署场景连接器等平台服务，解决了生态内部 SaaS 产品的互联互通问题。进入生态的 SaaS 产品只需要关注自己的业务，无须考虑平台底层的问题。这使得 SaaS 产品加入生态更加便捷和低成本。

值得一提的是，"千帆计划"已经开发了若干行业的生态化行业解决方案。比如美业、教育、智慧零售等生态方案都已成熟，实现了由"千帆"到"舰队"的跃迁。

14.2 SaaS 产品的集成

SaaS 产品生态化是一种开放和共建的思想，要实际落地通常需要以集成开发的方式进行。

14.2.1 集成的基本知识

1. 集成的概念和范畴

集成就是将多个事物集合在一起。在 IT 领域，集成通常包括硬件的集成、软件的集成、信息（数据、代码等）的集成等。围绕集成又有很多衍生概念，比如集成开发平台、集成规范、集成开发环境等。在日常 IT 工作中，常提到的集成通常是指代码集成、集成开发环境、系统集成。

（1）代码集成 代码集成即开发人员将分支代码集成到主干代码上，通常发生在多人或多线开发模式下。每个产品版本都有代码集成，对应到测试层面就需要进行单元测试和集成测试。

（2）集成开发环境 集成开发环境（Integrated Development Environment，IDE）是提供程序开发环境的应用程序，一般包括代码编辑器、编译器、调试器和图形用户界面等工具。它是集代码编写功能、分析功能、编译功能、调试功能等于一体的开发软件服务套件。开发者可以通过 IDE 提供的代码高亮、代码补全、语法错误提示、函数追踪、断点调试等功能提高开发效率。作为一名程序开发人员，不管使用哪门语言开发，都有很多可以选择的集成开发环境。

IPD（Integrated Product Development，集成产品开发）是一个

容易与 IDE 混淆的概念。IPD 指的是经营管理开发模式、理念和方法，而不是一套最终确定的流程。

（3）系统集成　系统集成是指不同系统之间的集成行为，是系统之间的连接与打通。系统集成通常是基于整体规划后，通过系统或中间件进行有机的对接、嵌入或融合，将各个分离的功能和信息载体，通过一定程度的代码开发实现关联、统一和协调，使资源充分共享，实现集中、高效、便利的管理。

2. SaaS 集成

我们通常所说的 SaaS 集成属于系统集成的范畴。SaaS 集成通常包括多套内部系统集成、内外部系统集成、新旧系统集成等场景。

（1）多套内部系统集成　将多套内部系统融合在一起，可以改变数据孤岛的情况。比如国内某个 SaaS 服务商拥有单模块的 SaaS 产品体系，就像一个个子系统，由不同的事业部负责。前期单模块产品分别销售给客户，后期为了形成企业一体化管理的 SaaS 体系，自动打通多个子系统，提供针对中小微企业的先进数字化模式及完整的 IT 服务。

（2）内外部系统集成　内部系统与外部系统或中间件集成在一起，可以实现强强联合。比如易快报、销售易与纷享销客数据对接，将纷享销客的人员信息同步至易快报，将易快报的待办列表推送至纷享销客的协同办公待办提醒，将销售易的费用申请单和费用报销单信息同步至纷享销客等，最终可以实现从获客到转化到留存的全链路数字化，如图 14-2 所示。

（3）新旧系统集成　很多客户不止采购一套系统，可能多个系统之间的采购时间跨度很长，虽然旧的系统已经不再维护，但是客户不能丢弃旧系统的数据，这时候就需要通过集成的方式打通新旧系统。

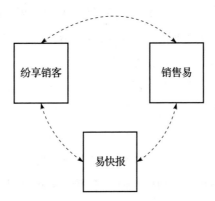

图 14-2　易快报、纷享销客、销售易的数据相互集成

14.2.2　SaaS 系统集成的意义

1. 客户的诉求

随着数字化、线上化的发展，越来越多的企业开始采购不同功能的 SaaS 产品，用于提升企业运营效率，同一个企业使用多个 SaaS 软件的情况非常普遍。

一份来自权威机构的 SaaS 趋势报告显示，拥有 200 ～ 500 名员工的企业 SaaS 更新换代非常普遍，企业员工人均使用 8 个应用，企业在 SaaS 上的支出和部署保持持续上升的态势。

不同 SaaS 产品之间不互通，对客户而言就形成了"数据孤岛"。数据分散在不同的系统，容易导致数据滞后及不准确，造成决策错误、管理困难等问题。由于缺乏统一的数据来源和自动分享机制，项目、采购、销售、运营及财务等部门容易产生争执，导致业务停滞不前。长此以往，会产生应用的冗余和低效问题，从而影响企业的管理与运营。

从需求市场的角度来看，企业都有"1＋1＋N"的理想化诉求。

- ❏ 1个平台：通过一套综合管理平台为企业提供高效易用、无感体验、无人管理的科技办公方式。
- ❏ 1个id：通过1个客户id可以操作所有受控系统，掌控所有资源，包括人员管理、资源管理等。
- ❏ N个子系统：对接现有的及未来建设的子系统和信息系统。

SaaS产品的客户经常提到在某个SaaS使用场景中想看到第三方SaaS系统的数据或功能，但由于两个SaaS产品没有基于客户场景的集成，因此这种需求就表现为"个性化需求"。

2. SaaS服务商的生态化价值

近年来，SaaS产品的成熟度不断提高，各类产品在不断突破界限进行跨界和融合。系统集成可以为企业提供价值增益和核心竞争力，为客户提供多样化、细致的服务。例如，为了提高产品易用性，可将视频会议嵌入业务型SaaS产品，和业务系统做深度集成。客户可直接在业务SaaS产品中使用视频会议功能，不必单独下载视频会议应用。

对于视频会议SaaS厂商而言，被业务型SaaS厂商集成，相当于拓展了自身的获客渠道。对于业务型SaaS厂商而言，主动集成视频会议，能够扩展产品能力，提高产品的易用性，为客户提供增值服务。SaaS服务商之间实现了共赢，同时也惠及了客户。

事实证明，诸如大数据、云平台等业务的迅猛发展，都离不开系统集成。规模较大的 SaaS 服务商往往都有自己的 PaaS 集成平台，用于单点登录集成、统一消息集成、工作流集成、报表集成、云 SaaS API 集成、互联网电子商务 API 集成、ERP 集成等。

3. SaaS 产品体系本身的自我完善

很多 SaaS 服务商学习国外的标准 SaaS 产品——做小而美，不做大而全，专注核心业务。同时又遵循为客户成功服务的宗旨，但客户的诉求往往不是单一的，而是业务生态化的。这就意味着后续需要用集成的方式取长补短，形成企业级服务生态。

国外标准 SaaS 模型如图 14-3 所示，其中的可扩展性意味着 SaaS 产品可以或应当通过类似集成的手段自我完善。

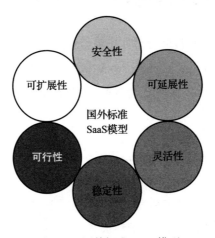

图 14-3　国外标准 SaaS 模型

SaaS 服务商一开始往往是围绕客户的关键需求去设计产品，随着客户业务诉求的变化，SaaS 产品中的可扩展性就开始出现变化。解决途径之一就是针对企业客户场景实现集成，企业需要什么，就快速集成扩展什么。

如果服务商不主动进行集成，客户就会自行采购第三方服务，对客户而言会出现成本高、可复制性不强等问题。反过来，如果SaaS服务商主动对客户的应用场景进行总结，帮助客户输出预制化的插件或者API，就可以大大降低集成的成本，提升整体可复制性，进而提升SaaS产品的市场竞争力，激励更多客户使用SaaS产品，而不是选择第三方服务。

未来企业级服务市场会形成以个别巨头为核心的局面，其他中小型服务公司转向这些核心系统，通过集成的方式实现生态共建。

14.2.3　SaaS集成前后的商业路径对比

SaaS集成的程度和合理性决定了服务商协作的深度和最终产品的价值。集成之后的多个服务商相当于形成了一种联盟，在商业模式或者运营推广层面也会显示出特殊的优势。

1. 集成之前

在集成之前，SaaS服务商通常是独立作战，商业路径往往是SaaS服务商→渠道商→客户，即SaaS服务商将SaaS产品发布后给到推广渠道，由渠道商完成客户触达。这个路径的特点是由服务商负责交付和使用效果，盈利水平较低，如图14-4所示。

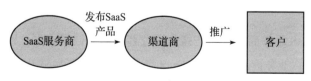

图 14-4　集成之前的商业路径

2. 集成之后

在集成之后，SaaS 服务商相当于加入了一个价值共建的生态联盟。由联盟共同作战，商业路径是 SaaS 服务商→联盟→渠道商→客户。如图 14-5 所示，SaaS 服务商发布 SaaS 产品后，与其他服务商进行集成，形成生态联盟，然后将产品集成发布给渠道商，由渠道商完成客户触达。

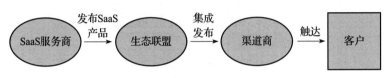

图 14-5　集成之后的商业路径

SaaS 服务商将产品与生态联盟的其他产品集成，产品形态以解决方案为主，且能力突出，由联盟负责交付事宜，通常表现为客单价低但订单量高。典型的 SaaS 服务商代表如友空间、明源云等。

有关数据显示，82% 的 SaaS 服务商选择加入生态联盟，阿里、华为和腾讯是生态联盟首选，中小型 SaaS 服务商选择阿里云 SaaS 加速器的比例达到 30%，其次是华为云和钉钉，如图 14-6 所示。

14.2.4　SaaS 集成的方式和内容

1. 系统集成的两种实现方式

第一种是通过 API 集成。API 通常以 HTTP 的形式提供，隐藏的含义是只要符合定义的标准，就可以使用。对于软件公司来说，就是留出 API，让别的应用程序可以调用，同时隐藏代码，不涉及商业机密。对于应用开发者来说，有了开放的 API，就可以直接调用多个成熟的功能来实现自己的应用，不需要所有的事情都自己操刀，节省精力。

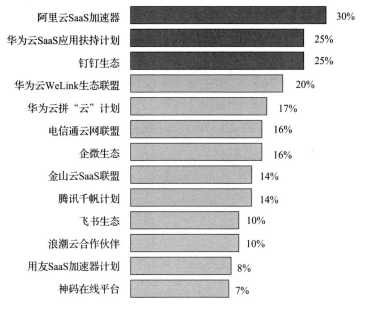

图 14-6　SaaS 服务商加入生态联盟的分布

云计算、共享经济时代，API 就是 SaaS 服务商为客户提供服务的方法。例如，网易云基于 IM 技术打造 SaaS 服务，开发者通过集成客户端 SDK 和云端 Open API，即可快速实现强大的通信与视频功能。这种 API 对接的方式可以是调用对方的接口，也可以是自己开发接口被对方调用，或者是双方都有接口，如图 14-7所示。

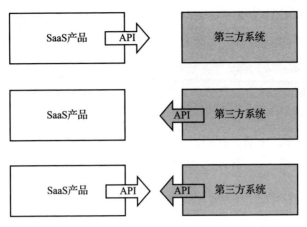

图 14-7　API 对接的方式

第二种是搭建集成平台，也就是预先将不同系统的 API 进行整合封装，外部想要使用这些系统，只需要做简单的代码处理，设置可视化配置，省去了系统调试的工作量。

集成平台类似于 iPaaS，如图 14-8 所示，一个好的集成平台可以大幅降低集成成本，并拥有较好的可维护性。

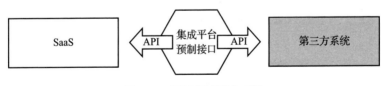

图 14-8　通过集成平台对接

2. 系统集成的内容

通常系统集成包括应用集成和数据集成两大类。

应用集成主要基于各个业务系统之间的请求和调用，并实现功能层面的支撑，比如将法大大的电子合同 SDK 集成到已有的

SaaS 系统中，就可以在 SaaS 系统中引入人员认证、合同签章等功能，也可以触发法大大的对外功能页面，跳转到法大大的合同外链中完成业务操作。

数据集成主要是将各个系统所产生的数据进行汇总、清洗，并以新的组织结构进行存储，形成数据仓库，以便后续对数据进行分析、挖掘和利用，如图 14-9 所示，关键实现点可用 ETL（Extract-Transform-Load，抽取 – 转换 – 加载）表示。

- ❑ 数据抽取：连接各个业务系统的数据库，抽取数据库日志和事务数据。

- ❑ 数据转换：抽取数据后，对数据进行验证、清洗，根据规则执行转换。

- ❑ 数据加载：将处理好的数据加载到目标数据库。

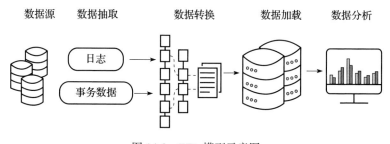

图 14-9　ETL 模型示意图

由于集成前的数据往往分散在不同的系统和服务中，因此为了避免给生产数据库带来较大压力，ETL 过程会先将源头系统的数据抽取到中间数据库（临时库）中，数据转换、数据加载都会发生在临时库中，以最大限度地降低对生产数据库的影响，然后进入后续环节，如图 14-10 所示。

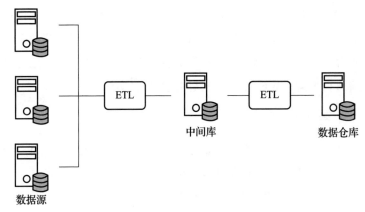

图 14-10　ETL 过程

14.2.5　SaaS 集成的难点和注意事项

1. 场景多

集成类项目为多种类型项目的统称，根据不同的应用场景，可以拆分或组合成不同的解决方案，如统一应用集成方案、统一门户集成方案、数据治理集成方案、SOA（Service-Oriented Architecture，面向服务架构）综合集成方案等。

对于同一种方案，由于客户的业务特殊性和行业要求，通常不会直接用标准方案进行项目实施，而是对产品功能进行定制或扩展，对方案进行调整，提供差异化的解决方案，包括产品组合、技术架构个性化定制等。

2. 产品杂

SaaS 集成项目主要用于解决异构应用系统之间的功能、信息、数据的有效传递，并对客户、数据等进行有效的治理。由于列入计划集成的产品往往是客户购入的不同厂商、不同平台、不同技术、不同语言的应用，甚至是与其他第三方平台已经有集成关系的产品，因此需要对产品本身的兼容性、开发程度、厂商的配合性等进行平衡，甚至需要多方共同进行项目实施。

3. 牵扯广

进入集成项目阶段的企业通常已经具备较为完善的 IT 基础设施环境，处于整体信息化建设的中后期，项目中会接触不同行业的各类软件，这就需要产品经理对不同行业、不同业务场景、不同厂商的软硬件和网络等有一定的了解和实战经验。

IT 技术发展迅速，项目中一定会接触到前沿技术的应用及融合，这些都很考验实施方产品、方案及团队的软硬实力。

4. 周期长

集成类项目往往比应用系统的实施周期更长。市面上大多数人力资源、财务、库存应用系统，可能现场实施、安装两天即可完成，而集成类项目可能需要实施数月甚至一年。对于难度较高的项目，需要分阶段、分期进行，涉及前期需求调研、功能设计，中期实施开发、上线测试，后期项目终验、运维服务等一系列工作。

14.2.6　SaaS 集成的案例

某服务商经过十多年发展，先后为客户提供了 O2O 业务的 SaaS 系统、B2C 业务的 SaaS 系统、供应链系统、综合服务 SaaS 中台，后来又收购了 CRM 系统、数据中台等业务，其服务体系分布如图 14-11 所示。

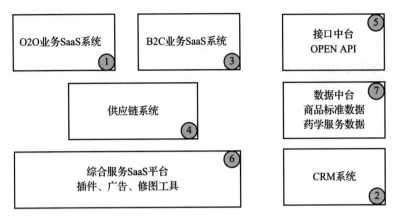

图14-11 某服务商的服务体系分布

由于系统和功能不断增多,很多客户甚至全套购进系统。客户反馈的问题主要是这些系统相对而言比较独立,带来了一定的使用难度和个性化诉求,具体表现如下。

1)多个系统的登录账号未打通。对于客户来说,处理一个完整的事件,需要切换多个系统,每个系统都需要重新登录,十分烦琐。举个例子,业务员打开最常用的审批系统,进入登录页,输入账号和密码。产生一个供货单位资质变更的业务时,需要在另一个系统查询相关信息。于是业务员在收藏夹里找到系统的登录地址,打开页面之后,发现不记得账号和密码了(这个系统不经常用到),于是翻了半天终于找到了,最后进入系统执行后续操作。这样一圈下来工作效率大大降低,客户体验非常差。

2)系统之间对接成本变大。两个独立的系统,往往使用独立的数据库。这两个系统的业务可能是有关联的,于是数据上也需要相互传输。

面对客户的诉求,服务商针对性地对个别数据进行打通,在这个过程中发现对接的链路很多。正如康威定律⊖提出的，n 个组织之间的沟通成本 = $n(n-1)/2$。同样，传统模式下 n 个孤立系统对接的最大次数也是 $n(n-1)/2$。各个孤立系统对接的接口如图 14-12 所示。

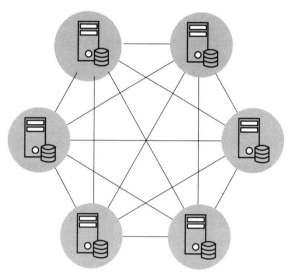

图 14-12　传统模式下各个孤立系统对接的接口

3）交互规范不一致导致误操作。不同系统的交互规范是不一样的，为了让客户使用更方便，服务商决定将系统进行适度的集成。

对该集成项目进行可行性论证，具体的论证过程就不赘述了。需要注意的是，集成不一定能带来合理的 ROI，尤其是业务功能的集成往往成本很高。一旦业务变了，集成就要更改，后续的维护成本也会相应增加。建议只做简单的组织、人事信息之间的集成，不

⊖ 康威定律是说组织沟通方式决定系统设计。《人月神话》中据此总结出了随着系统的增加系统间对接次数呈指数增长的规律：最大数量 = $n(n-1)/2$。

要做复杂的业务集成。该服务商第一期需要达到的目标如下。

1. 统一登入登出

平台集成首要解决的问题就是统一的登入登出，也就是客户只需要一次登录验证就可以访问其他的系统，解决需要记多个账号和密码的问题。并且只有一个登入登出口，可以避免系统 A 已退出，系统 B 还能使用，客户在离开后，没有将系统 B 也一并退出导致信息泄露的事故。

解决方案：平台采用 CAS（Central Authentication Service，中央认证服务）协议实现单点登录。提供单点登录的厂商有很多，可以根据自身情况选择合适的厂商。

2. 通知

需要将各个系统的消息通知功能做成统一的消息中台，统一制定模板、对象、触发引擎、规则等。

解决方案：子系统调用接口将通知和公告的标题、时间、详情地址等传递给集成平台统一管理。

3. 子系统主功能入口

该服务商将子系统的主功能集成到门户，通过权限进行控制，客户只能查看权限内的主功能，通过主功能入口进入系统。

解决方案：基于微前端架构，将子系统集中到一起，建立系统一级功能管理，由平台维护一级功能的按钮。

子系统需要平台提供一级功能的名称、图标、地址等，集成平台会建立集成平台的角色体系，用于配置集成平台的功能权限以及子系统一级功能菜单。

4. 用户管理体系

为方便管理，由集成平台建立统一的用户管理体系来管理整个平台所有系统的用户。

解决方案：集成平台建立统一的用户管理体系，对组织结构和用户的增加、删除、修改、查询、禁用、启用等操作在集成平台进行维护。集成平台向子系统提供接口同步组织结构和用户管理，由子系统为用户赋予角色权限。

5. 角色权限

其实集成平台对于其他子系统来说也是一个独立的子系统，只不过它的主要作用是向其他子系统赋能（提供集成能力），因此也是需要进行权限管理的。

6. 数据打通

以商品标品数据为例，商品标库原来是分别面向 B2C 业务和 O2O 业务的，因为 O2O 业务涵盖更广，所以变为标品数据直接对接 O2O 系统即可，而 B2C 的商品资料从 O2O 商品的线上标识中读取。

14.3　SaaS 产品生态化集成的趋势

1. 巨头的 SaaS 生态化集成布局

阿里云以"被生态伙伴集成"的方式打造细分行业解决方案，旨在更好地向终端客户提供服务。每个生态伙伴都有自己擅长的领域和独特的优势。阿里云面向开发者群体推出了 SaaS 加速器，为 SaaS 开发者带来了更好的支持。SaaS 加速器通过提供资源、资本、商机、培训等服务，支持 SaaS 服务商发展。

腾讯很早就引入了 SaaS 技术联盟平台，与 SaaS 合作伙伴一起解决服务交付、集成、研发过程中的难题，共同构建平台。在该平台上，各 SaaS 服务商可以共同研发数据连接组件，实现 SaaS 服务商之间相互调用集成的互联互通。这也是 SaaS 服务商及企业市场共同的诉求。

2. 生态化集成的竞合思想

SaaS 服务商之间的竞合是必然，难以把周边的业务都覆盖到系统中。在 SaaS 发展早期，服务商可能因为缺乏共享意识或者担心被复制而拒绝合作。现在 SaaS 服务商不再为生存忧虑，SaaS 的生态集成是大势所趋。这是一种竞合思想：竞品之间通过集成互补而实现合作。

3. 生态化集成以客户诉求为导向

通过集成，可以丰富客户的场景化、多元化需求，提高客户的迁移成本。集成之前，需要慎重考虑客户的感受和诉求。

目前看到的集成多少带有导流的性质，而导流最终必将损害客户的利益。有可能场景根本就用不上，这时候必须要思考：到底是为了把企业做大而做大，还是为了客户企业着想。

SaaS 的平台化与 PaaS

SaaS 的平台化往往具有增强客户黏性、获得更多主体方的支持等优势。有实力的服务商甚至会将这种平台化实践升级到 PaaS 领域，以此来支撑和强化 SaaS 的服务能力。

15.1 平台化思想与平台型 SaaS 产品

平台化思想和生态化思想相似，都是对 SaaS 的服务能力范围的扩展。本节我们具体了解下平台化思想，以及平台型 SaaS 产品。

15.1.1　SaaS 的平台化思想

美国著名预言家凯文·凯利有句名言："所有的公司都难逃一死，所有的城市都近乎不朽。"为什么这么说呢？因为所有的企业都是相对封闭的，像一个有围墙的花园。而城市是一个相对开放的系统，商业街的店铺会更新换代，商业也会越来越发达。从表面看，是因为城市就是一个业务流通的平台，总会有南来北往的人汇聚到城市中，带来新鲜事物。从底层看，是因为城市有适宜的规章制度、文化积累、基础设施（公路、桥梁、商场等）、财产保护制度等开放的基座，能够成为一个吸引人的平台。

从这段描述中可以分析出，城市的平台化有两层依赖：一层是依赖城市自身的条件，另一层是依赖人流汇集和参与。

同样，在 SaaS 服务能力的打磨上，也可以运用城市的平台化思想：一方面打造平台化产品业务能力，这是业务层面的平台化；另一方面拓展平台化底层建设，这是技术层面的平台化。

15.1.2　平台型 SaaS 产品

平台型 SaaS 产品指的是产品在业务服务范围方面的定位，即围绕所服务的业务生态，为客户搭建一个环境，使得相关主体在其上实现业务闭环，比如买家和卖家在淘宝上可以自成交易闭环。

一款 SaaS 产品是工具型的还是平台型的，主要取决于产品的客户群体和业务运转模式。

1. 工具型 SaaS 产品

工具型 SaaS 产品就是在特定的使用场景下，高效解决客户某一明确的诉求的 SaaS 产品。

工具型 SaaS 产品的特点主要是场景固定、需求明确、使用时间相对较短、客户的忠诚度相对较低、极易被替代。工具型 SaaS 产品的参与主体比较单一，甚至只有服务方和使用方，因此导致其服务能力比较单薄，被替代的壁垒相对较低，客户停留时长相对较短，供需双方关系相对松散，客户逃逸成本低。

2. 平台型 SaaS 产品

平台型 SaaS 产品除了提供较全面的场景化功能之外，往往还需要多方客户一起参与使用才能实现平台化效应。

比如客户想完成交易业务，平台型 SaaS 产品往往就需要支持客户进行商城快速开设、商品管理、订单管理、售后和顾客管理等，并提供物流和仓储系统。整个过程中，客户不需要自己搭建服务器、开发程序，只需要直接租用服务商的 SaaS 产品即可。

平台所支持的业务本身需要多方参与，即使很小的业务闭环，少了哪一方也不行。在完成一定的业务闭环的同时，平台类产品可以拓宽自己的业务面，以获得更高的开放度。

15.2 技术层面的平台化建设

技术支撑是产品实现业务能力的前提，要想高效、有保障地实现业务平台化，离不开技术层面的平台化构建。

15.2.1 技术层面的平台化构建

技术层面的平台化构建主要是指从技术层面把数据、界面、功能、服务等，通过接口或其他形式开放出来，吸引更多的角色加入产品建设。不论工具型还是平台型产品，都可以进行技术层面的平台化构建。

如图 15-1 所示，一款平台型 SaaS 产品在客户层支持不同角色参与使用。在产品层开放平台化构建，吸引平台支持层的 ISV、ISP（Internet Service Provider，互联网服务提供商）等角色加入。

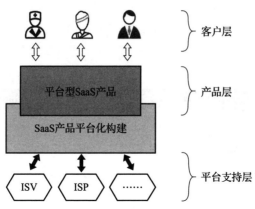

图 15-1　SaaS 产品的平台化构建结构示意图

SaaS 生态化的实现，是将 SaaS 与其他产品通过集成的手段融合在一起。而 SaaS 产品集成的前提是开放性，比如提供 Open API。

15.2.2 Open API

Open API 是第三方对外开放的 API。在计算机领域，接口是指两个不同事物交互的地方，其实就是信息对接的地方。对接了API 就是对接了一个包含逻辑的可执行程序，可以直接供外部使用，满足特定场景的需求。

在互联网时代，把网站的服务封装成一系列计算机易识别的数据接口并开放，供第三方开发者使用，这种行为就叫作开放网站 API，即 Open API。

按照制定者与遵循者的关系，Open API 可以简单划分成两个大类：专有 Open API 和标准 Open API。

Open API 文档描述 API 可以进行的对接工作、可以解决的场景问题等。阅读 Open API 文档是产品经理应具备的一项基本能力。

以京东到家的 Open API 为例，打开在线接口文档，找到 API 菜单，如图 15-2 所示。

图 15-2　京东到家的 API 菜单

面对这么多的 API，怎么找到目标 API 呢？多数情况下，我们是有明确目标的。比如我们要帮商户查询在京东到家平台上已发布的商品，那么就可以从 API 目录中的"商品类"菜单进入，来到图 15-3 所示的界面。

图 15-3　京东到家的"商品类"API 目录

这时候展示的信息还是挺多的，究竟哪个才是目标 API 呢？通过关键词搜索等方式可以将查询的范围进一步缩小。我们很快找到图 15-4 所示的 API。

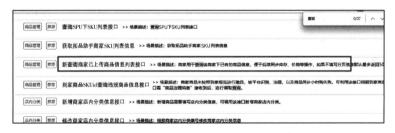

图 15-4　京东到家商品查询 API

打开图 15-5 所示的 API 详情界面。

进入详情页面之后，如何查看并分析该 API 是否满足诉求呢？首先关注 API 详情页面的"应用场景"，这里的描述可以帮助我们理解业务。如果描述的信息和我们的目标不一致，那么就说明可能找错了。

图 15-5　京东到家商品查询 API 详情界面

然后查看参数。很显然，图 15-6 所展示的应用级别输入参数都是非必需的，这就意味着该 API 的兼容性比较好。在接口字段中，可以查看系统能选择哪些参数。比如我们的系统中没有"到家商品编码"或 UPC（Universal Product Code，通用商品代码），那么就不使用该参数。

应用级别输入参数				
字段	类型	是否必须	示例值	描述
skuName	String	否	西瓜	商品名称(支持模糊查询)
upcCode	String	否	6921041426579	商品UPC编码
skuId	Long	否	2001124909	到家商品编码
pageNo	Integer	否	1	当前页
pageSize	Integer	否	建议值: 20	页面大小
isFilterDel	String	否	0	是否查出已删除的上传商品(0代表不查已删除商品,不填则查出全部商品)
返回结果				
字段	类型	示例值	描述	
			0表示成功，其他均为失败。	

图 15-6　API 的应用级别输入参数

出参是 API 中的返回结果，重点关注是否能满足我们对字段的要求。若字段和数据结构是满足要求的，我们就可以初步确定该接口。接下来看看返回示例，以佐证判断。如图 15-7 所示，"返回示例值"可以更加直观地展示数据格式和信息。

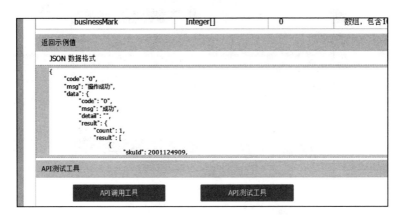

图 15-7 京东到家 API 的"返回示例值"

从 API 的描述来看,只提供了商品维度的数据,没有反映门店的信息。如果我们的数据结构是商品+门店的维度,比如矿泉水和书这两个商品,对应门店 A、门店 B,应该分成 4 条数据,那么双方的数据结构是不能对齐的。这时候就需要对疑问进行核实,如图 15-8 所示,可以从"在线问答"入口进行提工单咨询。

以上就是常见的 Open API 文档阅读过程。理解了文档的内容,就可以针对性地输出方案。

15.2.3 平台化构建的参与方

产品提供平台化能力是为了吸引丰富的产业链角色参与进来,这些角色主要包括 ISV(Independent Software Vendor,独立软件开发商)、ISP(Internet Service Provider,互联网服务提供商)、服务接口集成商、PaaS 平台提供商等。

图 15-8　京东到家 API 的"在线问答"入口

1. ISV

ISV 特指专门从事软件开发、生产、销售和服务的企业，如微软、甲骨文等。ISV 在开放平台上有两个角色，一个是应用软件的提供者和受益者，另一个是 ISP 服务的调用者和消费者。

❑ 应用软件的提供者和受益者：ISV 开发的软件在开放 SaaS 平台上集成后，终端客户在线使用这些应用，可根据周期、流量、次数等方式计费结算。

❑ ISP 服务的调用者和消费者：当 ISV 开发的应用需要集成 Open API，比如网店应用需要集成淘宝的商品搜索、修改商品信息等 API 时，ISV 就是服务的调用者。如果调用 API 需要收费，则 ISV 还是这些 API 的消费者。

2. ISP

ISP 一般指向客户提供互联网接入业务、信息业务和增值业务的电信运营商。作为 Open API 的提供方，ISP 向 ISV 提供数据或者商业逻辑服务的开发、发布、维护，经过开放 SaaS 平台的路由和授权，ISV 能够方便地接入和使用这些数据 API 服务。

3. 服务接口集成商

开放的 SaaS 平台需要为 ISP 和 ISV 之间的接口交互提供便利。这项工作的复杂性在于不同接口的参数规则化、数据消息体的格式化、接口调用的信息安全、接口的性能效率，以及接口的审计与计费工作。提供一个有效的、易用的服务接口集成系统对于 ISP 和 ISV 来说都相当重要，这关系到应用互联的客户体验。

服务接口集成商是软件互联平台生态圈中承上启下的一个角色，它以技术服务提供商的角色承担大量的技术服务，直接面对 ISP 和 ISV 的各类需求。服务接口集成商通过为 ISP 和 ISV 提供技术服务获取技术服务费。服务接口集成商在系统建设初期需要吸引 ISP 加盟，并为 ISV 提供免费服务。随着服务接口集成商的影响力和接口使用量增加，ISV 将为使用 ISP 的接口付费，而服务接口集成商可以从中收取一定的技术服务费。

4. PaaS 平台提供商

借助 PaaS 平台提供商的服务，ISV 不需要购买硬件和软件，只需要简单地在 PaaS 平台上创建一个应用，得到平台颁发的 App ID 和 Secret Code。在应用开发中，使用这些标识 ISV 身份的信息，即可调用 PaaS 提供的服务。通常这只需要简单地点击鼠标就能完成。利用 PaaS，ISV 能够创建、测试和部署一些有用的应用与服务，这与在基于数据中心的平台上进行软件开发相比，费用要低得多。这就是 PaaS 的价值所在。比如部署一个定制的数据库应用在 Force.com 上的开发时间仅仅是传统 App 服务的 1/40。

PaaS 体现了互联网低成本、高效率和规模化应用的特性。随着 PaaS 的发展，会诞生越来越多基于互联网服务的基础设施，大大降低应用软件的成本。

除了以上提到的角色，产品的平台化过程中还存在很多其他类型的软件服务商。比如专业的软件使用培训支持服务提供商、软件内的二次定制开发服务提供商等，软件提供商只需要专注于软件功能和质量的提升。

15.3 PaaS

SaaS 在技术层面的平台化建设仍旧没有脱离 SaaS 层面。如果有服务商将这种能力抽离出来，加以丰富和拓展，致力于为多个 SaaS 产品等提供底层支撑，并包装成可商业化应用的平台，那就相当于实现了 PaaS，用图 15-9 可以表示这种演变关系。

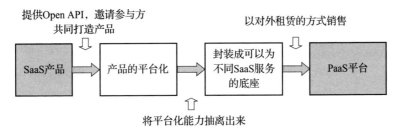

图 15-9　SaaS 产品、产品的平台化和 PaaS 之间的关系

PaaS 是以专业的平台作为交付物提供给客户的。而 PaaS 的客户通常是 SaaS 服务商，比如 A 服务商提供了 PaaS 服务，B 服务商就可以利用该 PaaS 提供的平台化服务能力搭建自己的 SaaS 产品。

15.3.1　aPaaS 与 iPaaS

PaaS 提供的平台化服务主要分为两类：aPaaS 和 iPaaS。

aPaaS 的 "a" 表示 application，即提供应用的平台。aPaaS 旨在满足企业追求灵活且性价比高的软件开发，降低开发门槛的需求，主要用在工作流、业务规则和业务逻辑上。aPaaS 平台更改可以增量地进行，也能立即发布，很容易快速部署应用程序。

这里不得不提一下低代码。低代码和无代码、少代码相似，原理都是低代码平台封装了所有在幕后工作的内容，为平台客户提供了可视化工具，使其可以轻松、快速地构建应用程序。低代码平台通常具有可复用的组件和拖曳工具，客户可以在平台中创建工作流程的特定步骤或功能。这些平台通常具有允许实验、原型制作、测试和部署等功能。

客户可以像画流程图一样创建应用程序，而不必为每个功能编写代码，直接将可视块（包含实际代码）拖曳到流程图中即可创建应用程序。考虑到低代码和无代码平台的工作方式，这种类型的应用程序开发工作有时称为单击开发或点击开发，甚至算不上开发。

aPaaS、低代码和无代码的关系如下。

- ❑ 低代码或无代码通常要封装成可视化平台界面，因为这样才能发挥其 "拖曳" 的优势。
- ❑ 低代码和无代码可以视为代码程度不同，原理基本相同。

- ❑ aPaaS 和低代码平台不能完全等同，aPaaS 是提供应用的平台，但是其外延可能更广。
- ❑ 从代码层面看，低代码并没有减少工作量。
- ❑ 如果要做出一个低代码的 aPaaS 平台，那么需要对业务所需的功能有很大程度的预判，否则达不到期望的效果。
- ❑ 低代码 aPaaS 平台对客户而言还有一定的配置麻烦，不一定是最优解。
- ❑ 当无代码 aPaaS 平台提供给非技术人员的时候，其实有些 SaaS 的性质了。

iPaaS 的"i"表示 interface。iPaaS 旨在打破企业内部各个软件造成的壁垒，减轻 IT 任务量。IT 团队可以从更集中的位置访问所有数据，快速和轻松地实现集成开发，从而减少了成本。

通过创建虚拟平台，iPaaS 连接应用程序和资源，创建一致的结构。iPaaS 框架创建了跨多个云、公共云与私有云、云与应用程序之间的资源无缝集成。因此 iPaaS 是需要技术人员参与的，以打通为中心，集成和管理现有平台。从交付物上，iPaaS 更多是提供 API 接口的能力。

aPaaS、iPaaS 之间的关系如下。

- ❑ aPaaS 和 iPaaS 都属于 PaaS，是 PaaS 向 SaaS 和 IaaS 渗透的产物，更强调平台层的服务能力。
- ❑ 直观地说，aPaaS 实现的是 SaaS 的低代码或无代码化，iPaaS 实现的是 SaaS 的集成和二次开发。
- ❑ PaaS 的表现形式除了 iPaaS 和 aPaaS 之外，还有更多。
- ❑ aPaaS 其实有些 SaaS 的性质，可以理解为 aPaaS 介于 SaaS 和 iPaaS 之间。

15.3.2　PaaS 概况

PaaS 产品按照核心价值，可以分为技术赋能型、应用开发型、集成服务型、底座支撑型 4 种，图 15-10 是海比研究院 2021 年统计的 PaaS 类型分布情况。

- 技术赋能型 PaaS 的核心价值在于将技术赋能于前端的应用和业务，降低技术的使用门槛，包括 AI PaaS、物联网 PaaS、中间件（技术型）等。
- 应用开发型 PaaS 的核心价值在于提升应用开发效率，包括低代码平台、无代码平台、业务中台等。
- 集成服务型 PaaS 的核心价值在于解决数据孤岛的问题并深度挖掘数据价值，包括数据中心、API 管理中台等。
- 底座支撑型 PaaS 的核心价值在于提供以云原生技术为主的底层技术支持，包括 DevOps、微服务等。

厂商布局最多的是应用开发型 PaaS 产品，近一半的厂商有相关产品，主要因为该赛道对技术、资本、客户资源等的要求较低，进入门槛没有其他三类 PaaS 高。低代码平台、无代码平台是目前最火热的细分产品。

也有一部分厂商布局技术赋能型 PaaS 产品，主要得益于该赛道应用场景丰富。其中 AI PaaS 是最火热的细分产品。

从总体来看，4 种 PaaS 均处于成长期，市场潜力巨大，如图 15-11 所示。

不同类型的 PaaS 发展周期不同。底座支撑型和技术赋能型处于盛年期，它们经受了市场检验，价值已获得认可。集成服务型处于青春期，在质疑声中成长。应用开发型处于学步期。

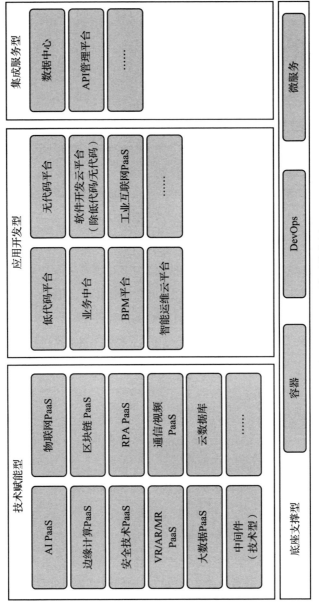

图 15-10　PaaS 类型分布图

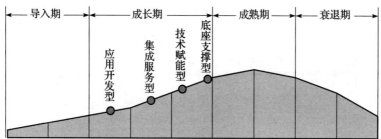

图 15-11　PaaS 行业发展周期

由于 PaaS 是为应用服务的，因此应用开发型 PaaS 的客户最多，近一半的客户使用相关产品。该类产品的客户以中小型企业为主，在数量上占有优势。

SaaS 可以简单分为通用型 SaaS 和垂直型 SaaS。PaaS 厂商最担忧的是通用型 SaaS，如企业微信、钉钉、飞书等，因为这些企业资本雄厚，有品牌有流量，并且覆盖行业广泛，具有很强的竞争力和威胁性。特别是在"公有云部署＋高标准化＋订阅式"的细分赛道里，一般的 PaaS 厂商缺乏与之竞争的实力。

在数智化时代的云计算市场，IaaS、PaaS 和 SaaS 三者泾渭分明的情况已经不复存在，云计算市场将会走向融合，不同云服务产品的捆绑销售会越来越多，比如"IaaS＋PaaS 捆绑销售""SaaS＋PaaS 捆绑销售"。

15.3.3　Salesforce 和京东的 PaaS 案例

1. Salesforce

从 2005 年开始，Salesforce 公司按照"共性需求解耦化、通用能力平台化"的思路，将通用的功能从主体产品中解耦，以 aPaaS 的形式将其积木化，并以通用的 API 提供给外部 ISV，其 PaaS 服务发展历程如图 15-12 所示。

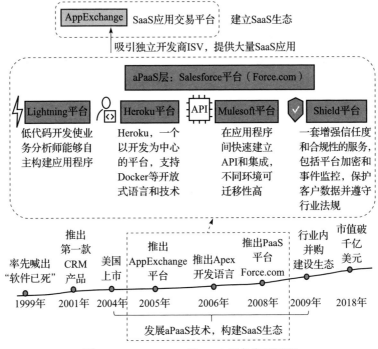

图 15-12 Salesforce 的 PaaS 服务发展历程

经过多年的发展，Salesforce 整合产业链上下游厂商，不断丰富生态，其 PaaS 平台汇集了一系列广泛的服务，以满足客户需求。

❑ Lightning 平台：低代码开发使业务分析师能够自主构建应用程序。

❑ Heroku 平台：一个以开发为中心的平台，支持 Docker 等开放式语言和技术。

❑ Mulesoft 平台：在应用程序间快速建立 API 和集成，不同环境可迁移性高。

❑ Salesforce Einstein：内置于 Salesforce 平台中的人工智能，可根据客户独特的业务流程和数据提供预测与建议。

❑ Shield 平台：一套增强信任度和合规性的服务，包括平台加密和事件监控，保护客户数据并遵守行业法规。

❑ Salesforce IoT：Salesforce 平台的一个组成部分，任何人都能利用物联网数据构建、迭代和部署前瞻性的销售、服务或营销业务流程。

❑ Lightning Flow：一套丰富的可视化流程自动化工具，用于支持复杂的业务流程。

❑ Salesforce DX：一套支持可持续集成和交付的开放式工具。

❑ Salesforce Mobile：一套强大的移动应用程序开发服务，包括用于 iOS 和 Android 的 Salesforce 移动应用程序、Mobile SDK 以及 Heroku 上托管的自定义移动后端服务。

通过搭建 PaaS，Salesforce 为行业客户的个性化应用和个性化开发提供了基础，显著提升客户黏性，最大限度地满足客户的个性化诉求，不断抬高 Salesforce 公司营收与行业地位，增强 Salesforce 的影响力与话语权，延长自身的服务链条，成为 PaaS 领域的标杆。

2. 京东的 B-PaaS

京东搭建的业务 PaaS 平台简称 B-PaaS，其中的 B 代表业务（Business）。B-PaaS 的定位是对前、中台产研协同模式重塑，对共享业务能力沉淀和复用，快速支持业务创新。B-PaaS 的全景图如图 15-13 所示。

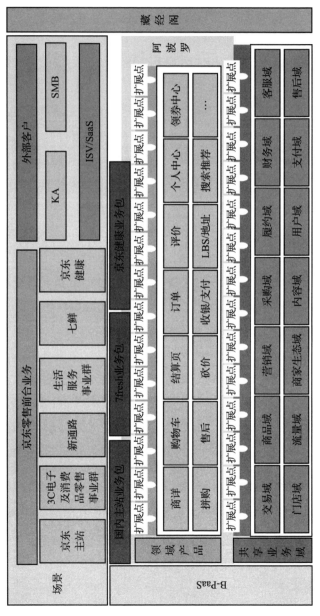

图 15-13　B-PaaS 全景图

B-PaaS 主要为业务中台和前台提供支撑，主要作用如下。

- ❏ 打造出了新的研发模式，中台负责平台打造，前台负责能力实现。
- ❏ 建立新机制，包括对产品测试环节以及中间件的支持。
- ❏ 持续演进，不断根据新业务、新业态完善模型。
- ❏ 解决排期问题、支持基于扩展点的自助研发。

京东自身的系统繁多，B-PaaS 主要为京东的系统群提供服务，其建设过程与上下游业务方的共同参与、产研测全流程的配合与协同密切相关。B-PaaS 不是一次性、一劳永逸的，而是持续优化、迭代的。

第四部分　SaaS 产品商业化

商业化是 SaaS 产品的归宿，产品经理是产品实现商业化的重要推动者。在第四部分，我们重点了解 SaaS 产品商业化的特点、商业模式、定价策略、SaaS 推广销售、实施与客户成功等内容。

SaaS 产品的商业化

商业化是 SaaS 产品价值实践中的一个重要的里程碑，做好商业化是 SaaS 服务商更好地服务客户的保障。SaaS 产品经理应该具有完整的商业化思维，充分了解 SaaS 产品商业化的特点和前置分析，并了解常见的 SaaS 产品商业模式和定价策略，以便更好地参与到 SaaS 产品的商业化实现中。

16.1 SaaS 产品商业化的特点和前置分析

SaaS 产品的商业化就是将 SaaS 产品以营利为基本要义，进行市场化变现。本节主要对 SaaS 商业化的特点和前置分析进行介绍。

16.1.1　SaaS 产品商业化的特点

SaaS 产品的商业化与传统软件的商业化有一些不同的地方，比如 SaaS 服务商的盈利情况受客户生命周期的影响较大，对客户数量持续增长的低依赖性等。

1. 客户生命周期与盈利正相关

SaaS 订阅模式具有典型的规模化和复利思维，服务商期望拥有大量客户，形成规模化效应。而传统软件采用授权（License）模式，第一年收取授权费用和升级服务费用，之后每年只收取少许升级服务费用。在经历一定的付费周期后，二者的盈利孰优孰劣呢？

我们假设某产品使用授权模式的单客户费用为 8 000 元，升级服务费用按照合同确定的产品总额的一定比例（通常是 15% ～ 22%，假设取 20%）收取，那么第 n 年的累计收益为 $8\,000 + 20\% \times 8\,000 \times n$。如果换成 SaaS 订阅模式，按行业平均水平，假设年费占授权模式的 35%，算得 8 000 元 $\times 35\% = 2\,800$ 元 / 年，那么服务商在第 n 年的累计收益为 $8\,000 \times 35\% \times n$。两种模式的收益与时间（年）的走势如图 16-1 所示。

从图 16-1 中可以看出，一开始 SaaS 订阅模式的收益不及授权模式，但是在第 7 年的时候，SaaS 订阅模式下的收益开始超过授权模式。这就意味着，如果服务商要做 SaaS 产品，就需要想办法促使客户使用产品超过 7 年。由此可见，客户生命周期越长的产品越有利于 SaaS 盈利。

2. 对客户数量持续增长的低依赖性

SaaS 订阅模式下对单客户的收费是持续的，随着客户数量积累到一定程度后，即使不再增长，年收入也会持续增长。而在授权模式下，由于客户付费是一次性的，因此每年的总收入由当年所获得的客户总数决定，如果当年的新客户不增长，则收入也会出现波动。在 SaaS 订阅模式下，只要存量客户续费，即使没有获得新客户，总收入也会增长。SaaS 销售业务的重心不在于首次消费，而在于客户持续发生的消费行为及客户满意度。

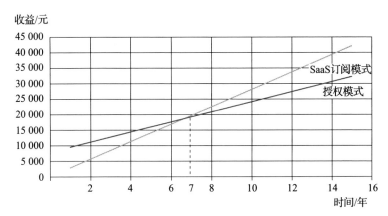

图 16-1　授权模式和 SaaS 订阅模式的收益与时间（年）走势

表 16-1 所示是某产品在授权模式和 SaaS 订阅模式下单客户的贡献，可以看出，从第 5 年开始，SaaS 订阅模式超过授权模式下单客户带来的总收入。

表 16-1　某产品在授权模式和 SaaS 订阅模式下单客户的贡献（元）

授权模式	第 1 年	第 2 年	第 3 年	第 4 年	第 5 年	第 6 年	第 7 年
授权 + 实施费用	8 000						
服务费比例	15%	15%	15%	15%	15%	17%	19%
升级服务费	1 200	1 200	1 200	1 200	1 200	1 360	1 520
总收入	9 200	10 400	11 600	12 800	14 000	15 360	16 880

（续）

授权模式	第 1 年	第 2 年	第 3 年	第 4 年	第 5 年	第 6 年	第 7 年
SaaS 订阅模式							
订阅年费	2 803	2 803	2 803	2 803	2 803	2 803	2 803
总收入	2 803	5 606	8 409	11 212	14 015	16 818	19 621

3. 存在一体化方案的悖论

客户在选购软件产品的时候，往往需要供应商提供一体化的方案，以覆盖客户的所有业务。对服务商来说，当然也巴不得提供一个一体化的方案，满足客户所有的需求，一来赚得更多，二来客户黏性更大。然而事实上，任何产品都不可能满足所有需求。

做 SaaS 产品的时候，我们容易产生不切实际的幻想，认为可以先通过一款极其低价的产品切入客户市场，再慢慢承揽客户的各项业务。

从商业模式上说，这确实是非常理想的状态。所有服务商都盼望在老客户身上越做越多，越做越好。很多 SaaS 服务商忽略财务指标，把 SaaS 产品价格定得很低，明知赔本也要做生意，核心原因就在这里。这边亏钱，那边赚钱，只要赚的比亏的多，以后还是赚的。

然而事实上，低价抢占客户的做法虽然在一开始是相对容易的，但是随着服务商对客户服务的深入，客户会提出越来越多、越来越难的需求。面对客户提出的复杂又繁多的需求，服务商根本无法继续实现 SaaS 化，往往被迫走上为客户定制软件的道路。

4. SaaS 产品的成本并不低

商业化最直观的表现为盈利，而利润是建立在成本之上的。按照 SaaS 产品一次开发多次交付的模式，最终计入成本的，似乎只有服务器的成本。事实并非如此,首先即使最初是单一的产品功能,随着客户量的增大,出现差异化需求是在所难免的,这就需要服务商不断投入需求调研和研发的成本来迭代产品;其次,随着客户对智能化、自动化的要求逐步升级,或者迫于竞品的威胁,服务商也会不得不投入新的成本来迭代 SaaS 产品。

5. 付费意识未必高

客户对 SaaS 产品的使用习惯、付费意识、续费热情、认可度等方面存在差异,大部分客户的重心在发展成长、营销获客,而非内部管理,因此对不能直接帮助客户盈利的 SaaS 产品的付费热情就会不高。

16.1.2　SaaS 产品商业化的前置分析

在 SaaS 产品商业化的前期要做一些分析,包括调研市场群体、寻找核心商业化战略、突破通往商业化的限制因素、制定商业化策略。

1. 调研市场群体

商业化是基于市场大盘的运作,首先应分析市场的概况。以跨境电商 SaaS 产品为例,先分析客户群体的体量走势、规模分布,竞品的市场份额,赛道推动难度等。

图 16-2 是跨境电商企业(卖家)的体量走势,2015 年新增跨境电商卖家 2 136 个,同比增长 88.36%;此后每年注册量均超过 2 300 个;2019 年再次大幅增长,全年新增企业 3 191 个,并以每年 30% 的增速迅速扩大。

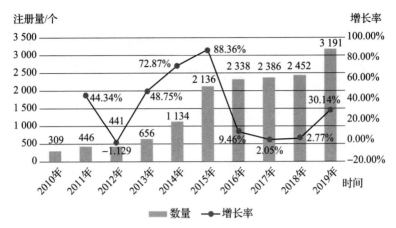

图 16-2　跨境电商企业的体量走势

虽然客户体量是增长的，但是大部分跨境电商有自己固定的系统或工具，这么看来，这个赛道的 SaaS 产品是不是很难推广呢？其实不然，在垂直行业的 SaaS 市场中，凡是之前使用 ERP 的，基本都在改用 SaaS 产品。过往的 ERP 厂商对领域过于下沉，导致 ERP 软件过于臃肿复杂，难以实现标准的 SaaS 模式，这就意味着新生的 SaaS 服务商仍有机会进入其中，用更新颖的模式和更轻便的服务抢占动态增长的客户群体。

2. 寻找核心商业化战略

只有对行业有一定的了解，才可能站到更高的层次分析市场，并打造与竞争对手的错位优势，然后进行资源整合，异军突起。

举个例子，很多巨头布局医药健康领域，通过并购等方式，占据大部分药店实体终端资源，相当于掌握了大量线下流量入口、仓库。其后进入的互联网巨头不具备这种堡垒式的先机，因此选择在其他模式上取胜。平安医药的中心仓（前置仓）模式如图 16-3

所示，下游与单体终端药店形成合作，作为快速配送的站点；中游依靠医生诊疗团队进行线上开发和派发药品订单；上游通过保险理财、智慧生活服务等引流到线上诊疗团队。业务反哺药店采购，整个商业链条自成生态。

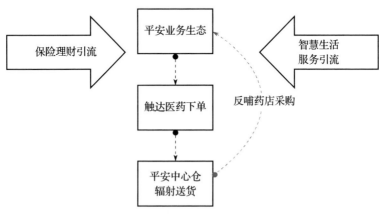

图 16-3 平安医药的中心仓模式

京东健康以自身的仓储、物流、电商为基础，通过药厂的集采分发，将 B 端药店的采购业务抓在手里，然后引导 B 端卖家使用京东研发的进销存系统、线上商城系统、物流仓储服务等，打造围绕药品流通的全链路模式，如图 16-4 所示。

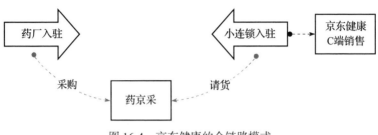

图 16-4 京东健康的全链路模式

从上面两个例子可以看出，从宏观战略层面，SaaS服务商基于自身优势，可以打造完全不同的核心商业化模式。这种模式往往具有创新性、突破性，不会轻易改变，并且不容易被复制。

3. 突破通往商业化的限制因素

商业化战略确定之后，在通往商业化的路径上还有一些限制因素。一款SaaS产品功能很好，但是市场推广发力不足，那么引流转化可能就是重要的限制因素。在SaaS商业化路径上需要找到这个障碍或者门槛，然后找到突破的方法，只有突破通往商业化的限制因素，才能将战略落地。

4. 制定商业化策略

制定商业化策略包括但不限于选择商业模式、产品定价、制定推广和销售策略、实现客户成功和续费等。

16.2 常见的 SaaS 产品商业模式

互联网的发展为我们提供了很多值得借鉴的商业模式，比如"社群＋商业"模式、免费商业模式、长尾型商业模式、跨界商业模式、平台商业模式等。

具体到SaaS产品商业化实践中，商业模式往往不能直接复用，而是需要结合自身的情况，进行分析和选择。SaaS产品商业模式可以分为衍生业务服务、免费增值模式（Freemium）、订阅买断或定制服务费、平台分润模式等类型。

16.2.1 衍生业务服务

2019年笔者接触了深圳一家创业公司，该公司为跨境电商提供经营管理服务。从功能层面看，服务包括通过"以销定采"为客户寻找货源、接收销售平台的订单并进行订单风控、处理、履约、售后等操作。能够提供类似服务的竞品非常多，如何从竞品中抢夺客户呢？纠结这个问题，不如先思考如何留住客户。

如果单纯为了抢夺客户，可以把功能打造成为"百宝箱"，这样一来随着数据积累，迁移成本不断提升，客户便不再离开。但这种思路忽视了对负面因素的考察。我们知道每一个产品功能的搭建都是需要资源的，产品的市场匹配度（Product Market Fit，PMF）需要时间磨合，产品稳定后需要运维，都很消耗资源。

该公司在尝试一番后，选择的战略是，将SaaS服务的一部分能力转移到线下。通过对存量客户的分析和实地考察，该公司深刻洞察到客户的一些痛点是单单购买一个SaaS系统所不能解决的。

- ❑ 痛点一：采购和选品。中小型电商的采购和运输能力不够，即使采购了商品，也会因为数量不够多、运力不足等原因难以找到存储仓或承运物流。就算使用DropShipping（一件代发）模式，还是面临不少问题，比如店铺建好之后，不知道卖什么、如何找到可靠且价格合理的供应商、如何提高订货和发货效率等。

- ❑ 痛点二：物流。美国退出了万国邮政联盟（Universal Postal Union，UPU），对于国内的小额出口贸易（国际快递包裹）影响是比较大的，特别是在运费及物流时间方面。

如果能解决以上痛点，就直接帮助客户提升了利润。即使每一项服务都要收费，客户也会觉得物有所值。

于是，该公司基于行业内的经验沉淀，开始组建教练和代运营团队。通过线上指导，线下服务的方式，为客户提供增值服务。最终该公司通过为客户提供物流、代采、代售后等服务，实现了一年上亿元的营收。

16.2.2　免费增值模式

《精益数据分析》一书提到适用于免费增值模式的产品特征如下。

- ❑ 边际成本低。
- ❑ 让客户使用产品的营销成本低廉。
- ❑ 不需要长期评估和培训的相对简单的工具。
- ❑ 免费提供产品让客户觉得是正常的。
- ❑ 随着客户使用时间的增长，产品对使用者的价值不断增加。
- ❑ 具有较高的病毒式传播系数，免费客户愿意主动帮助推广产品。

对应来看 SaaS 产品，绝对的免费是不可能的，但是可以提供免费增值的服务模式。

1. 不要完全免费

之所以说绝对的免费是不可能，是因为使用免费方案的客户通常更容易提出问题和产生抱怨，且大多数免费客户不会转化成付费客户。因此不如早点切断损失，把精力集中在能够盈利的业务上。

不提供免费方案能在获得客户支持上更省心，也能让销售人员在交易的过程中占据更大的优势，因为一旦客户选择不续费，那么毋庸置疑，他将不会再享受相应的服务。

2. 免费增值

与其以较低的成本来售卖一个产品，不如考虑用免费增值模式替代。免费增值模式就是基本版本是免费的，其他版本根据功能进行定价，从而提升销售线索和客户质量。

免费增值模式的成功案例是 Spotify，其 2019 年的免费增值与付费增值转化率达到了惊人的 46%。

不付费也欢迎更多的人来用，目的在于大客户基数下能被收费功能打动，转化成付费客户。免费增值模式的产品一般都有自下而上培养客户的使用习惯，和企业核心业务系统离得比较远。

3. 购前试用

除了部分功能永久免费，最常见的是先免费试用一段时间，随后付费续用。这个模式在 C 端领域比较常见，让客户购前试用，最高能实现 10% 的客户转化率。购前试用策略必须设计成能快速将潜在客户转化成付费客户的模式，这是最符合逻辑的推进步骤。

站在客户侧，通过免费试用可以评估和判断产品是否值得付费。因此必须设计出从购前试用转化为付费客户的流程，并且必须考虑使用者、评价者和购买者在流程中的角色。

大多数产品的试用期限是 30 天。通常情况下，试用期过长不是好主意。因为对于客户来说，如果一周内没能发现产品的优点，那么即使试用时间延长到 1 个月，也不会有什么新发现。留给潜在客户延迟做购买决定的时间越长，对于销售人员来说就越难达成交易。通常，14 天的试用期对销售人员来说最为有利。产品在有限的时间里抓牢潜在客户，使用时间限制刺激着客户，敦促他们更快做出购买决定。

16.2.3　订阅买断或定制服务费

多数 SaaS 产品并不适合免费增值模式，按时长订阅或一次性买断授权 + 定制服务费依然是目前市场的主流。

SaaS 标准版的规划通常需要配合定制化服务，来最大限度地占据市场，随之收取定制服务费。需要说明的是，定制化服务并非为单一客户提供的，而是可以做成通用服务，作为增值服务提供给客户。

单纯的订阅收费，按规则缴纳费用，最接近 SaaS 产品的本质。早期 SaaS 竞争不是很激烈的时候，服务商可以专心做产品，产品就是整个商业模式的核心，这个阶段的商业模式就是产品订阅。

目前采用固定价格的 SaaS 公司相对较少。因为以单一的价格提供所有服务，就失去了获得更高价值的机会。一刀切的方法也可能让那些不需要所有功能的客户望而却步，他们可以更喜欢一个量身定制的服务包。对于正在构建 MVP 的 SaaS 项目，或者规模还不够大、无法细分的超利基产品，固定价格可能是当前很好的选择。

16.2.4　平台分销模式

平台分销模式就是以低价销售 SaaS 工具，然后借助货源渠道、营销渠道，赋能客户的完整业务闭环，通过整个平台或者生态链获得盈利，最后服务商作为平台的组建方参与分利润。

很多人认为，如果天猫没有流量，那么从本质上来讲，天猫平台就是中国最大的 SaaS。天猫能看到每一个商户的客户情况、营销情况、销售情况、库存情况、订单情况、财务情况，尽管如此，国内国际巨头仍旧去天猫平台开店，为的是天猫平台带来的流量。

16.3　SaaS 产品的定价策略

定价是营销学 4P——Product（产品）、Price（价格）、Place（渠道）、Promotion（推广）理论中的重要模块，产品的价格往往能够表示产品的品质和服务的质量，但是又要考虑受众的承担能力。客户对 SaaS 产品的价值认知，在很大程度上决定了 SaaS 产品的价格。

SaaS 产品的定价与其他产品或服务的定价方式有所差异。SaaS 产品定价不能照搬传统软件的定价模式和财务测算方法，更不能照搬国外的 SaaS 产品定价策略，而是需要针对服务商、产品、市场等多方因素综合打造一套专门的定价策略。

16.3.1　需求定律的准则与价格

SaaS 行业不是一个靠高定价获取高收益的行业，需要在实现更多收入和吸引更多客户之间取得平衡。在定价之前，有必要先了解需求定律。

需求定律描述的是价格、需求与购买量之间的关系。简单来说就是不同客户会有不同的产品需求，SaaS 服务商需要清楚客户的需求，定义好 SaaS 产品，在凸显产品价值的同时，还需要依据需求定律的规律，参考市场竞争、客户购买力等因素划定价格，实现最佳的商业实践。

需求定律来自传统商品领域的经济学定律，在 SaaS 定价策略的思考上可以给我们启发。需求定律有 4 个准则：价值决定价格基准、竞争决定价格波动幅度、消费者盈余决定购买量、价格决定消费者的最低层次。

1. 价值决定价格基准

客户购买 SaaS 产品是为了获得产品所带来的价值，产品能带来的价值越高，价格也会越高。从客户的角度看，产品的价值就是客户能获得的利益，产品的价格与价值正相关，产品的价值决定价格基准。在理想条件下，购买量、价格、需求和供给之间的关系可以用图 16-5 表示。

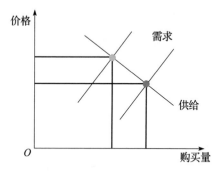

图 16-5　购买量、价格、需求和供给之间的关系

图 16-5 简单地表达了购买量、价格和需求之间的关系。对应在 SaaS 的付费购买行为中显然不能完全套用，毕竟互联网产品的商业模式不是直接表现出来的，但是我们仍旧能体会到这种市场规律。

首先，需求不变的情况下，购买量会随价格等因素而变化。其次，在一段时期内，客户的需求是客观存在的，某些需求又不是非实现不可，其中成本是影响客户选择的重要因素。当价格涨到客户不可负担的时候，客户的需求就会产生变化，进而寻找替代方案。

2. 竞争决定价格波动幅度

SaaS产品的价格不仅会随着客户需求量的变化而变化，和其他商品一样，也会随着竞品的涌入而产生变化。同一SaaS赛道服务商数量的增加，会导致供应竞争加剧，产品的价格下降。商品的价值决定价格基准，需求量和供应量的竞争决定价格的波动幅度。

SaaS市场出现价格战，往往是双输的局面。很多专家认为完全免费的SaaS产品并不是个好的选择，最终无法保障服务商自身的利益，也就无法保障客户的长期利益。

3. 消费者盈余决定购买量

消费者盈余简单说就是服务商让利给客户的那部分利润。消费者盈余是消费者（客户）购买SaaS产品，支付的费用与产品带来的自身价值之间的差额，是衡量客户收益的重要指标。

消费者盈余的计算公式 $Q = K(B-P)$，B 为消费者利益，P 为SaaS的价格。当将消费者盈余转化率 K 看作既定参数时，购买量相对来说由消费者盈余决定。那么是不是只要增加消费者盈余，购买量就会一直随之增长呢？答案是否定的。理论上会出现如下两种情况。

（1）产品性能增量持续提升，购买增量逐渐降低　服务商通过创新，持续不断地提高 SaaS 产品的性能，理论上可能是因为产品的性能超过所有客户的需求，此时客户被过度满足，超出的性能盈余不会引起客户购买量的进一步提升。

这也是管理学家克里斯坦森所说的"竞争焦点的转移"，当产品的功能过度满足客户需求时，客户的需求焦点会发生转移，从产品的功能转向可靠性、便利性甚至价格。

（2）产品的价格持续降低，购买增量逐渐降低 我们假设产品不创新，其对应的客户价值不变，但是服务商不断降低价格，此时消费者盈余在增加，但购买量也会逐渐减少。因为价格下降到某一水平，所有的消费者都会被满足，直至理论上的购买增量为 0。

尤其在垂直领域中，SaaS 产品的目标客户本身就处于缺乏增量空间的行业，这时候服务商想通过降价来提高销售量，最终往往是价格下降了，销售量并没有提升。

4. 价格决定客户群体的最低层次

假设有两款 SaaS 竞品 A 和 B，A 产品的消费者利益和价格均高于 B 产品，但两款产品的消费者盈余相同。能负担起 A 产品的客户，也能负担起 B 产品，许多能负担起 B 产品的客户却负担不起 A 产品。这种情况下，高价产品就进入不了低价客户市场，可见价格是决定客户群体的一个重要因素。

16.3.2 SaaS 产品定价三要素及客户意愿

SaaS 产品的成本主要包括 IaaS 服务器、存储、路由器、网络流量、服务器操作系统、数据库、中间件、安全设备，以及客户的本地安装、实施、运维等费用。传统的软件成本定价方式不适合 SaaS 产品，因为成本不是 SaaS 产品定价的关键因素，SaaS 定价的关键因素是价值。SaaS 的属性要求产品用更加先进的模式为客户提供价值，因此 SaaS 产品的定价应当基于为客户创造的价值，而不是产品成本。

1. 定价三要素

决定价格或交换价值的三要素是有效用、认知和稀缺性。这个规律是通用的，也适合 SaaS。一个 SaaS 产品只有有效用或有价值，客户才会购买。要突破这一环节，就要提高客户对产品价值的认知。重点解决两个要点，一个是产品效用显性化，另一个是提升对目标客户的价值传递。

产品效用显性化是 SaaS 产品的根本，客户对产品价值的认知是触发购买行为的动力，但这还不够，还需要稀缺性。在企业服务领域的市场竞争中，价格主要由供给稀缺性决定，如果同类 SaaS 很多，质量水平相差不大，就没有稀缺性。如果选定的利基市场独特，就会增加稀缺性，SaaS 价格就可以定得较高。

依照定价三要素的规律为 SaaS 定价，就能避免"拍脑袋"的任性定价和没有策略的随大流定价。按照价值量化和价值认知观点，并非同类 SaaS 都在相同的定价区间，也并不是只能依靠价格战才能胜出。

2. 客户的付费意愿

国内 SaaS 产品的定价更要考虑客户的付费意愿和付费能力。国内企业客户对机器设备等有形产品的价值认知，与实际产品价值比较相符，SaaS 作为非资产化的信息服务，企业客户对其价值认知偏差非常大。对于大部分国内企业来说，依靠信息服务和数字化技术带来的实际收益并不显著。如果 SaaS 定价过高，就会增加企业的经营成本，导致 SaaS 的客户数量减少。收益与客户数的平衡是 SaaS 定价的基本逻辑。这就给 SaaS 的定价带来很大障碍，客户不愿意花费较高的代价，去尝试一种效果未知的服务。

前面我们曾经讨论过，SaaS 的主要受益客户群是中小企业，它们在经营上的投入重点是那些必需的生产资料或必要支出。目前来看，SaaS 还不是中小企业的刚需，特别是在经济状况不佳的情况下，面对过高的价格，企业客户可能会暂缓购买。

16.3.3　SaaS 产品定价维度和费用计算

SaaS 价格通常是商务部门决定的，在定价维度和费用计算上需要产研部门提供支撑。

1. 定价维度

定价维度就是单位计费，是订阅套餐中属性单位对应的计量单位。常见的定价维度如下。

（1）按时长　根据使用时长收费是一种比较粗犷的计费方式，也比较好理解。

（2）按客户人数　蓝湖在 2020 年的免费版只允许加入 10 个协作成员，成员数量超出 10 个限制的，需要购买付费套餐。

（3）按数据量　ProcessOn 免费版只支持 9 个文件。类似的还有按接口调用次数收费的，比如每月 100 次以内的接口调用是免费的，超出后开始收费。

（4）按客户的营业业绩　比如按客户的订单数量、订单金额等收费。这样就与客户的营收产生了关联，客户会比较容易接受。

（5）按客户类型　例如物业管理服务的 SaaS 软件 AppFolio 将物业管理的对象分为四类：居民、写字楼、学生公寓、社区。根据客户类型进行差异化收费。

（6）多参数组合　未来会出现很多新的定价方式。在落地的时候，通常是多种定价维度交叉组合的。

2. 费用计算

传统软件的费用往往是一口价，相当于为客户做了一个定制项目，费用计算起来很简单，商务部门即可完成。SaaS 的定价维度比传统软件复杂，需要产研侧设计一些计费参数和算法，定期为客户进行数据关联查询、计算和费用输出。比如按客户的营业业绩计费、按接口调用次数、按文件存储大小计费等，就需要配套做一些统计功能，来统计客户的订单量、接口请求量或文件大小等。这些统计功能、埋点、计算逻辑等也要随 SaaS 产品的迭代而同步更新。

SaaS 推广销售、产品实施与客户成功

SaaS 推广销售就是将产品介绍给目标客户，并促进客户购买。SaaS 产品的实施是为了让购买（或试用）产品的客户更好地使用产品，而开展的安装、部署、指导、培训等服务性工作。SaaS 推广销售是将 SaaS 产品商业化落地的最终手段，而实施是对客户使用产品的保障。二者共同完成了 SaaS 产品的交付环节，为客户成功和服务商盈利奠定基础。

17.1 SaaS 推广销售

SaaS 推广销售可以分为 SaaS 推广获客和 SaaS 销售两个主要

环节。在推广销售的过程中，需要理解和运用一些媒介和方法，比如 SaaS 产品的 Onboarding 和客户旅程地图，以促进 SaaS 推广销售的效果。

17.1.1　SaaS 推广获客

SaaS 产品的客户群体和传统软件的客户群体有极大的重合，又受互联网产品传播方式的影响，使得 SaaS 推广获客的方法很多，竞争也很激烈。下面介绍几种常见的推广获客方法。

1. 搜索引擎营销

搜索引擎营销（Search Engine Marketing，SEM）是 SaaS 推广获客的主要方式之一。SEM 注重的是营销，不同于搜索引擎优化（Search Engine Optimization，SEO）仅提升某个特定关键词的排名。SEM 的更多精力放在如何通过整个标题或描述吸引客户点击，并且打开网站的速度和效果能让客户停留更久上。

SaaS 产品使用 SEM 投放的难点也很明显，第一个难点是 SaaS 产品的核心流量词往往比较集中，这就导致优质流量较难把控。比如客户关系管理（Customer Relationship Management，CRM）类 SaaS 产品的核心流量词是客户关系管理、客户管理系统、销售管理系统等。而核心词的检索人群比较复杂，大多数人群并非目标客户，因此就会出现核心词转化率不理想的情况。第二个难点是竞争过于激烈，某些领域的有效获客渠道本来就少，很多 SaaS 服务商会把全部精力放在 SEM 上。不花费高昂费用就得不到理想的流量，投入产出比太低，相互竞争的结果就是有效线索成本越来越高。因此，通过 SEM 推广获客，必须把 SEM 做到足够精细，对运营水平要求也很高。

2. 信息流广告

信息流广告是指位于社交媒体客户的好友动态、资讯媒体和视听媒体内容流中的广告，属于原生的呈现形式，一般出现在客户关注的资讯流中，让客户以阅读资讯的方式来阅读广告。

自 2006 年 Facebook（现改名为 Meta）发布信息流广告以来，信息流广告就以较好的体验优势成为主流广告形式之一。它精准定向、形式多样，适合在 SaaS 服务的行业社区论坛或关注人群中投放。

信息流的平台很多，比如腾讯和抖音。信息流的三要素包含人群包、展示广告、落地页。信息流需要圈定相关的人群，如果人群圈得对，那么获取客户的精准度以及质量就会好很多。展示广告主要以视频、图片为主，目的是增强视觉冲击力和感染力；落地页一般三四屏，可以概括客户想看的绝大多数内容，并且落地页一定要便于客户留下联系方式，以便后续进一步跟进运营。

3. SEO

做 SEO 的厂商不太注重网站的设计，关注点围绕关键词排名。对于具有地域性质的产品，如果能把 SEO 做到搜索引擎的第一位，便能够获取可观的流量。如果既做 SEO 也做 SEM，建议还是把 SEO 和 SEM 的网站分开，消除二者的相互影响。

4. 自媒体

私域和公域有很多自媒体平台，自媒体渠道的核心要素是有价值的内容，包括客户案例和解决方案。

5. 异业合作

异业合作是两个或两个以上不同行业的企业通过分享市场营销资源，实现降低成本、提高效率、增强市场竞争力的营销策略。异业是与同业相对应的概念，代表不同行业。异业合作可以把小公司联合到一起，形成联盟，彼此的客户资源可以共享。

6. 代理制度

代理商负责完成客户推广、客户实施等工作，而 SaaS 服务商只负责提供产品。在前期招募代理的时候可能比较困难，一旦代理体系构建完成，SaaS 服务商就可以省去很多烦琐的工作，甚至坐等收益。

选择代理商的时候，要注重代理商的质量，而不是数量。如果不加控制地招募代理，可能反而会造成损失，不称职的代理可能破坏产品的口碑，并且无法快速发展代理业务。

7. 展会和行业大会

为了带来更多的曝光量，强化影响力，做展会和行业大会的公司越来越多。在互联网行业，最著名的大会就是乌镇峰会，每年的峰会都有很多公司推出自己的产品，不少公司和产品都能博得媒体的关注。

展会和行业大会是很好的宣传渠道，SaaS 服务商都会积极参加，希望提升 SaaS 产品的圈内知名度。

17.1.2 SaaS 销售

销售是 SaaS 商业化的关键节点，也是产生价值的起点。我们简单了解一下 SaaS 常见的销售方式和销售团队。

1. 销售方式

SaaS 产品的销售方式很多，通常可以分为以下 3 种。

（1）非接触　这种方式对客户而言就是自助完成整个服务，没有或者少有销售人员介入。前期主要依赖广告投放、线上推广等方式吸引客户，沟通方式主要是电话或者网络。非接触式销售的成本低，沟通技巧的培养比直销（当面交流）容易得多。

通常非接触式的 SaaS 产品较为简单、价值明显、支付容易甚至售价便宜。产品本身可以提供良好的客户支持，比如操作引导、使用说明、帮助中心以及反馈入口，从而保证客户顺利完成自助服务。

（2）低接触　低接触式销售 SaaS 产品往往配合免费试用的方式实现获客。销售人员通过在线咨询服务或电话进行销售转化。通常采用按月订阅的模式，客户满意度决定了服务商是否能持续营收。低接触式 SaaS 产品的销售需要同时提供良好的客户支持，从而保证客户能够持续获取产品价值，进而不断续费。

（3）高接触　高接触式销售实际上是一种顾问式销售，需要投入大量的人力，招标、拜访、出解决方案、商务谈判等工作环环相扣。因为成本高，对客户的接触更加深入细致，所以更多采用年度收费的模式。

高接触销售几乎围绕销售团队开展，比如市场营销的主要工作是为销售团队获得足够多且合格的销售线索，产品经理、开发人员更多是配合销售团队满足客户需求。

2. 销售团队

和传统产品相似，SaaS 产品的销售团队可分为以下 3 种。

（1）电销团队　电销团队通常是几十个人坐在一起，现场管理也比直销销售代表的外勤管理要轻松得多。电销团队的总运营成本比较低，没有差旅费用，人工费用相对直销团队低一些。当需要扩大市场占有率时，只需要扩充团队，增加人手，不需要派遣总经理、主管到另一个城市开办分公司，担负所有业务及管理责任。

（2）渠道代理团队　SaaS服务商可以自建渠道部门，也可以寻找第三方渠道代理商，借助渠道代理商的力量可以免去自建团队和管理的成本。渠道代理团队的，目的是深挖目标区域市场，因此找对代理商是重要的工作，渠道代理商要有当地市场的渗透能力，对服务、续费做出贡献。

（3）直销团队　直销团队是指SaaS服务商自己招募销售人员，直接向目标客户推销产品。目前主流的SaaS运营方式还是以网站直销为主，往往会按地区划分片区，按客户规模分出KA（Key Account，重点客户）团队和SMB（Small and Medium-sized Business，中小企业客户）团队。KA团队只做大客户，将所有中小客户交给SMB团队完成签约及服务。

在实际推广中，直销团队往往是组合搭配的。比如电销＋直销是指电销团队负责全国小单，较大的商机交给当地或就近直销团队上门成交；直销＋渠道是指直销负责一线城市，二、三、四线城市交给渠道代理商负责。

17.1.3　SaaS产品Onboarding

2007年，Dave McClure提出"海盗模型"，解释了实现客户增长的 5 个指标 AARRR：Acquisition（获客）、Activation（促活）、Retention（留存）、Revenue（收入）、Referral（自传播）。

试想，SaaS 产品要完成销售，首先要让客户认识 SaaS 产品，这个过程对应获客。其次要让客户认可产品，这个过程对应促活。最后要让客户使用产品，这个过程对应留存。其中最重要的就是促活，因为促活是留存的前提。

在 SaaS 产品销售体系中，通过各种手段引发了客户对产品的关注后，产品是否能促进客户活跃，将其转化为长期黏性客户，是整个销售转化成败的关键。因此在客户和 SaaS 产品产生化学反应的节点上，需要重视和利用一些必要的催化剂，其中之一就是客户引导，即 Onboarding。

Onboarding 来自人力资源领域，本意表示"新员工培训"，后来被引用至 SaaS 行业表示"新手引导"。Onboarding 是客户激活的常见手段，它的目的是带领客户快速认识产品、感受产品的核心价值，从而产生留下来的欲望，因此设计符合客户体验的 Onboarding 非常重要。

1. SaaS 产品 Onboarding 的范畴

在互联网领域，Onboarding 通常被理解为首次使用时的新手教学。然而在 SaaS 产品中，这仅仅是 Onboarding 的一部分。不仅新客户需要了解 SaaS 产品是什么，而且现有客户也需要持续了解迭代的新功能。

当客户不熟悉产品或功能的时候，需要加强客户对产品的黏性的时候，需要为客户提供惊喜的时候，就需要通过 Onboarding 来实现。在整个客户生命周期中，产品需要通过 Onboarding 不断给客户传达服务的温度和新鲜感。

2. 如何落地 Onboarding

在产品设计中，需要注重 Onboarding 的使用，具体方式和步骤如下。

首先，SaaS 产品要做好足够的路引，比如设计符合客户场景下心理模型的交互界面，让客户愿意深入了解。

其次，做好产品功能注释，提供操作教程，并且提供留言、咨询的入口。

再次，提供免费试用的入口和说明。

最后，将 Onboarding 的落地工作，从软件功能层面延伸到客户服务流程中，包括销售过程、试用过程、实施过程等对目标客户的引导。

17.1.4　SaaS 客户旅程地图

许多时候，我们依赖数据分析产品，但是数据通常无法清晰地传达客户的情感和体验。例如客户进入购物车界面后，究竟做了哪些操作、犹豫了多久才离开的呢？对于这种数据无法体现的场景，客户旅程地图就派上用场了。

客户旅程地图又称客户体验旅程地图，用于捕捉客户体验。SaaS 客户旅程地图可以帮助 SaaS 团队理解客户与产品的关键接触点，体会客户的情感，更好地理解客户，找到改善客户体验的地方。

SaaS 客户旅程地图包含客户识别需求、深入洽谈和对比、选择产品并使用、客户存活、产生黏性、续约和传播，如图 17-1 所示。

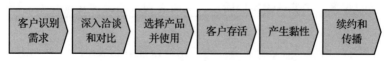

图 17-1　SaaS 客户旅程地图

1. 客户识别需求

作为 SaaS 客户旅程地图的起点，客户可能是参加了一次行业峰会，也可能是看到一个信息流广告，或者通过主动咨询等途径，意识到了自身需要一款 SaaS 产品来解决一些问题或者达到某种目标。在这个环节，供需的意向有了，但客户的不确定因素有很多，因此客户往往还要反复思考。这时候，SaaS 销售人员需要牢牢抓住客户线索，紧密跟进。

2. 深入洽谈和对比

客户经过思考，明确了继续向前推进的方向。在这个阶段，客户甚至会成立软件选型团队，和各 SaaS 服务商深入接触，收集各服务商的方案和报价，并评估优劣。然后根据自己的预算，进一步缩小可选范围。

这个阶段对 SaaS 服务商而言是很关键的，需要做以下工作。

❑ 持续与客户互动，帮助客户坚定信念。

❑ 尝试了解已进入客户视野的竞品，以便再次洽谈时可以有所侧重地介绍产品。

❑ 了解客户的决策者，以及影响成交的考虑因素。在客户关注的产品点上放大优势，造成对客户决策的影响。

3. 选择产品并使用

在这个阶段，服务商完成了对产品的选择，然后进行相关协议的签署，接着进入实施阶段，同时客户成功经理开始介入，帮助客户实施上线并使用系统。

这时候对 SaaS 服务商而言，虽然可能已经签署了相关协议，但还是有很大风险，因为 SaaS 产品的使用效果会直接影响客户的下一步举措。例如产品流程配置复杂、核心业务场景不满足、功能操作困难，或者实施失败等，都可能导致客户放弃使用产品，或者停付尾款。

对于 SaaS 服务商来说，客户选择产品并开始使用产品的阶段，是"惊险的一跃"。

4. 客户存活

开始使用 SaaS 产品之后，如果客户没有强烈的抵触，那么就有望成为存活客户了。在这个过程中，客户可能还会面对诸多阻力，需要通过持续交付来克服。一般可能遇到的阻力包括发现新的业务场景无法使用、客户售后服务不到位、系统不稳定等。SaaS 服务商需要对症下药，通过分享客户案例、讲解操作方法、现场或线上工单等方式，帮助客户扫清障碍，走上正轨。

5. 产生黏性

即便客户购买了 SaaS 产品，并正常使用起来了，SaaS 服务商仍然面临客户流失的风险。对于客户而言，是否更换另一款 SaaS 产品，判断的依据就是新产品价值是否大于现有产品价值 + 替换成本。

尤其是在市面上的 SaaS 产品趋于雷同的情况下，只能通过提升服务质量、提高产品价值，甚至提高替换成本等途径，来降低客户流失的风险。

6. 续约和传播

如果客户黏性很强，那么大概率会续约，客户甚至愿意将产品推荐给其他客户使用。如果发现续约和传播情况都比较差，说明客户黏性不强。SaaS服务商就要在订阅到期前，赶紧进场了解客户的使用状况，并且针对性地解决客户关心的问题。

17.2 SaaS产品实施

实施指的是为客户进行软件安装和调试，并且对客户进行培训，组织竣工验收等工作。实施是将软件正式交付给客户前的服务工作中的重要一环。尽管SaaS产品相对于传统软件普遍在易用性和体验上有所提升，但是仍然需要开展实施工作。

17.2.1 SaaS产品实施的意义

一些SaaS服务商不重视SaaS产品的实施，并没有意识到实施的重要性。其实实施不仅是一道工序，更是接近需求、接近客户、加深感情的途径。笔者将SaaS产品实施的意义总结为四点：增强产品效果、帮助解决客户接受度的问题、近距离了解行业、了解客户的个性化需求。

1. 增强产品效果

SaaS产品可能只需要简单配置便能让客户自助使用，却往往无法达到理想的效果。然而经过专业实施的交付效果大不相同，在客户学习速度、理解深度和熟练度上都会得到显著的强化。

有分析认为必须确保签约质量良好，且实施效果良好的客户占到 60% ~ 70%，才能保证客户至少两到三年内不会流失。因此，无论销售阶段的方案沟通得有多好，都需要实施落地，二者是同样重要的地位。

2. 帮助解决客户接受度的问题

在 SaaS 产品销售过程中容易出现两种误区：一种是机械地给客户列举 SaaS 产品的功能清单，甚至夸大功能范围；另一种是被客户的个性化需求带偏，改变了 SaaS 产品原有的价值定位和优势。这两种误区都会导致销售效果与客户的期望之间的落差。

而实施环节可以重新贴近客户需求，进行产品解决方案的再次解读，现场帮助解决客户接受度的问题，兑现销售承诺。

3. 近距离了解行业

在实施阶段，最终客户会参与产品使用，客户真实的需求会集中暴露出来。也正是在这个过程中，实施顾问才能熟悉行业客户的典型需求，为掌握行业现状、规划解决方案提供信息积累。实施过程是了解客户和了解行业的最佳机会，对于 SaaS 服务商积累行业解决方案有着重要的意义。

4. 了解客户的个性化需求

国内企业客户无论规模大小、信息化发展程度如何，都习惯性地追求和强调个性化需求。而实施工程师可以在客户现场进行专业分析、敲定解决方案，甚至在现场通过底层配置、脚本运行、补丁包等方式，满足客户的个性化需求。

17.2.2　SaaS产品的实施流程

对于不同类型的SaaS产品，实施方法也不尽相同。通常，工具型SaaS产品的实施比较简单，通过组织结构设置和基本参数配置即可交付使用。而业务型SaaS产品的实施就比较复杂了，有时实施过程中还需要将其与现有业务系统打通。典型的SaaS产品实施过程主要包括如下部分。

1. 输出实施方案

在为客户实施SaaS产品之前，一定要有一个书面形式的实施方案。实施方案通常包括总纲、实施范围、实施费用估计、客户期初数据清单、有关条款、干系人职责分工、重要工作节点等。其中，需要估计的实施费用主要包括客户的资源投入（计算机的硬盘、内存、网络速度）、服务商的软件准备、调研费用、实施服务费用等。实施方案经服务商、客户双方评审达成共识后，将作为工作开展的依据。

2. 产品解决方案的再确认

前期（主要是销售阶段）承诺给客户的解决方案，是以销售为目的而形成的，因此一般并不能直接当作已被客户确认的方案，也不一定是服务商能完全兑现的方案。在实施阶段必须与客户进行解决方案的再确认。

解决方案的再确认主要是对交付给客户的SaaS产品的功能清单、使用场景、注意事项、范围边界、排除项、未来项等进行再次核实并签字确认。

3. 数据初始化

实施时要准备的数据分为两大类：静态数据和动态数据。静态数据就是短期内不会变化的数据，一般是生产经营活动开始之前就要准备的数据，如物料清单、工艺路线、仓库和货位代码、会计科目的设定等；动态数据一般是生产经营活动中不断产生且经常变动的数据，如客户的应收账款。

由于客户在实施并上线 SaaS 系统之前，通常都有一套老系统（其中包含大量数据），就算没有老系统也一定有一些基础的静态数据，所以要先把这些数据录入 SaaS 系统中，才能保证上线之后的新系统能接着之前的业务继续产生连贯的数据。这个提前录入的数据也叫期初数据。

期初数据的准备有时比较困难，因为各个业务模块的数据背后涉及很多数据表，其中有很多数据的状态不一致。比如库存数据，有冻结的、在途的、盘点中的、待发货锁定的等多种状态，一旦把数量或状态弄错，新系统运行起来之后就可能报错，甚至影响业务，这对 SaaS 产品的顺利实施也有很大影响。

SaaS 服务商通常会根据行业经验，提前制作一些期初数据处理小工具，辅助执行数据初始化。

4. 系统配置清单

SaaS 产品实施的很多系统配置、物料等需要客户参与准备和确认，因此需要 SaaS 产品经理准备一些配置清单，并经业务人员确认。简单的系统配置清单如表 17-1 所示。

表 17-1　系统配置清单

事项	描述	主要交付物	主要工具
系统配置	通过业务参数配置和角色权限配置将蓝图在系统中实现	业务参数配置表 角色权限配置表	表格
系统测试	关键用户使用和验收测试	测试用例 测试报告	测试工具、文档
	软硬设备兼容性或系统集成测试		
数据初始化	将系统中的所有测试数据清空	历史数据整理表	
	将历史数据整理好导入新系统		

5. 人员培训

人员培训看起来很简单，实际上很有必要。主要目的是对客户进行 SaaS 产品的操作培训，让客户熟悉系统，了解自己需要在系统中完成的工作。一般在 SaaS 产品正式上线前就要进行人员培训。

6. 上线试运行与 UAT

根据前期准备工作的完成情况，与客户约定切换上线的时间。为了不影响客户的业务开展，通常切换上线会在晚上执行，如果是药店这种营业性质的客户，甚至要等到凌晨。

切换到 SaaS 系统之后，需要密切关注线上试用和验收，也就进入到 UAT（User Acceptance Test，客户验收测试）阶段。

UAT 属于管理和防御控制，是一项确定产品是否能够满足合同约定或客户规定需求的工作。开展 UAT 之前，由 SaaS 服务商和客户共同制订 UAT 计划，包括实施周期、执行项目、验收标准、处理时效等，以指导 UAT 关于行动方向、内容和安排的管理。

7. UAT 的问题修复

在 UAT 阶段，需要严格按照计划执行，甚至每天或者每周开复盘会。UAT 的直接输出产物是验证到的不合格问题，很显然这些问题是需要尽快修复的。如果在 UAT 计划内还没修复所有问题，那就先发出已经修复好的问题给客户进行复测，并告知其余问题预计复测的时间。

8. 实施档案归档

将 SaaS 产品实施的细节和数据归档形成实施档案，使实施的每个阶段都有明确的记录，以便将这些信息交给后续的团队，比如客户成功团队。这样未来当客户业务发生变更或者需要调整时，SaaS 服务商可以基于实施档案进行调整和应对。如果没有完善的实施档案，可能迭代越来越乱。极端情况下，还可能需要二次实施。

9. 实施团队考核

实施团队的考核主要从实施周期、成本管理和实施交付质量的角度进行。实施周期按照计划的周期进行。实施成本考核的原则是独立核算、不能亏损，而且通过激励措施实现毛利为正。实施交付的目的是提升客户终身价值，考核实施交付的质量往往需要较长的周期才能得到结论。

17.2.3 案例：老客户切换新 SaaS 系统

SaaS 产品的实施过程可能很复杂。比如客户可能正在使用竞品，也可能正在使用传统的本地软件，那么需要从原来的系统切换为新的 SaaS 产品。

1."老切新"没有想象中那么容易

让老客户从老系统切换为新系统可能没有想象中那么容易，即便是新、老系统都是同一个服务商提供的。例如某服务商推广 SaaS 产品的时候，不仅拓展新客户，而且在努力转化老 ERP 客户使用 SaaS 系统，称之为"老切新"。表 17-2 为"老切新"过程中某月的切换情况。

表 17-2　某月"老切新"SaaS 系统的数据情况

老电商客户数	已切换客户数	未切换的活跃老电商客户数	切换率
150	44	68	29.33%

表 17-2 中的数据显示，该月 150 个电商客户的切换率仅为 29.33%。可见，开发老客户的阻力也是比较大的，并没有想象中那么容易。转化老 ERP 客户的过程中通常有如下难点。

- ❑ 老客户要适应新的付费模式。
- ❑ 老客户要适应新的操作环境。
- ❑ 老客户要迁移历史数据。
- ❑ 老客户要拆除原来的部署设施并重新部署新设施。
- ❑ 老客户要培训员工使用新产品。

2. 期初数据迁移是难点

期初数据是指切换到新系统之初就已存在的数据。由于期初数据反映的是上线那个时间点的数据，因此不需要过早准备，否则准备好的数据还是会发生变化的。在切换期初数据的过程中，尽量让客户停止作业，如果客户的经营活动不能停止，那么就需要输出解决方案。

例如在切换系统期间，老系统的一些采购订单还处于在途状态，切换系统的时候，货还没有录入老系统。等到货到仓后，使用的是新系统进行收货。由于新系统没有老系统的历史采购计划单，因此就会阻断新系统的验收入库流程，因为单据入库验收是需要校验采购计划单的。订单的核心流程如图 17-2 所示。

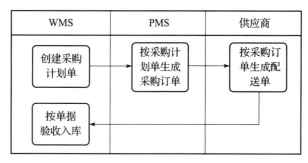

图 17-2　订单的核心流程

解决这个问题的办法有很多，如果新老系统要保持一段时间并行，那么可以根据新系统到货的单据号，到老系统查询对应的采购单，并关联采购单的相关报文到新系统中，从而实现闭环。需要把控的节点如下。

❑ 采购到货，在新系统中查询采购计划单。

❑ 新系统中不存在采购计划单。

❑ 以采购到货单关联的采购计划单返回旧系统进行查询，若查到，则复制采购计划单到新系统，继续新系统的正常流程。

类似的场景还有很多,尤其是实施周期长或者数据难以集中化的场景。期初数据迁移的要点是先备份、不出错、不遗漏、可追溯。

17.2.4 SaaS产品的"逆向"实施

逆向实施指的是客户使用了SaaS产品,对使用效果不满意,反向切换到原来的系统中去。这不是SaaS服务商愿意看到的现象,甚至反映了产品推广的失败。

曾经一个SaaS大客户提出了一些需求,产研部门调研分析后认为可以作为通用的SaaS需求来迭代。发版两周后,该客户联系运营人员说并未见到功能。运营人员远程登录客户的SaaS产品,确实没有找到对应的功能。这时想起来该客户已经从SaaS产品切换到本地化部署了,也就是将SaaS产品的代码复制了一份到客户自己的服务器中。而本次发版只是习惯性地发布到通用的SaaS服务器中,不涉及该客户的服务器,所以该客户看不到新功能。

最后的解决办法是,将代码复制给该客户的本地化部署组,完成本地升级。

这个案例给我们的启发是,在SaaS产品的需求验收环节,应注意确认是否有私有化部署或者本地化部署的客户。读者可能会好奇:为什么SaaS客户会选择切换到本地化部署呢?

客户之所以选择重回本地化部署,主要原因一般有以下几种。

❑ 原来的本地化软件已使用习惯,切换到SaaS产品后反倒不习惯,切换成本过高。

- ❑ SaaS 产品自身不足，不能满足客户的需求。
- ❑ 随着客户业务的发展，需求不断增加，导致无法在通用化 SaaS 产品中通过迭代得到满足。
- ❑ SaaS 服务商主动推出了本地化服务，支持部分客户切换。
- ❑ 客户对 SaaS 服务的安全性产生担忧，认为私有化部署才是安全的。

作为一个推广 SaaS 模式的服务商，应当尽量避免逆向切换行为。发生这种情况，SaaS 产品经理需要关注如下几点。

- ❑ 切换回本地化部署的软件如何交付给客户，是仍旧用 SaaS 样式的产品，只是单独为客户执行私有云部署，还是彻底回滚到传统 C/S 本地软件模式？这关系着未来的 SaaS 产品迭代中如何为客户提供服务。
- ❑ 日后发版了功能，是否同步更新，是否个性化开发，如何计算成本。
- ❑ 如何做好切换规划，以及切换过渡期间的需求处理和功能使用，这和正向实施其实是差不多的工程量。

17.3　客户成功

很多人以为 SaaS 和传统软件公司的区别只是实施方式和收费模式不同，从过去的机器安装换成云服务，从一次性收费＋二次开发的模式换为按月、年来收费。这些只是静态看 SaaS 时的冰山一角，真正的 SaaS 是通过产品服务使得客户走向成功，并以客户成功为使命和价值归宿。

客户成功指的是帮助客户取得成功。帮助客户成功的现象早就存在，只是 SaaS 将其专有化、概念化。在 SaaS 领域，客户成功的重要性已经得到了普遍认可。

17.3.1　客户成功的 3 个附加价值

客户成功对 SaaS 产品的附加价值主要体现在三方面：持续盈利、信誉价值、利益共同体。

1. 持续盈利

在传统软件的销售逻辑中，把梳子卖给光头的人和卖给长头发的人，并不会在营收上有影响。在典型的传统 ERP 招投标会上，销售人员会竭尽全力地向客户证明通过 ERP 能够给客户带来管理变革，因为成交就意味着拿到了销售额。

如果是 SaaS 产品，第一个周期来自单个客户的收入往往是相对亏损的（即首年收入 – 获客成本 – 交付成本 – 首年服务成本 < 0），需要寄希望于下个周期的续费来平衡盈亏。这就意味着把产品销售给错误客户的数量越多，SaaS 公司的亏损就越严重。

首次交付之后，不管是客户本身的管理问题，还是软件自身的问题，只要客户的活跃度很低，或者没有达到客户预期的目标，结果都是客户流失。客户成功的作用就是在售后阶段关注和优化产品给客户带来的收益，专注于提升客户的成功，带来服务商的营收。一定时期内，服务商的营收 = 上周期收入 – 流失收入 + 扩展收入，于是营收上会有 3 种典型的走势，如图 17-3 中 A、B、C 三条曲线所示。

- ❑ A 曲线表现为营收不断增长，往往基于完善的客户成功体系。即使有客户流失，但是客户扩展带来的收入大于客户流失的损失，实现了收入不流失，收入贡献不降反升。

❑ B 曲线表现为营收持平，往往因为客户成功刚步入正轨，客户扩展带来的收入恰好和客户流失的损失持平，所以流失率为 0，收入贡献保持不变。

❑ C 曲线表现为营收下跌，很有可能是 SaaS 服务商完全没有开展客户成功，也没有任何扩展销售的收入，流失率很高，收入贡献急速下降。

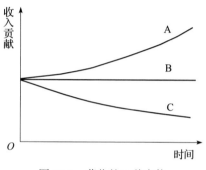

图 17-3   营收的 3 种走势

如果出现图 17-3 中 C 曲线的情况，那么只靠销售团队开拓新订单来填补缺口的话，企业的压力会非常大。因此 SaaS 企业需要通过客户成功，促使客户持续使用 SaaS 产品，降低流失、提高留存，从 C 曲线突破到 B 曲线再到 A 曲线，实现持续盈利。

2. 信誉价值

在客户成功的路上，SaaS 服务商所要经历的调研、分析和实践过程相当漫长，而一旦客户成功部门经过深入的研究，对这个行业有了更深刻的了解，帮助客户解决过疑难问题，获得过一些领域的成功，那么就很容易获得客户的信任。倘若 SaaS 服务商在其他领域的合作上得到客户的信赖，那么即使是全新的业务，即使收费略高于竞争对手，多数情况下客户也会选择继续合作。

在美国，一个成立 5 年以上的成熟 SaaS 企业，公司全年的营收中，客户成功团队占比超过 50%，某些企业的客户成功团队和销售团队的营收比例可以达到 7∶3。有人说，客户成功是企业的"第二个销售团队"，也有人说客户成功是防止企业客户流失的"前沿阵地"。

3. 利益共同体

之所以需要帮助客户取得成功，是因为 SaaS 产品的盈利模式决定了 SaaS 服务商与客户之间是利益共同体的关系。

SaaS 服务商获取新客户的成本较高，需要市场、销售、客服多部门协同配合，而且周期长。获取新客户后，客户按照使用时间、功能定期付费。如果客户付费使用周期短，很可能入不敷出。所以对于 SaaS 服务商来说，需要客户的企业生存下去，并且共同发展。

17.3.2　不同阶段的客户成功关注度

2015 年，笔者所在的一家不到 100 人的软件公司，孤注一掷转型开展 SaaS 服务，上线了一款应用于办公场景的 SaaS 产品。紧接着公司开始铺天盖地地进行各种推广销售和客户洞察。在这个过程中，市场人员也跟着销售人员跑客户，登门拜访，演示产品；销售人员跟着客户成功经理做客户回访；实施人员兼顾售前支持、交付和售后服务；产品经理除了本职工作，还要负责客户问题诊断；运营部调动了公司所有的资源进行推广宣传。

毫无疑问，大家都非常迫切地希望产品能帮助客户成功。初创的 SaaS 公司可能没有设立客户成功经理这个职位，但是几乎每个人都在扮演客户成功经理的角色——为客户好。在美国知名咨询顾问亚德里安·斯莱沃斯所著的《发现利润区》里描述了 SaaS 服务商在创业阶段到成长阶段再到成型阶段的关注点偏移，如图 17-4 所示。

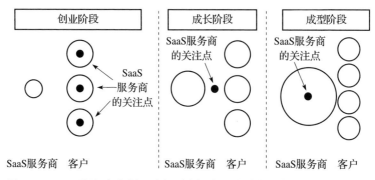

图 17-4 SaaS 服务商在创业阶段到成长阶段再到成型阶段的关注点偏移

SaaS 服务商在创业阶段，关注点是客户，小创业公司必须紧密追随客户。随着公司的成长，关注点会发生微妙的转移——慢慢脱离客户，转而关注公司自身。在成型阶段，公司规模越来越大，关注点也会越来越远离客户，向自身倾斜。最终，SaaS 服务商的关注点完全转移到企业自身，全身心关注内部事务，比如预算、资源整合、行政管理等。

这一现象的重要意义在于，它提醒了我们以下信息。

❑ 客户成功不一定要以部门或团队的形式出现在组织架构中，且客户成功理念应该贯穿企业始终，不分阶段。

❑ SaaS 的本质要求企业一直保持客户成功的追求，才能发挥 SaaS 的优势。

❑ 无论处于哪个阶段，SaaS 服务商都需要重视客户成功。

17.3.3　客户成功经理的岗位职责

传统软件公司的业务模式重销售，轻服务，而 SaaS 的业务模式则是想要获得更多长期稳定的收入，就必须开源节流。开源就是除了获取新客户外，还要扩大现有客户的付费规模。节流就是提高客户黏性，减少流失。客户成功经理是为了达成这样的目的而诞生的。如图 17-5 所示，客户成功经理更像一个行业顾问，需要对接优化师、建站团队、市场团队、客服团队、销售团队等，来推动客户更好地使用已经购买的产品，挖掘更多的产品价值，帮助客户取得所在行业的成功，从而扩大订阅规模。

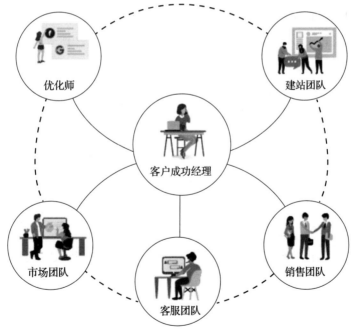

图 17-5　客户成功经理对接各方团队

1. 客户成功经理的职责

客户成功经理如何帮助客户获得成功呢？其实就是了解客户成功的指标。比如客户购买 SaaS 产品是为了增加新顾客，那么客户成功经理的职责就是帮助该客户实现拉新目标。只有帮助客户实现了目标，客户才能增购、续约，长久地使用 SaaS 产品。

客户成功经理主要关注客户的续约、增购和流失等情况，这些结果性指标可以归类为：减少客户流失，让客户继续使用 SaaS 产品；促进购买更多功能，并且将 SaaS 产品推荐给其他客户。

2. 客户成功经理的特点

不同于客户服务或者技术支持部门，客户成功经理具有以下 3 个显著的特点。

- ❏ 收益导向性：从财务层面讲，客户成功经理肩负着营收的使命。一般而言，一家成熟的 SaaS 企业约 70% 的收入来自老客户续约。客户成功经理应该服务好老客户，不断筛选优质客户，促进客户续约、增购。

- ❏ 主动性：客户服务、技术支持基本上是被动式响应，等客户有问题并找上门的时候给予帮助。而客户成功经理需要通过数据分析主动发现哪些客户需要帮助，并主动关怀。

- ❏ 分析能力：客户成功经理需要具备较高的数据分析能力，通过数据来判断哪些客户有流失的风险，提前介入和干预，避免客户流失，发现高价值客户，促进增购、续约。

3. 客户成功经理的工作落实

客户成功经理的工作方式可以是线上，也可以是线下，基本规律如下。

❑ 产品轻，客户颗粒度小，客单价低，销售成交短、频、
快，交付轻，则客户成功模式偏线上和运营。

❑ 产品重，偏管理型，客户颗粒度大，客单价高，销售成
交周期长，交付重，则客户成功模式偏线下和轻咨询。

17.3.4　搭建客户成功体系看板

客户成功经理的工作也需要周边部门的协助，下面简单介绍
产品层面可以为客户成功经理搭建的客户成功体系看板。

1. 客户活跃度看板

客户成功经理首先需要掌握客户的活跃度。客户活跃度指标
包括数量指标（访问量、页面浏览量、登录客户量）和质量指标
（每次会话浏览页数、访问时长）。

2. 用户体系看板

客户成功经理需要重点关注客户的对接人、高级管理层、管
理员等核心用户的 SaaS 产品使用情况，通过用户体系看板，重点
关注每个客户的核心用户。

3. SaaS 产品体系看板

客户成功经理要关注客户在不同 SaaS 产品模块和具体功能上
的使用差异。通过 SaaS 产品体系看板实时掌握客户的使用情况，
引导客户合理使用 SaaS 产品的功能模块来满足业务需求。

需要注意的是，在搭建 SaaS 产品体系看板的时候，如果客户
进入页面浏览过某功能，并不能代表客户使用过这个功能。客户
只有深入使用了功能，才能发现 SaaS 产品的价值所在。

第五部分　SaaS 产品经理能力模型与底层思维

本部分内容包括 SaaS 产品经理应当具备的需求处理能力、决策能力、软实力，以及面向对象思维、矩阵思维、系统思维、抽象思维、模型思维等，可以帮助产品经理成就产品及其自身的价值。

SaaS 产品经理应具备的能力

本章主要介绍如何成为 SaaS 产品经理，以及 SaaS 产品经理的需求处理能力、决策能力、软实力，帮助读者了解 SaaS 产品经理应具备的能力。

18.1 如何成为 SaaS 产品经理

SaaS 产品经理和其他细分领域的产品经理有很多相同点，也有很多不同点。要成为 SaaS 产品经理，首先要具备一定的基本能力，其次要快速融入角色。

18.1.1　SaaS 产品经理的基本能力

SaaS 产品经理除了应具备产品经理的通用能力外，还需要能够把握行业特征、平衡不同客户的需求、预判客户需求、整体把控产品设计以及持续打磨产品。

1. 把握行业特征

在研发 SaaS 产品的过程中，我们会发现各个行业有自己的特征和属性，有些是很难通过创新来改变的，只能遵守。例如同样是做商品资料，药品的资料会有很多独特的字段，比如不良反应。在设计药物进销存功能的时候，要考虑药监局对流程中相关票据、资质的审核，需要设计合规模块。

2. 平衡不同客户的需求

SaaS 产品面对的客户往往更加复杂，标准版 SaaS 产品只是给大众客户使用的，而不同客户的需求不同，如果每一步都要向多个客户咨询，迭代的速度可能会慢很多，还需要考虑不同客户的不同方案，例如私有云部署等处理方式，SaaS 产品经理必须能够平衡不同客户的需求，才能确保 SaaS 产品不偏离正轨。

3. 预判客户需求

因为要保证架构的稳定性和柔韧性，所以 SaaS 产品对可扩展性的要求更高，需要 SaaS 产品经理对客户需求提前做预判。

举个例子，在账户体系的搭建阶段，J 公司的 SaaS 进销存系统需要处理客户－仓库－库区－货区的对应关系。在早期的模型中，一个客户只有一个仓库，没考虑到客户与仓库一对多的情况，因此仓库编码没有按门店做唯一性管控，后续只能加字段来适应一门店多仓库的场景。最终历史数据需要对商户系统进行逐一更新，且存在极大风险。

4. 整体把控产品设计

所谓整体把控，就是每一次设计的版本都是满足业务闭环要求、功能完整、信息准确、迭代频率适当的。之所以这样要求，是 SaaS 产品的商业化属性决定的，试想如果某次发版后页面文案提示"数据不准确"，势必会导致客户对产品失去信任。

客户在学习新功能的时候往往是有负担的，因此功能变化的程度直接影响客户的接受度。过大的变化会导致客户无法接受，过小的变化又意味着可能要多次发版，但是过于频繁地发版会让客户觉得被频繁打扰，影响客户对 SaaS 产品的印象，而迟迟不更新又会让客户看不到创新和诚意。

5. 持续打磨产品

比起普通的产品，SaaS 产品要用长期复利思维进行打磨，不断完善利于供需双方的产品体系。

18.1.2　快速融入 SaaS 产品经理角色中

SaaS 产品经理如何快速融入角色中呢？笔者认为至少要做到三点，首先是快速熟悉所负责的产品，其次是快速了解产品所服务的行业特征，最后是快速与所在团队形成"依赖 – 独立 – 互赖"关系。

1. 快速熟悉 SaaS 产品

尤其对于复杂的 B 端 SaaS 产品，其底层逻辑盘根错节，操作页面看到的只是冰山一角。了解产品的底层逻辑关系才能熟悉产品。熟悉一个系统，主要借助 3 种渠道：人、产品、资料。这三者不一定都是现成的，表 18-1 所示为可能出现的情况。

表 18-1　熟悉一个系统的 3 种渠道

人：团队有人带吗？	产品：复杂度高吗？	资料：资料是否齐全？
有	高	是
无	低	否

倘若你遇到了最坏的组合，没人带、产品复杂、资料不全，那么这种情况下只能按如下步骤自己钻研产品了。

第一步，拿到一套完整的测试账号并了解权限范围。有的系统可能因为模型设计，账号分好几套，比如门店和总部的账号对应完全不同的产品界面。这时候需要避免信息不对称导致对产品体系的误解。

第二步，将产品从头操作一遍。如果不影响主流程，不必拘泥于细节，但是逻辑层面的问题必须问清楚。比如在创建商品的界面中，点击"创建"按钮后打开的是一个查询框，商品可能是从其他地方以类似拖曳的方式引入的，于是我们需要通过询问等途径，了解查询的商品列表是在哪里事先维护的。

第三步，参与需求评审。旁听需求评审的好处很多，首先可以了解公司的评审气氛、流程、风格，其次也是更重要的，从评审中了解产品体系里的线索，将不理解的地方当作线索记录下来，然后找时间澄清这些线索的来龙去脉。

第四步，自行绘制核心的流程图和模块关系图。边学习边梳理知识点，最终把核心业务流程、模块关系厘清，从而理解产品的底层逻辑，并不断迭代总结的知识。

2. 快速了解产品所服务的行业特征

❑ 明确行业定义：包括行业的基本定义、概念、术语、行业发展史等。可以通过网络或工具书做快速补充，无须投入过多精力。

❑ 熟悉行业宏观环境：包含政治、经济、社会、技术、环境和法律等因素。可以通过官方报告获取资料。

❑ 把控行业现状：包括行业成熟度分析、行业生态链、行业模式类型（盈利模式和服务模式）。

❑ 了解行业标杆所用产品：包括行业领先的标杆企业及为这些企业提供服务的竞品。在分析具体产品案例时，可遵循发展历史→产品现状→产品优劣→产品功能→未来方向的思路来分析。

❑ 回归产品的 SaaS 属性：在了解了产品功能和行业知识之后，回归到产品上，从这款产品的收费模式、客户群体、市场占有率、客户定位和痛点等方面再次梳理。

❑ 输出对产品的想法：新接触一个领域的时候会有很多想法，记下来这些想法，一方面可以作为入手产品时的学习总结和建议，另一方面可以日后验证和启发有建设性的想法。

3. 快速与所在团队形成"依赖－独立－互赖"关系

根据塔克曼阶梯理论描绘的团队一般成长规律，新入职必然经历团队的形成阶段，也就是自己成为团队的一员，其次是进入震荡阶段，自己和团队出现不协调的问题，再次进入规范阶段、成熟阶段和最后的解散阶段，如图18-1所示。

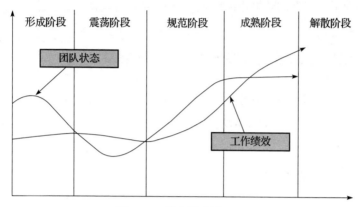

图18-1　塔克曼阶梯理论

在形成阶段和震荡阶段，SaaS产品经理往往要依赖老同事带路，也就是自己的"导师"。随后熟悉了工作，逐渐适应起来，到达规范阶段，可以独立负责一个模块的工作。这是一个从依赖到独立的过程。将SaaS产品的模块和团队成员进行划分，不同的人负责不同的模块，那么团队成员与产品模块就形成了如图18-2所示的关系。

	模块1	模块2	模块3	…
张三	张三 × 模块1	张三 × 模块2	张三 × 模块3	…
李四	李四 × 模块1	李四 × 模块2	李四 × 模块3	…
王五	王五 × 模块1	王五 × 模块2	王五 × 模块3	…
…	…	…	…	…

图18-2　团队成员与产品模块的关系

团队要发挥最大的效益，一定不是单兵作战、各自为政的，应该形成优势互补的关系，于是又会随着团队的磨合而走向新的融合，也就是每个人彼此支持和依赖的网状团队关系。和最开始的依赖关系的最大区别就是，这时候的依赖是一种更高效的依赖，实现 $1 + 1 > 2$ 的效果。

18.2　SaaS 产品经理的需求处理能力

理解需求并及时处理是 SaaS 产品经理的基础能力，输出 PRD 是 SaaS 产品经理的基本功。

18.2.1　理解需求

1. 需求是客观普遍存在的

企业有降本增效、盈利的需求，需求是客观普遍存在的。需求带来机会，同时需求的挖掘是有选择性的，需求的实现也是有范围的。

2. 需求的依赖性

需求的直观表现通常是有所欠缺，因此客户有被满足的渴望，只是迫切程度不同，或者满足成本不同。在 SaaS 行业，满足需求的载体就是产品。需求与产品的关系是依赖与被依赖，需求的依赖性是产品商业机会的根源。

3. 需求的两端

需求的主体可以有很多，相对于 SaaS 产品而言，主要分为两端：以人为中心的一端和以企业为中心的另一端，如图 18-3 所示。

二者分别构成了产品需求的两大阵营：C 端和 B 端。

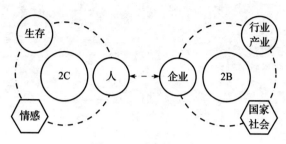

图 18-3　需求的两端

4. 需求四要素

需求四要素的内容如下。

❑ 主体：直接主体和间接主体。比如人需要理发，间接主
体是头发需要打理，直接主体是人的需求。

❑ 场景：既然需求是客观普遍存在的，就意味着需求是相
对无限的，我们只能基于具体的场景，处理场景下可以
确定的需求。脱离场景，很难谈需求。

❑ 目的：需求是目的的表象，如果不清楚目的，很难命中
需求。

❑ 价值：需求被满足，被满足者得到了价值，需要以另一
种价值形式回馈给提供方案的一方。需求到满足之间的
途径是交换，交换产生了价值。

5. 需求是隐性的

隐性需求就是客户自己都不知道，或者不愿意说出来，需要
我们去挖掘的需求。针对需求的隐性特点，通常可以使用黄金圈
法则进行挖掘，如图 18-4 所示。

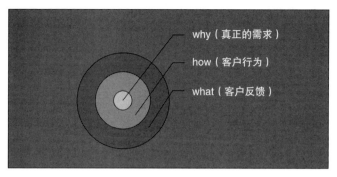

图 18-4　分辨客户需求的黄金圈法则

在黄金圈法则中，客户反馈的只是表层需求，比如通过访谈或者运营数据反馈所收集到的信息；客户行为表现出来的是有一定深度的需求，即客户在使用产品、选择产品时的动作和结果，可以对客户的需求进行行动表达；客户真正的需求是客户一系列动作背后的原因，SaaS 产品经理需要深挖的就是这种深层次的需求。

6. 需求的多变性

导致需求变化的因素很多，一个或几个因素改变就会改变需求的数量和方向。客户今天想要一个苹果，明天改变主意要一个香蕉，后天突然又说还是苹果好，到最后他决定要一个西瓜。客户的想法总是在变化，尽管给工作带来很大的难度，但是总体上对 SaaS 产品的建设有利。

18.2.2　从需求到方案

SaaS 产品经理需要落地的需求主要分为两类，一类是新需求，另一类是旧功能迭代。

1. 新需求

对于新需求，需求方就是核心线索。在调研过程中，通过框定→深挖→转化→确认的思路将需求转化为产品实现方案。

框定是从诸多业务提供的信息中找到本次需求的位置，秉持"一次性把事情做好"的思想，触达核心调研对象和核心需求范围。

深挖是指在调研的过程中，客户可能已经告诉我们要什么了，甚至不愿意听取 SaaS 产品经理的建议，也可能正好相反，客户完全不知道自己的需求。这时候我们既不能被客户的表面需求迷惑，也不能被客户的思路带偏。SaaS 产品经理需要厘清过去、现在、未来、横向、纵向等维度的信息，比如：过去没有这个功能的时候客户的业务是怎么开展的？现在这个业务的角色、频次和数据体量如何？未来业务是否成熟，3 个月内是否会调整业务？横向看行业内有没有类似的场景？纵向看实现这个功能后能带来什么收益？

转化是从业务场景切回到产品场景，将需求用产品的思维和语境进行处理，抽取出产品方案、机制、原型等素材。

确认指的是找到核心干系人，将最终的方案提供给干系人进行评定。

2. 旧功能迭代

通常我们迭代一个旧功能的前提是尽快熟悉该产品的结构、数据流的输入范围、运算机制、输出结果、状态变化节点等。总结起来就是做到页面功能、背后逻辑、业务场景三对照，如图 18-5 所示。

探究页面功能、背后逻辑和业务场景，有助于我们捕捉需求的重点、新功能如何最优设计、当前功能的兼容性如何等问题，并结合需求方的迭代诉求输出最终的方案。

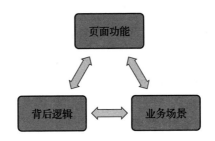

图 18-5　页面功能、背后逻辑、业务场景三对照

18.2.3　掌握产品需求文档的语法

撰写产品需求文档是产品经理的必备技能。

产品需求文档是一种具象的文档，有固定的结构。产品需求文档包括：版本说明、背景、目标、需求范围、需求用例、参考资料等。

产品需求文档有时也被称作产品需求规格说明书，那么这里的"需求"和"规格"是什么关系呢？规格就是需求的具体说明，例如"OA 要支持 IE 浏览器"是需求，如果具体定义"需要支持IE6、IE7、IE8"，那么就叫规格。

产品需求文档的意义是全方位展示需求的细节，对需求的描述要遵循如下原则。

❑ 完整性：每一项需求必须将要实现的功能描述清楚，使设计人员获得设计和实现功能的必要信息。

❑ 正确性：每一项需求必须准确陈述要开发的功能。只有客户才能确定需求的正确性。

❑ 可行性：每一项需求必须是在已知的系统或环境内可以实现的。

❑ 必要性：每一项需求的制定都是必要且能够追溯的。

❑ 无歧义性：对所有的需求，只能有一个明确且统一的解释。

❑ 可验证性：检查每一项需求是否能通过测试用例或其他验证方法进行验证。

需求文档应该遵循一定的语法，这样在行业内容易形成范式。

❑ 必须是严谨的说明文，忌写散文。多数人不喜欢写说明文，觉得它枯燥生硬。实际上说明文传递的信息量最大，也最直接。产品需求文档就像说明书一样，追求翔实、准确。对于喜欢散文风格的产品经理，可以在写完文档后多加检查，去掉形容词、比喻句、副词、拟人手法等，看看词语是否有歧义，是否重复描述等。

❑ 行文简洁，方便阅读。这与界面设计的极简原则相似，就是能用一句话说明的就不要说第二句。写完文档之后，看看删掉一些句子是否影响读者理解，不影响的就删掉。总之，目的就是突出核心信息，避免分散读者的注意力。

❑ 避免用词不当。在工作交流的时候，我们经常用到"维度""颗粒度""参数""字段""项""列""表"等词，在产品需求文档中，要做到用词严谨，避免词语歧义或失准。

❑ 避免模棱两可，尽量指向唯一。比如，写"姓名字段默认取空值"，就不如写成"空字符串"。因为空值是"NULL"，空字符串是''，数据表定义字段一般是"NOT NULL DEFAULT"，表示不能为空值，默认为空字符串。

产品需求文档的核心读者是开发人员和测试人员，他们通常是以"平推式"的方式完成需求任务的，就是先将一个模块的工作做完，再进行下一个。因此行文顺序上，应按照先后、左右、大小等常规的顺序书写，一个模块写完再写下一个。

因为开发人员就是照着产品需求文档的指引去完成任务的，所以文档要告诉开发人员"在哪里，做什么"。尽量用正向语序把任务描述清楚，不要用括号或破折号做解释说明。非本需求的功能，不要写在文档中。开发人员和测试人员每天面对很多工作，他们希望文档是所见即所得的。不是必要的任务就不要加入进来，比如不要使用"可能这次要做""注意，这个本次不做，只是提前知悉"之类的内容。

正文一定传达的是"做什么"。如果想补充，那么放在参考资料部分。如果提供的需求文档被开发人员或测试人员追问"你到底是要做什么"，那就说明这个需求还没调研完，或者文档还没改好。

如果需要在旧功能的基础上做优化，可以用对比结构进行描述。

> 修改前：内容略
>
> 修改后：内容略

对于并列条件较多的，可以用平行列举的结构描述。

> 每天一次，定时监控退款单（表 f_oms_refund），若同时满足下列条件，则进行数据抓取。
>
> ①数据更新时间为前两天。
>
> ②退款成功的（refund_status 为 2、5、8、12、24 中的任一个）。
>
> ③ rma_sn 不为空。
>
> ④ order_sn 已存在于发票列表中。

如果熟悉数据库，可以直接写数据表的字段，会比写页面取值位点更准确。如果不确定字段，建议不要写数据库，而是要写清楚页面取值位点并配以截图，避免弄巧成拙。

如果需求点有多个，并且属于同一个页面功能模块，那么可以放在一个用例中，分点描述。

"穷尽"是方案严谨性的基础。穷尽包括穷尽需求的功能点，穷尽每个功能点的要素，穷尽每一个逻辑判断、性能要求、异常机制、客户权限等。对于后端产品而言，基本上每个需求都要说明性能要求、异常机制等内容。

对于一些通用的事项，要在产品需求文档中做明确的说明。

- ❑ 按钮统一采用动宾组合，如删除商品、新增商品、导出数据。
- ❑ 近似词语全局统一。比如表示删除或禁用的功能，则删除、禁用、关闭、封存取其一；表示启用的功能，则开启、启用、生效取其一；表示设置的功能，则配置、设置取其一。

18.2.4　产品需求文档自查

产品需求文档的检验标准之一就是严谨性，产品经理心中要有一份自查表，做到举一反三、同步自查。

1. 按功能插件自查

产品需求文档中有很多常用的功能插件，SaaS产品经理需要进行相应的自查，举例如下。

- ❑ 输入框：应限定输入的范围，进行输入校验。例如，最多输入 10 个数值，对于输入不合规则的内容，在输入框下方用红色字体提示，比如"请不要输入汉字!"，也可以在输入的时候过滤掉不合规的部分，比如年龄栏输入"张三 11.2"的时候，只能输入"11"。

- ❑ 下拉框：下拉的同时是否支持输入搜索，是否支持多选。

- ❑ 导入文档：校验文档内容，一旦校验到一处重复或者不合规格的情况，全部不予导入。

- ❑ 已有功能的逻辑规则变更：考虑对旧数据的兼容或初始化。

- ❑ 基础数据删除：考虑对基础数据被调用的地方的处理，比如商品分类中维护的"商品种类"被删除，那么在编辑和删除该分类下历史数据的时候就可能报错，因此进行基础数据维护时要校验调用情况。

- ❑ 设置规则：考虑规则去重、规则优先级。一般情况下，如果没有优先级，规则的去重和命中次序校验起来会比较麻烦。

- ❑ 列表数据的排序：一般按照修改时间的倒序排列，也可以用数据库 id 代替序号。

- ❑ 异常机制：每时每刻都要有异常思维，告诉开发人员什么算异常，出现异常了怎么表示出来。比如表 1 字段 A 匹配表 2 字段 B，将匹配成功的数据写入表 3，就要考虑出现表 1 中字段 A 为空的情况时该怎么处理。

- ❑ 保密性：页面长期不登录，则自动退出。这一点主要考虑到后端系统的保密性。

❑ 页面权限：凡是需要操作的功能，一般都要设置页面权限。最简单的处理方式是将系统的权限分为不能查看、只能查看、可以编辑 3 个等级。

❑ 功能修订：以规则变更为例，需要考虑旧数据是否要按照新规则进行初始化。

2. 按需求类型自查

❑ 功能需求：需要穷尽功能覆盖的使用场景，穷尽本功能相关联的各个系统模块，穷尽本功能的客户角色。

❑ 性能需求：考虑数据量较大时的系统压力；考虑批量上传、下载的数量上限，并且是否异步处理；考虑对浏览器的兼容性；考虑调用接口超时的备用策略等。尽管有经验的开发人员会自己处理性能问题，但产品经理应该在技术设计之前明确产品对性能的要求。

❑ 安全需求：设置屏蔽敏感词（同步过滤和异步召回）、防刷单、数据安全机制等。

3. 按"增、查、改、删、显、传、算"自查

❑ "增"即创建过程，包括创建的入口在哪里，创建的条件是什么，要输入什么参数，是否必填。

❑ "查"即查找，包括是否支持查找，以什么方式查找，是搜索、标签还是排序，全局搜索还是类目下搜索，精确搜索还是模糊搜索，什么情况下搜索、什么情况下屏蔽搜索结果，搜索结果可以进行什么操作，如何退出搜索。

❑ "改"即编辑，包括编辑的入口在哪里，编辑的条件是什么，什么参数支持编辑。

- ❑ "删"即删除，包括删除的对象是什么，删除的条件是什么，怎么删除，是否可以撤回删除，需不需要回收站。

- ❑ "显"即显示，包括显示的内容是什么，显示内容的优先级是什么，层级关系是什么。

- ❑ "算"即运算统计，包括统计哪些项，计算或数量变化规则是什么，客户需要的内容是多少，是否需要显示汇总信息。

- ❑ "传"即传输，包括转发、分享、下载、数据接口等。这里还需要思考传输是否需要处理状态。

4. 按关键词自查

下面罗列几个关键词，可以作为自查的维度。

- ❑ 完整：流程是否存在断路。

- ❑ 逆向：操作是否可逆，如果逆向操作，是否设置对应的机制，比如退款、退货操作。

- ❑ 异常：设置异常机制，充分考虑每个步骤都可能出现的预期外的情况。

- ❑ 歧义：确定需求文档的语法、功能文案，名词是否易懂、是否存在歧义。

- ❑ 兼容：是否存在兼容性的问题。

- ❑ 备用：是否有备用方案。比如当正常流程无法传输的时候，是否可以用导入的方式救急。业务高峰的系统，是否有降级处理逻辑。

- ❑ 穷尽：业务场景和可能原因是否穷举完毕。

- ❑ 默认：是否给予默认值。

- ❑ 脱敏：是否存在敏感信息，是否有脱敏机制。

所谓自查本质就是一个反复追问的过程，自查要建立在反复思考的基础之上，不一定都要实现，但是产品经理要考虑周全，并且交代清楚。

18.3　SaaS产品经理的决策能力

决策，即决定做什么不做什么，基于有限的资源，拟定或选择若干方案并贯彻执行。决策的本质是取舍，决策的核心是策划和选择。

18.3.1　SaaS产品经理是"决策者"

SaaS产品经理的所有职责，归根结底都和决策有关系，比如是否满足这个需求，怎么满足这个需求，什么时候上线新版本等。

1. SaaS产品经理做决策有时候很难

SaaS产品经理做决策有时候很难，主要原因如下。

❑ 产品决策往往需要前置，产品是大部分公司的第一抓手，产品先于一切，需要尽早塑造产品调性。

❑ 产品决策属于信息密集型决策，多方信息变幻莫测，只能动态调整。

❑ 产品决策非统一化，非标准化。

❑ SaaS产品经理的决策往往是非授权状态下的。因为SaaS产品经理不是资源掌握者，甚至不具备资源分配权，需要学会说服别人，要掌握一定的沟通与谈判技巧。

2.3 种决策方法

决策一般分为感性决策和理性决策，在互联网行业，我们可以将决策的偏好或者类型分为感性决策、理性决策、数据决策。

感性决策指的是我们在做决策的时候，经常会陷入"我认为""我喜欢""我过去就是这么做的"等惯性思维，而这些并不是 SaaS 产品经理专业的表达方式，属于非理性的思维方式。

理性决策是靠推理、论证等方式得出结论，这种决策常出现在方法论和工具中。

需要注意的是，运用理性决策说服对方的时候，仍旧存在难度，比如对方对推理的结果是否认可，还取决于对方是否有相同的知识基础和推理能力，否则就需要补充对方的认知缺失，拉齐到同一个层面，再加以解释。这就是为什么在从需求到功能的过渡中，往往需要 SaaS 产品经理补充需求背景和前置条件。

数据决策的核心资源是数据，笔者认为可以将数据分为四类：被动数据、主动数据、依赖数据和机会数据。

18.3.2 决策的步骤

为了制定决策的完整链路，笔者将产品决策分为 6 个步骤，可以用"RGISEC"表示，具体含义如下。

❑ R（Recognize）：识别问题、机会。

❑ G（Goal）：确立目标。

❑ I（Information）：收集信息。

❑ S（Scheme）：拟定可行方案。

❑ E（Evaluate）：确定评判标准。

❑ C（Check）：验证并调整决策。

1. 识别问题、机会

识别问题或机会是决策的起点。问题就是应有状况与实际状况之间的差距、不平衡，主要表现为缺陷和风险。机会可以是市场需求，也可以是时间、空间、人脉上的契机。

识别问题或机会需要依据一定的维度，以此保证识别的准确性和严谨度。比如发生的背景、根源、趋势、范围、将产生何种影响、是否有必要、是否有能力、预期等。识别问题或机会的产物，是需求确立、项目机会、缺陷浮现等。

2. 确立目标

目标是对事件目的的反向提炼，多元目标、主次目标会在这时候产生，要设置目标的可度量性、范围（有利结果和不利结果的界限），保证目标的可操作性。

需求和功能本身并不是决策的最终目标，平台提示登录失败的根本目标是规避登录风险，此时安全性＞便捷性。不能反馈具体是账号错误还是密码错误，而是提供账号或密码错误这种模糊的文案，以降低盗号攻击的风险。

3. 收集信息

确立了目标，接着按照一定的维度开展大量的搜集工作。这是一个重要的环节，需要借助多种工具，比如问卷调查、头脑风暴、BI工具等。

以信息整理输出为结果，要避免信息陷阱，注意信息来源，不要轻信别有用心或有利害关系的人提供的信息。要听取各方面意见，注重分析比较。不要轻易放弃相互矛盾或截然相反的意见，既然有不同意见，就必然存在着一些问题。对专家意见要避免盲从，注意信息的时效性和获取信息的代价，不要指望在收集到所有的信息后再进行决策。

4. 拟定可行方案

方案基于信息，对 SaaS 产品而言，产品方案来自调研。方案要完整，要闭环，从结果推导当下该怎么做。

拟定可行方案需要了解基本的瓶颈，知道哪些是能做的哪些是不能做的。在这个过程中，尽可能多提供几个备选项，有助于下一阶段的选择。曾经有一个电影票实验，对两组受访者提出如下问题。

第一组：你愿不愿意花 15 美元买这个电影票呢？——80% 的受访者选择了"愿意"。

第二组：你愿意花 15 美元买这个电影票，还是愿意把钱省下来花到任何你想要花的地方？

多了一个选项，就让愿意买电影票的人从80%降到了55%。研究发现，如果我们只能选择是或否，长期来看有 52% 的决定都是错误的。如果增加几个选项，那么选错的概率就会下降到32%。

5. 确定评判标准

产品经理在做选择的时候，把重要的要素作为标准列出来，确定权重，找到筛选条件和排除项。设立反对派，注意反对意见。利用金丝雀原则，设置绝对不能触碰的底线。

6. 验证并调整决策

决策只是循环链条的开始，如图 18-6 所示，决策本身不可逆，需要把决策看作动态循环、逐渐明晰的过程。

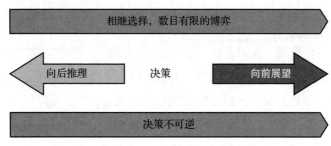

图 18-6　决策不可逆示意图

18.3.3　如何对需求做决策

对需求做决策，是 SaaS 产品经理决策能力的主要体现之一。如图 18-7 所示，需求决策的内容主要包括需求过滤、需求归属、需求挖掘或削减、需求优先级等。

需求决策仍旧是在"RGISEC"流程中完成的，因此接下来依然按照识别问题或机会、确立目标、收集信息等环节，介绍需求决策的过程。

图 18-7　需求决策的主要内容

第一步，识别问题、机会。触达我们的需求可能是机会，也可能是潜在风险或问题。

第二步，确立目标。需要确定的目标主要是明确该需求应被过滤掉，还是继续跟进；若需要跟进，则划归给合适的 SaaS 产品经理，然后提炼原始需求，评定优先级。

第三步，收集信息。信息至少要满足客户故事要素，还要明确范围、频次、特殊场景、角色、兼容性等。

收集信息的过程就是需求调研的过程，其中会用到很多工具：问卷调查、访谈、驻场、德尔菲法、观察法、亲和图、蒙特卡罗技术、鱼骨图、提示清单、名义小组、5W2H、5W、排除项调研、反推法等。以德尔菲法为例，就是邀请专家匿名回答问卷，且相互之间不得互通。通过多轮次调查专家问卷，经过反复征询、归纳、修改，最后汇总成专家基本一致的看法，作为预测的结果。

假设客户的需求是做一张库存统计报表，那么使用 5W 法的需求决策过程如下。

问 1：希望通过库存统计报表功能了解哪些信息？

答 1：查看"门店 + 商品"维度下当前库存、销售趋势、在途库存等信息。

问 2：有了这些信息之后做什么？

答 2：下载信息给仓库管理人员制订采购计划。

问 3：下载信息后还要计算，且不利于共享。是不是很麻烦？

答 3：是麻烦，有什么办法吗？

问 4：不如增加"采购周期""破损比例"等字段，直接测算一个采购建议。

答 4：那太好了。

问 5：再加一个修正功能是不是更完美……

客户的需求是碎片化和表层的，我们只有连续发问，才能找到客户的终极目标。

第四步，拟定可行方案。对需求进行适当维度的拆解或聚合，以结构化的格式描述并归类，形成一定颗粒度的需求清单，以便进行进一步评定。

下面看一个案例。

> 背景：订单退货之后需要创建售后单，因为数量大，花费很多人力，所以希望自动创建售后单。这是一个需求。
>
> 分析：该需求包含了多种订单类型和场景，我们要拆分调研。
>
> 维度：自营订单、第三方订单、货到付款订单、先款后货订单、部分退货订单、完全退货订单、服装事业部订单、电子事业部订单等。
>
> 结论：将每一个维度都按照一个客户场景的粒度，形成格式化的需求清单后进入下一步的评定。

第五步，确定评判标准。需求决策的标准需要符合价值模型（客户价值、企业价值、产品价值等）、符合客户的业务模型。决策内容和对应的方法如表18-2所示。

表18-2　决策内容和对应的方法

决策内容	决策方法
是不是伪需求	场景模拟法
归属于哪个团队或板块	心理距离就近原则
是否冰山一角，仍需挖掘 / 去粗取精	拆分聚合法
需求的优先级	定性分类（噱头需求、建设需求、质量过剩）、价值回归、得分矩阵、权衡冲突、辨别阶段、KANO 模型

案例1：如何判断某个需求是伪需求？

背景："货到付款"类型的订单会因为缺货无法发出，如果超过一定的时间，客服就会跟顾客沟通，帮顾客取消订单。

原始需求：由于这种订单的数量很多，逐个取消太费时间，因此客户要求在"缺货订单"列表页增加"批量取消订单"按钮。

分析：调研业务操作场景发现，客服先找到缺货订单，然后和顾客沟通，顾客同意取消订单之后，客服进行相关操作。客服必须逐一沟通确认，再逐一取消订单，因此"批量取消订单"功能无法被有效使用。

小结：运用客户场景模拟法，分析客户提出的需求是否能解决客户的问题。如果不能帮助客户解决问题，那么这个需求就可能是伪需求，应该被过滤掉。

案例2：如何决策需求的归属问题？

背景：CRM系统有一个顾客标签生成功能，就是根据顾客的消费行为数据，自动关联标签，如优质顾客、高潜力顾客、欺诈顾客等。

需求：客户希望实现英语版本的标签，这样外籍员工可以在英语版本的系统下使用相关功能。

分析：CRM系统的英语版本标签不是在本系统使用的，而是给到客服系统使用，因此应该由客服系统根据CRM提供的基础标签数据，实现二次衍生。

小结：需求本身是真需求，但是定位超出了本系统范畴，专门的系统做专职功能，衍生需求应该在下游执行，否则系统耦合性过高只会增加系统的复杂度，后期难以维护和扩展。

第六步，验证并调整决策。需求决策的验证通常借助持续的客户行为观察，看是否有衍生需求。需求决策的调整体现在对后续衍生需求、遗漏需求、新增需求的评价环节中，需要进行新的需求决策。

需求决策的重点如下。

❑ 需求决策的核心环节是信息收集，本质是对需求的初步判断和梳理。

❑ 需求决策的输出物是对需求的处理态度和意见，以便交付给下个环节。

❑ 需求决策是需求分析的过程，是整个产品建设的基础，决定团队是否能够做正确的事情。

❑ 需求决策需要很多知识和技巧。

❑ 需求决策要避开误区，如谁强势谁优先、谁领导听谁的、人云亦云等。

18.3.4　如何对产品功能做决策

如图 18-8 所示，产品功能决策主要包括三方面：方案 / 机制、交互设计、替代 / 组合方案。

图 18-8　产品功能决策的三方面

和需求决策一样，图 18-8 所示的产品功能决策也是在 "RGISEC" 流程中完成的。

1. 识别问题、机会

识别问题、机会在这里指识别产品功能，识别产品功能是基于需求完成产品功能类型、核心功能和辅助功能、功能边界的识别。

功能类型一般分为操作型功能、逻辑机制、自动程序、视觉功能、替代功能。其中替代功能表示客户提出 A 功能，但是 A 功能不是最优解，最终可以通过功能 B 甚至非功能的方式满足客户的需求。

核心功能和辅助功能表示功能的主次。比如要实现一个收款功能，收款操作是核心功能，辅助功能是收款方式的枚举值配置。

功能边界一般为正面功能、排除功能、功能范围。正面功能是针对需求要做的功能，排除功能是具有相关性但是明确不做的功能，功能范围指的是功能的区间或限制参数。

2. 确立目标

确立决策的目标包括确定功能定义、功能设计、操作权限、性能、前置逻辑和后置逻辑等。根据功能的不同类型，目标会有所差异，如表 18-3 所示。

表 18-3　功能类型对应的功能决策目标

功能类型	功能决策目标
操作型功能	功能定义、功能设计、操作权限、前置逻辑和后置逻辑
逻辑机制	功能定义、逻辑规则、异常规则、默认规则
自动程序	触发条件、数据起点、频率、执行范围、异常规则
视觉功能	功能定义、视觉调性
排除功能	替代方案、可行性分析

3. 收集信息

收集信息这一步的输出物包括：竞品调研、旧功能逻辑、权限安全合规信息、客户画像、数据数量级、系统容错率、功能使用频次等。

- ❑ 竞品调研是借鉴相同或相似功能的优势。
- ❑ 旧功能逻辑包括产品已有的通用功能组件、相关功能耦合度、旧逻辑兼容性等。
- ❑ 权限安全合规信息，比如处方药需要开方、出口报关等。
- ❑ 客户画像决定了功能的操作偏好。
- ❑ 数据数量级、系统容错率和功能使用频次关乎对性能的要求。

4. 拟定可行方案

基于收集到的功能信息，将功能方案设计或描述出来，围绕功能决策的目标，满足产品架构、全局规范、产品调性、客户接受度等原则。

拟定可行方案属于塑形打造的关键阶段，输出物包括原型草稿、流程图草稿、核心逻辑。

5. 确定评判标准

功能方案的评判标准可以参考尼尔森原则、距离最近原则，找到引入的源头、回归本质、回归场景。

案例1：找到引入的源头

> 如图18-9所示，某产品页面鼠标悬浮框中的内容是否应该支持复制功能呢？该决策的依据是列表显示不完整，才衍生出了悬浮框显示全部信息的替代方案，因此是被迫的方案。这就意味着，单元格能显示内容的便利，不应因为替换为悬浮框的方式而抹去，所以需要支持复制。

图 18-9　某产品页面列表的悬浮框效果

案例 2：回归本质

客户可以手动设置店铺不接受库存中台的库存同步，设置后固定显示库存数量到 C 端商城，不同步中后台的库存变化。若设置了不同步的门店，又手动批量操作了全部库存同步，是否要提醒客户设置未执行呢？

主张不提醒的原因是客户自己设置的不支持同步，暗示客户对该操作的预期。主张提醒的原因是主观操作后，主观认知和客观结果有差异，提醒的目的就是消除差异。

最后结论是提醒，虽然没有标准的决策，但是有标准的决策本质，异常提示的本质就是消除认知差异。

案例 3：回归场景

这样的案例很多，比如列表分页返回，是带搜索参数返回，还是保持原来的搜索条件呢？某些场景默认情况下是不带搜索参数的，返回即进行页面初始化。

寻求客户确认的弹框中，确认和取消按钮哪个在右边呢？这其实与产品的期望和操作风险有关。图 18-10 是某设计师设计的页面选择器，放在右侧似乎不违和，但是并不友好。因为客户自上而下浏览完界面还要回到上方才能点击下一页，显然是脱离场景的。

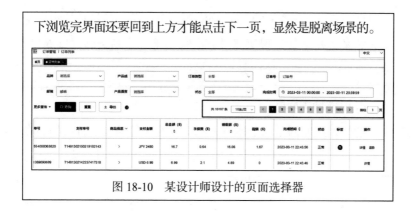

图 18-10　某设计师设计的页面选择器

6. 验证并调整决策

功能方案以 PRD 的形式进行实施、交付。产品功能方案的决策是否正确，通常要看上线后的使用反馈，以迭代作为改进的手段。使用反馈的收集方式主要是预演、客户回访、埋点数据等。

产品决策的步骤如图 18-11 所示。产品功能决策的核心在于，将功能方案落实并交付，最核心的步骤是确定评判标准。产品功能的决策是产品经理的基本能力，前期是对客户需求的交付，后期是对技术团队的交付，中间需要面对各方评审和质疑。

图 18-11　产品决策的步骤

18.3.5　产品决策的 5 个原则

1. 满意度原则

著名心理学家马奇提出了有限理性理论：人们追求的不是最

优而是满意，只要关键变量达到满意就可以了，最优只具有理论上的意义，并不具有现实意义。决策的第一原则是满意度原则，是心理＋经验，而不是科学＋理性。

2. 群体择优原则

群体择优原则是指让所有人都有机会平等地表达自己的观点及支撑的依据，在确保每个人的意见都被充分听取进行集体决策，根据参与决策者的权重得出最后结果。

群体择优的核心在于可信度加权。所谓可信度加权，就是在这类决策上成功的记录越多，对此类决策所占的权重就越大。

3. 灵活多样原则

☐ 使用一些工具模型，比如决策树、头脑风暴法、问卷调查、访谈、观察法、亲和图、蒙特卡罗技术、鱼骨图、提示清单、名义小组等。

☐ 使用逆向思维。举个例子，一包口罩有 6 个，每次销售 1 个口罩，则扣减库存时，相当于每次扣减库存数量为 0.166 667 包口罩。当剩下最后一个拆零库存时，库存剩余 0.166 665 包口罩。这个问题的解决方案是，以余量反向推算，销售 1 个口罩，剩余拆零库存变成 6 – 1 = 5 个，则剩余库存数量为 5/6 包；再销售一个，拆零数量剩余 4 个，剩余库存数量为 4/6 = 0.666 667 包。当拆零数量变成 0 时，库存数量为 0/6 = 0。

4. 感性与理性相结合原则

这个原则与逻辑分析能力相对，节省了宝贵的竞争时间。营收增长不能过分依赖市场分析，同样需要敏锐的市场嗅觉。培养这种能力需要较长的周期，尤其是 SaaS 行业刚刚起步的时期，没有太多数据与案例供参考。

5. 勇于风险决策原则

战略决策是产品破圈的契机，同时也要面对风险。风险决策依赖于决策者的偏好，决策者可以分为 3 种：保守者、中庸者、冒险者。决策效用和目标（损失和利益）的关系如图 18-12 所示。

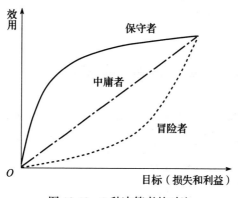

图 18-12　3 种决策者的对比

每一个商业故事或产品成败的背后，都源于一个风险决策。制定风险决策的原则如下。

- ❑ 利用模型辅助，如价值链模型、三四矩阵、战略钟等。关于这些模型不在本书中具体展开，感兴趣的读者请参考相关资料。

- ❑ 做可逆性判断，如双向门原则，只要不会导致产品进入死胡同，就可以大胆尝试。所谓双向门表示是否有逆向的可能。

❑ 尽可能多的信息将有助于我们做出最佳决策。有时候这反而会拖累我们的进度，拥有 70% 的确定性是做决策合适的节点。路线纠正比等待确定性达到 90% 更有效，多余的信息非但无用，甚至有混淆问题的风险。

18.4 SaaS 产品经理的软实力

除了上述工作技巧和能力外，SaaS 产品经理还需要具备一些思维和心态上的软实力。

18.4.1 发挥职位"结构洞"的优势

结构洞是指两个关系人之间的非重复关系，如果两个群体之间缺少直接的关系，那么从网络结构看，就好像在这两个群体之间存在一个空洞。而占据这个位置的人，就成为资源调度者，或者说是社会网络中的搭桥者。

1. SaaS 产品经理占据更多的结构洞

实际上，SaaS 产品经理的职位比其他岗位具有更大的发挥空间和增值空间。为什么这么说呢？因为要连接不同岗位的人员，才能带动团队开展工作。那些项目牵头人、同事评价高的人，往往就是连接不同部门，或连接部门与市场进行跨领域沟通的人。他们拥有更多的关系和信息，能够调动更多的人为自己服务，就像枢纽连接着各种人和资源。

支配资源的数量直接决定了人在社会地位中的"啄食顺

序"[⊖]。有研究机构以工程师为样本做了一个研究，发现工程师每增加一个联系人，就会发生如下变化。

- ❑ 如果这个联系人是他的上司，他的绩效评价将提高 10%。
- ❑ 如果这个联系人来自另外的一家公司，他的绩效评价会提高 20%。
- ❑ 如果这个联系人是同一个公司的不同部门的同事，他的绩效评价的促进程度可以达到 24%。
- ❑ 如果这个联系人是在不同地域办公的同事，那么这个工程师的绩效评价将会提高 28%。

也就是说，联系人之间的跨度越远，对他的帮助就越大。

2. 充分发挥信息优先和多样性的优势

结构洞能给人带来信息优势。对于 SaaS 产品经理而言，通过跨部门调研，就可以知道对方的系统有哪些问题。如果这条信息非常有价值，就可以提前为产品规划做准备，甚至占据市场先机。

除了信息优势，处于结构洞位置的人还拥有更加多样化的信息来源，这些多元化的信息通路，能够给他们带来最新的、有价值的信息。SaaS 产品经理要多参加会议和汇报，关注行业资讯、竞品动态，充分利用这些资源，扩大视野，为团队带来更大贡献。

⊖ 啄食顺序理论是指群居动物通过争斗取得社群地位的阶层化及支配等级的现象，社会等级高的有进食优先权。政治心理学、社会心理学、人类学、社会学也使用此理论来解释人类之间通过争斗取得社群地位的阶层化及支配等级的现象。

18.4.2　保持成长型心态

我们可以把心态理解为一种影响工作的思维模式。

1. 不易察觉的"溢出价值"

笔者最初从事的是一份传统行业工作，那时候觉得工作就是付出时间给公司，每一天的工作仅换来当天的工资，看不到增值空间。直到做了产品经理，找到了一个"钻之弥坚"的领域，才发现工作是自我提升的途径，而不是日复一日的重复。后来自己带新人，笔者会告诉他们：要把一份工作做到心里去，发现它的乐趣，这样价值就会在不知不觉中体现出来。

有一个非常经典的实验，研究人员把打扫卫生的服务员分成两组，对照组正常打扫卫生，实验组参加了一次培训，讲师告诉他们铺床单、拖地的动作，相当于在健身房里做了运动。除此之外，没有对他们的工作做任何改变。

实验结果是，实验组服务员普遍减肥了，他们的工作幅度变得更大，打扫卫生时更愿意使劲。如果把得到健身效果当作一种溢出价值，所有的工作都会或早或晚得到这种价值回馈。

2. 成长型心态

固定型心态的人更重视自己的形象、评价、表现，而成长型心态的人更重视自己的成长、学习和挑战。固定型心态的人认为最重要的事就是证明自己，成长型心态的人认为这个世界是变化的，不需要跟别人比，最重要的是自己能进步，能学到东西。

成长型心态的人更容易保持诚信，因为他们不认为一次尝试的结果很重要，更愿意接受挑战，能够接受失败。

有一个很有意思的实验，叫作"字迹模糊实验"。找来两组学生，先对他们进行心态测试，了解哪些人更偏向成长型心态，哪些人更偏向固定型心态。给这两组学生发两套难度一样的试卷。前一半的题目比较简单，大家都会做，这两组学生表现得差不多。后一半题目出现了一点状况，题目的字迹是模糊的，还有很多错别字，需要他们去猜测题目的内容。

这次结果就不一样了，72%的成长型心态的学生继续做题，并且做对了题目，只有35%的固定型心态的学生继续做题。因为对于固定型心态的人来说，他们觉得"这事又不怪我，谁让你把题目印得那么模糊"。他们找到了理由，所以就可以不参与了。

固定型心态和成长型心态的本质区别在于，对于失败的态度是不一样的。成长型心态的人回答字迹模糊的题目，有没有可能会失败呢？当然有可能，但是他们认为"这件事可以探索一下，就当是测字游戏。而且最重要的是，任务就是做题"。

3. 理直气壮，同时虚怀若谷

我们经常在思考问题的时候有一个想法："我是对的。"我们把这句话稍微改进一下，心态就从封闭变成了开放——"我是如何知道我是对的？"对自己的判断保持一点怀疑："我怎么知道我是对的呢，万一我这样做不对呢？"但也不要把固定型心态一棒子打死，因为它也有好处。

第一个好处是当一个人有固定型心态时，他更容易被接纳和喜欢，因为他能够表现出魅力、坚定感、领袖气质。

第二个好处是固定型心态的人办事效率更高。如果我们在每件事情上都保持成长型心态，那就没法做决策了，因为每件事都有其他的可能，最后的结果就是谁说了都不算。如果我们有人能够斩钉截铁地说"就这样了，没问题"，就可以更快、更高效地做决策。

有的人气场很强，但是他非常乐于倾听不同意见，倾听了别人的意见后，反而觉得这个意见有见地，很有意思。这种状态就叫作理直气壮，同时虚怀若谷。

SaaS 产品经理的底层思维

人类思维的形成，是一个不断对行为和现象进行分辨、抽象、提炼的过程。建立系统的思维模型有助于精准和高效地反向指导我们的行为，解决遇到的问题。SaaS 产品经理在工作中同样需要建立思维模型，以指导产品精准、高效地落地。笔者根据多年做产品的经验，整理了对 B 端 SaaS 产品经理较为重要的底层思维。

19.1 面向对象思维

SaaS 产品往往更加注重面向对象的规划思维，而面向对象的产品观是一个非常大的话题。为什么 SaaS 产品经理要掌握面向对象思维呢？我们先看一个创业案例。

随着多家 SaaS 竞品的出现，某垂直细分领域的巨头 H 公司感到了危机，于是着手打造 SaaS 化的新一代 ERP 产品（ERP 是可以实现 SaaS 化交付和使用的）。

H 公司以某中型规模的老客户为标杆客户，攻坚一年多，为其初步搭建了 SaaS 产品，该标杆客户也开始尝试使用。H 公司给市场部的任务是一年内拉 300 家 SaaS 客户，结果到第 4 个季度，只签约了三家，其中两家还要求退订。

面对这样的情况，把责任归咎于市场竞争残酷等客观因素是无意义的。那么回到产品本身，客户为什么拒绝使用这款 SaaS 产品呢？经过调研发现，主要原因在于该 SaaS 产品的扩展性差。

H 公司原来有十多年本地化部署 C/S 结构 ERP 的经验，由于每个客户都有一套相对独立的系统（代码和数据库），因此很少考虑兼容、二次开发、配置等 SaaS 方面的问题。H 公司 SaaS 产品的设计思路是以点对点的需求去叠加耦合，而不是以开放的积木式设计理念留足拓展空间，于是导致面对新客户的需求，在当前的架构下无法及时满足。

回头来看，SaaS 产品经理需要有一种面向对象的思维，去实现 SaaS 产品的架构。

19.1.1　什么是面向对象思维

面向对象的概念来自编程语言，其基本思想是从现实世界中客观存在的事物出发，构造软件系统，并在这个过程中不断地把事物的各部分拆分成一个一个对象来进行模型塑造和搭建。与之对应的是面向过程。面向过程是一种以过程为中心的编程思想。以使用冰箱为例，面向过程的思路如下。

1）从菜市场带回了一篮子菜。

2）从篮子中找到白菜，将冰箱门打开，把白菜放进冷藏区。

3）从篮子中找到牛肉，将冰箱门打开，把牛肉放进冷冻区。

4）做饭的时候到了，想吃白菜，把冰箱门打开，从冷藏区把白菜拿出来。

5）做饭的时候到了，想吃牛肉，把冰箱门打开，从冷冻区把牛肉拿出来。

6）从超市带回了一个蛋糕，找来新鲜的袋子把蛋糕密封好，把冰箱门打开……

对于要装进冰箱的白菜、牛肉、蛋糕等食物，我们可以精准地描述操作步骤，就像SOP（Standard Operating Procedure，标准作业程序）一样。如果家里有多个成员，这份SOP就可以让每个人作为执行标准。随着家庭成员变多，想放进冰箱的东西也多了起来，这时候刚才的SOP就不够用了。

随着事物增多、场景增多、客户对事物的要求增多，SOP会越发膨胀，维护成本越来越高，传达和记忆成本越来越高，对于另一个家庭使用的适用性也越来越低，这就是面向过程的缺点。尽管它能讲清楚每一条具体的线索，但是复用性和兼容性很差。

如果改用面向对象的思路去分析这件事情，我们就会发现，无论想往冰箱里放什么，都可以描述为拿到某个东西，打开冰箱，根据某些条件，放进冰箱的某个区域。如此一来就把事件统一化了，模型就出现了。之后把任何一个能装进冰箱的事物装进冰箱，都可以套用这个模型，省去了单独定义的麻烦。

SaaS 的复用性和面向对象的思维有类似之处，都是更加通用和兼容。这一思想对于 SaaS 产品经理设计产品、规划方案有很大的指导意义。可以与开发人员的实现思路产生共鸣，有利于产品架构的设计和扩展。

19.1.2　模块低耦合与迪米特法则

我们知道，面向对象的系统由很多对象组成，对象和对象交互，形成了系统。既然对象之间存在交互，那么对象之间就必然存在依赖关系。依赖即耦合，太多的对象耦合在一起，就会导致系统的维护牵一发而动全身。那么，如何才能避免这种情况呢？这就要求我们在设计模块之间的交互时，遵循迪米特法则。

迪米特法则又称最少知识原则，指的是一个类对于其他类知道的越少越好。当修改一个模块时，尽量少影响其他的模块，扩展就会相对容易。

迪米特法则的好处就是高效。打个比方，军队里面有元帅、军官和士兵，元帅认识军官，军官认识自己管辖的士兵。元帅要攻打敌军，他不必直接对士兵下命令，只需要下命令给自己的军官，由军官将指令转达给士兵即可。用迪米特法则解释，元帅和军官、军官和士兵是"朋友"，元帅和士兵是"陌生人"，元帅只跟自己直接的"朋友"——军官说话，不跟"陌生人"——士兵说话。

那么，如何界定朋友和陌生人呢？迪米特法则指出，作为"朋友"的条件如下。

- ❑ 当前对象本身。
- ❑ 被当作当前对象的方法的参数而传入进来的对象。
- ❑ 由当前对象的方法所创建或者实例化的对象。
- ❑ 当前对象的组件（被当前对象的实例变量引用的对象）。

任何一个对象，如果满足上面的条件之一，就是当前对象的"朋友"，否则就是"陌生人"。迪米特法则指出：就任何对象而言，在该对象的方法内，我们只应该调用属于"朋友"对象的方法。也就是说，如果两个类不必直接通信，那么这两个类就不应当发生直接的相互作用。如果其中的一个类需要调用另一个类的某一个方法，那么可以通过第三者转发这个调用。如图 19-1 所示，甲不同乙说话，但是可以通过二者共同的"朋友"进行关联。

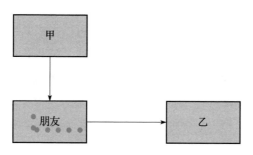

图 19-1　甲通过共同的"朋友"与乙形成关联

迪米特法则尤其适合作为大型复杂系统的设计指导原则。缺点是会降低系统内不同模块之间的通信效率，导致不同模块之间不容易协调。同时，因为迪米特法则要求类与类之间尽量不直接通信，类之间的通信需要通过第三方转发，这直接导致了系统中存在大量的中介类，为了传递类与类之间的相互调用关系而增加了系统的复杂度。解决这个问题的方式是使用依赖倒转原则，使调用方和被调用方之间有一个抽象层，被调用方在抽象层的基础上自由变化。

迪米特法则要求限制软件实体之间通信的宽度和深度，正确使用迪米特法则有以下两个优点：降低模块之间的耦合度，提高模块的相对独立性；由于亲和度降低，从而提高了类的可复用率和系统的扩展性。需要注意的是，过度使用迪米特法则会使系统产生大量的中介类，从而增加系统的复杂性，使模块之间的通信效率降低。在采用迪米特法则时需要反复权衡，在确保高内聚和低耦合的同时，保证系统的结构清晰。

19.1.3 功能复用与里氏替换原则

功能复用是指在进行产品设计时，可以将相似的子功能归类为一个父类功能，并构建出模型，那么这个模型下的所有子类都遵循父类的原则。举个例子，销售订单作为父类，其子类有手动创建订单、接口抓取订单、Excel 导入订单等。父类订单需要进行订单检查、风控、配货履约、发货妥投等操作，子类订单可以复用这些功能。

我们在复用、聚合功能的时候，要用枚举的方式分析子类，确保子类功能与父类功能的一致性。为保证复用安全稳定，尽量避免子类发生变化，若必须变化，就要提出来单独完成，不能再继续继承父类功能。

这在面向对象的设计理念中对应的是里氏替换原则。通俗来讲，就是子类可以扩展父类的功能，但不能改变父类原有的功能。也就是说，子类继承父类时，除添加新的方法完成新增功能外，尽量不要重写父类的方法。生活中也有很多类似的例子，例如，企鹅、鸵鸟和几维鸟从生物学的角度来划分，都属于鸟类。从类的继承关系来看，由于它们不能继承"鸟"会飞的功能，因此不能定义成"鸟"的子类。

在项目中采用里氏替换原则时，应尽量避免子类有"个性"。一旦子类有"个性"，这个子类和父类之间的关系就很难调和了，把子类当作父类使用，子类的"个性"就会被抹杀。把子类单独作为一个业务来使用，又会让代码间的耦合关系变得扑朔迷离，缺乏类替换的标准。

19.1.4　功能可扩展与开闭原则

开闭原则指的是"软件对扩展开放，对修改关闭。对修改关闭不是说软件设计不能修改，而是不要做不必要的修改。怎么才能做到呢？那就是有相应的扩展性。软件有扩展性是好事，但是不能每个功能都有扩展，这样反而会造成代码臃肿。

开闭原则是面向对象设计的终极目标，我们也可以将开闭原则理解为其他原则的核心。以一次性纸杯为例，平常我们只是用它来装水，喝完水就扔了。这就是这个纸杯的生命周期。纸杯只完成了它的一个功能：装水。纸杯此时的功能就很封闭了，没有扩展性。如果用这个纸杯种花，纸杯就有了扩展性。纸杯不仅有装水、种花的用途，还可以用来装垃圾等。我们用图 19-2 来说明纸杯的扩展性。

SaaS 产品经理要预先判断产品以后可能会根据需求的变动而扩展。在实际的产品设计中，扩展性和兼容性至关重要。比如客户希望将 30 天内录入的商品标记为"新品"，在后续流程中，通过这个标记关注商品。那么最好的实现方案是增加一个标签字段，"新品"只是其中一个枚举值。

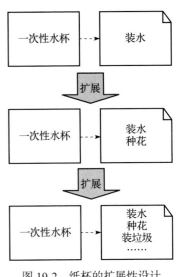

图 19-2　纸杯的扩展性设计

商品的属性字段随着业务发展会不够用，为了保证扩展性，使用"标签"这样的字段就可以容纳多个枚举型字段，以后可以增加"爆品""风险品""试卖品"等字段。

对于 SaaS 产品，很多时候要留出足够的扩展接口。比如中台系统在有 ERP 的情况下，商品资料可以从 ERP 中获取，但是若没有 ERP，将中台作为底层平台，就要支持在中台手动编辑的功能。

19.1.5　产品兼容性与依赖倒置原则

所谓依赖倒置原则有两方面含义，一方面是产品设计要依赖于抽象，不要依赖于具体。因为 SaaS 系统通常是庞大的，若是面向过程开发，当系统底层剧烈变化时，上层也要跟着变化，就会导致模块的复用性降低且大大提高开发的成本。另一方面是应用中的重要策略应该以业务为导向，也就是以高层模块为核心。处于高层的模块应优先于低层的模块，迫使低层模块发生改变。高层模块不应该过于依赖低层模块。

面向对象的开发在一般情况下抽象的变化概率很小，让客户程序依赖于抽象，实现的细节也依赖于抽象。即使实现细节不断变化，只要抽象不变，客户程序就不需要变化。这大大降低了客户程序与实现细节的耦合度，因此对 SaaS 产品经理和开发人员的抽象能力要求较高。比如商品中台对接底层的 ERP 系统，不同的 ERP 字段会有所差异，在处理商品中台的商品资料接口时，应该以中台自身的需求为主来设计，让不同的 ERP 去适应中台的接口，而不用关心各个 ERP 究竟有什么差异，更不要修改逻辑去迎合新的 ERP 系统。当然前提是设计的时候也要做足够的调用，因为中台才是更加接近客户终端的高层应用。

19.2　矩阵思维

矩阵思维是指通过对问题进行矩阵般的分析与规整，形成全面、系统、严谨、专业并具有很强逻辑和关联性的理性思想，从而有助于正确思考、研究、决策。矩阵思维是一种简洁且高效的思维工具，可以帮助 SaaS 产品经理处理很多问题。

19.2.1　从产品拆解到矩阵思维

如果我们用数学的方法来对产品进行功能分析，可以将一个

SaaS 产品定义为 S，该产品由多个功能板块构成，用 D_1，D_2，$\cdots$，D_n 表示功能板块。那么，我们可以用一个表达式将 SaaS 产品描述为

$$S = \{D_1, \ D_2, \ D_3, \ \cdots, \ D_n\}$$

但是，功能板块 D_n 有若干个功能域 P_1，P_2，P_3，$\cdots$，P_m。我们可以将功能板块表示为

$$D_n = \{P_1, \ P_2, \ P_3, \ \cdots, \ P_m\}$$

同样，功能 P_m 有若干个事件 F_1，F_2，F_3，$\cdots$，F_k，于是

$$P_m = \{F_1, \ F_2, \ F_3, \ \cdots, \ F_k\}$$

再往下看，每个事件又存在若干场景状态的细分。

我们发现，一款产品经过不断拆分，出现的是一个不断嵌套而成的层级结构，每一层都是网状结构。把这个网收起来，聚合成功能；把这个网张开，则每一个小单元都是闭环的完整结构。

如果我们把这些细节写在表格里，单个操作事件就像是一页纸。多个事件构成功能域，就像有了厚度的一本书。再把相关的多个功能组合成功能板块，就像书组合成了书架。而多个功能板块组合成了产品，就像图书馆。

一个产品就像一个图书馆，这种拆分和描述就是矩阵式的描述方式，让事情变得清晰、有条理。

矩阵思维可应用在商品管理、客户运营、产品功能分析等领域。

19.2.2　矩阵思维案例

1. 苹果手机的矩阵图

当乔布斯重返苹果公司时，应用矩阵思维结合计算机的用途和机型，实现了扭亏为盈。如图 19-3 所示，通过给 iPhone 确立一

个位置（智能，易用），从而显示出产品的优势。

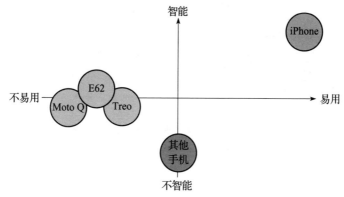

图 19-3 iPhone 的矩阵图

乔布斯选择智能和易用作为产品的优势，是因为其他手机几乎没有考虑过这两点，这是"有"和"无"的差别。如果他选择了屏幕大小作为衡量标准，作用就会小得多，即使 iPhone 的屏幕的确大得多，也只是"好"和"更好"的差别。要想形成鲜明的优势，就必须与众不同，而不是做得更好。

2. 权力 / 利益方格

有时候我们的项目面对诸多干系人，众口难调。可以使用权力 / 利益方格，将干系人划分到不同的方格中，进行有针对性的干系人管理，这有助于我们找到哪些人才是真正的"甲方"。权力 / 利益方格如图 19-4 所示。

3. 安索夫矩阵

安索夫矩阵利用矩阵思维，将产品与市场的发展战略分为 4 种，如图 19-5 所示。

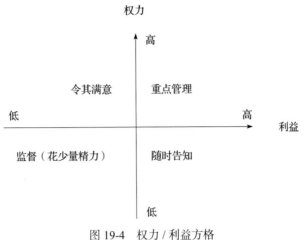

图 19-4　权力 / 利益方格

❑ 利用现有产品在现有市场扩张，即市场渗透。

❑ 利用现有产品在新市场扩张，即市场开发。

❑ 为现有市场开发新产品，即产品延伸。

❑ 为新市场开发新产品，即多元化经营。

	现有产品	新产品
现有市场	市场渗透	产品延伸
新市场	市场开发	多元化经营

图 19-5　安索夫矩阵

安索夫分析了大量企业案例，认为一个合理的战略路线应按如下顺序依次进行。

- ❏ 思考是否能以一个主打产品进入和巩固一个市场（市场渗透策略）。
- ❏ 思考是否能为现有产品开发一些新市场（市场开发策略）。
- ❏ 思考是否能为现有市场开发有吸引力的新产品（产品延伸策略）。
- ❏ 思考是否能开发新产品，进入新的市场（多元化经营策略）。

4. 乔哈里沟通视窗

美国心理学家 Joe Lufthe 和 Harry Ingam 从自我概念的角度对人际沟通进行了深入的研究，并从自己知道 – 自己不知道和他人知道 – 他人不知道这两个维度，依据人际传播双方对传播内容的熟悉程度，将人际沟通信息划分为公开象限、盲点象限、隐私象限和潜能象限，这个理论称为乔哈里沟通视窗，如图 19-6 所示。

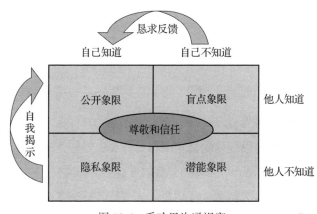

图 19-6　乔哈里沟通视窗

19.2.3 矩阵思维的特性

1. 维度多样性

RFM（Recency-Frequency-Monetary）模型主要用于客户管理场景，根据最近一次消费（Rencency）、消费频率（Frequency）、消费金额（Monetary），衡量当前客户价值和客户潜在价值，如图 19-7 所示，充分体现了矩阵思维的维度多样性。

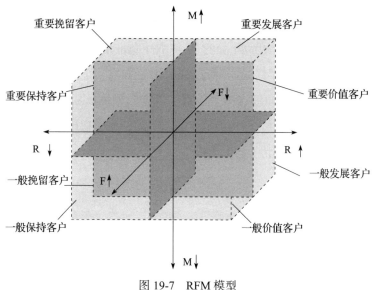

图 19-7　RFM 模型

2. 形状多样性

矩阵思维可以延展到其他图形的分类，要结合具体的事件进行分析，有的更适合三角模型，有的更适合坐标模型。

在产品需求文档中经常用矩阵式表格表达场景组合问题。如表 19-1 所示，门店分为连锁店和单体店，销售平台分为自营平台和第三方平台，于是形成了4种组合。

表 19-1　矩阵式表格表达场景组合

	连锁店	单体店
自营平台	自营连锁店	自营单体店
第三方平台	第三方连锁店	第三方单体店

3. 可定量化

衡量员工的能力和敬业度时，可以增加量化刻度。比如对能力矩阵进行改良，分析员工的综合得分，如图 19-8 所示。

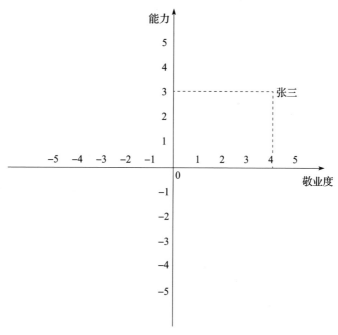

图 19-8　定量衡量员工能力和敬业度

19.2.4 矩阵思维实战

运用矩阵思维，首先找到两个核心维度，再结合维度的明显特征进行划分，最后根据各个象限的特征采取不同的策略。假如我们要根据市场需求和自身条件开发一系列产品，矩阵思维的步骤如下。

第一步，画一条横轴，代表市场上的潜在客户需求。

第二步，画一条纵轴，纵轴的要素与横轴毫无关系，可以代表产品的价格，这种设计能够让我们清晰地分类，让矩阵结构更为稳定。

第三步，在横轴和纵轴间画一个十字，将它分为 4 个象限。

这样一个经典的 2×2 矩阵就形成了，如图 19-9 所示。

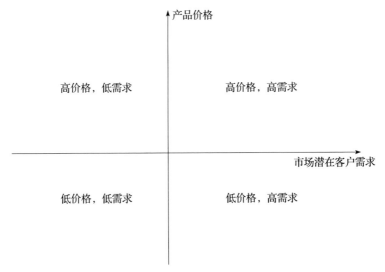

图 19-9　产品价格和市场潜在客户需求构成的矩阵

根据上述步骤绘制的矩阵就是著名的波士顿矩阵。该矩阵由美国波士顿咨询公司率先提出，主要考虑了每个业务的决策影响因子是由它的销售增长率和相对市场占有率影响的。

艾森豪威尔矩阵的输入是杂乱的待办任务列表，波士顿矩阵是一系列投资组合，RFM模型的输入是所有的客户。反推上述模型的输入，我们会发现这些输入的共同特征是属性。

属性选择是根据要研究的问题的相关性进行判断。选哪几个属性需要根据具体情况来划分，还要看有没有必要进行分类，分类多了需要更多的对策，如果对策只有几种，就没必要划分太多类别了。

属性与属性之间存在权重问题，以艾森豪威尔矩阵为例，通常情况下大家认为重要性要高过紧急性，在面对重要不紧急和紧急不重要的事件时，我们会将更多的精力放到重要不紧急的事件上。在确立属性时也要确定好权重，可以进行大致的区分，比如重要性 > 紧急性，也可以细化为比例，比如重要性：紧急性＝8：2。

为每一个分类设置处理方案，每一个矩阵决策都有一个核心目标，艾森豪威尔矩阵的核心目标是时间管理，即重要且紧急的事件要立即去做，重要且不紧急的事件可以定期抽时间做，不重要且紧急的事件分配给别人做，不重要且不紧急的事件尽量不做。

19.3 分层和映射思维

信息化是将现实世界虚拟映射到信息层面的表达。这种映射存在不同颗粒度的分层，每一层都在映射，笔者称这种现象为分层－映射现象。用分层－映射的规律和方式思考问题，指导产品设计，可以提升需求的准确性、层次性，避免遗漏。

分层和映射思维在 SaaS 产品经理的工作中普遍存在，例如将业务进行功能层面的映射。在数据层面，设计一个数据表，是对实体属性的描述，E-R 图就是实体到数据层面映射的示意图。在字段层面，字段与属性之间也要建立映射关系。在数字化层面，数字孪生、VR、AR 都是对事物的图像化映射和展示。在云计算层面，云服务是对实体物理服务能力的虚拟化映射。

分层和映射思维包含两个维度：横向的分层和纵向的映射。映射让我们将事物在一个空间区域中难以实现的效果，在另一个领域实现。掌握这种思维，可以让我们更好地审视映射体和被映射对象之间的垂直性、转化率、差异性。分层是将一个颗粒度较大或者黑盒状态的事物，拆解到原子态，透视点、线、面的构建关系，为我们了解事物、复制事物、创新事物提供基础。

19.3.1 分层分析业务黑盒

在 SaaS 服务领域，面对一个行业甚至行业生态的时候，我们很难知道这与我们的 SaaS 产品之间存在什么样的联系，或者联系的依据是什么。

在这种情况下，显然无法定义 SaaS 产品，客户也无法判断是否应该采购该产品。于是需要做调研。客户打开 SaaS 产品试试看是否有更高的业务命中项。反过来，SaaS 服务商在研发 SaaS 产品之前，也会到客户企业调研一番企业的结构、核心业务、核心工序、工作细节等。这个过程很重要，需要有思维方法的支撑。

行业生态对 SaaS 服务商和客户而言，最大的意义在于主动或被动地发现本行业与周围相关行业的关系。这是业务扩展和商业机会的主要契机。

　　例如，为跨境电商服务的时候，主要关注的是卖家的结构、运营手段、销售渠道、营收情况等。当我们向上看整个跨境电商产业链生态时，就会看到更多的信息，比如图 19-10 所示的衍生服务中的支付、基础服务、综合服务商、环境等，每一个未被占据的节点都可能衍生出一个新的机会。

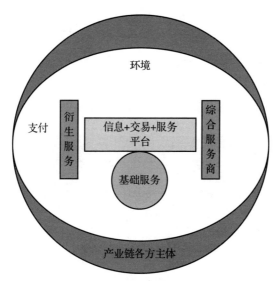

图 19-10　跨境电商产业链各方主体

　　从行业生态回到行业本身，我们要关注的是行业 / 领域的标准、规范。对行业层次的理解，是赛道选择的前提。

　　行业的下一个层次是客户，也就是具体的企业，需要了解客户的组织架构和组织流程。客户的组织架构决定了组织流程，组织流程影响着业务流程。梳理不同客户的组织架构和组织流程之后，才能分析出客户的标准行为范围。

再向下一个层次，是用户，也就是实际操作 SaaS 产品的工作人员。基于用户层面，下沉到客户的业务段。业务段包含客户的需求，对于客户要完成采购这件事，SaaS 产品需要满足查看供应商、计算缺货库存、下采购单、处理采购单等需求。客户在提需求的时候，可能点到点，也可能是连接成线的。如果是点状需求，就需要把相似的需求综合在一起考虑。

如果把需求定义为一个具体的诉求单位，那么通常会采用客户故事的方式表达。比如财务要在扣减库存的时候，获取扣减的库存明细，以便记账。这样就描述了核心需求。某些时候，同样的需求会有不同的场景。

基于以上描述我们得到一个不断嵌套的关系，如图 19-11 所示。

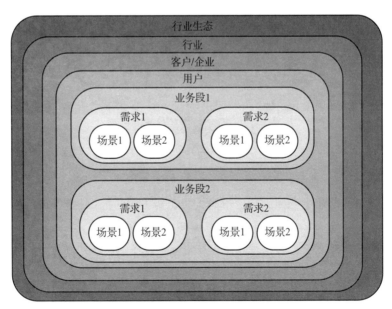

图 19-11　从行业生态到场景不断嵌套的关系

回到 SaaS 产品经理的工作场景中，大部分时候是反过来的。SaaS 产品经理日常接触到的是需求。在需求层面，SaaS 产品经理需要帮助业务方梳理场景，为需求划分业务段，进而由业务段推导出业务段的负责人。多个客户勾勒出客户企业的组织结构，多个客户群体刻画出行业画像和行业生态运行图谱。

19.3.2 业务到产品的映射

作为业务的映射，产品侧也应该是分层的，并且与业务侧呈对应关系。按照业务侧的分层关系，我们可以得到产品的分层关系和对应关系，如图 19-12 所示。

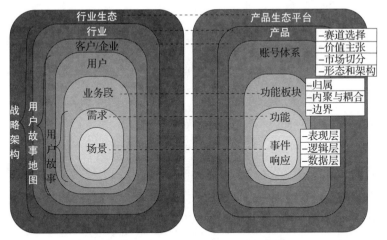

图 19-12 产品的分层关系和对应关系

在业务侧，一个用户故事相当于一个需求，一个需求对应一个功能（需要说明的是，这种对应关系是不严谨的）。在功能设计中，根据需求的场景设计相应的事件响应。而功能作为呈现给客户的封装模块，开始展示其层次性：表现层、逻辑层和数据层。

多个需求进行划分，形成业务段，我们可以认为业务侧可以绘制"用户故事地图"，对应的功能开始聚合在一起，相互配合完成业务段作业，也就形成了产品的功能板块。一个板块往往具有归属性、内聚与耦合性、边界性等。归属性就是很多功能本身有相似性或者交叉性，例如订单的规则设置功能，是放在系统设置板块里，还是订单板块里，就是一个归属性问题。

内聚与耦合是因为板块中的功能之间以及与板块之外的功能之间存在主动或被动的耦合关系。而每个功能聚合成板块，又是板块内聚的结果。

边界性指的是每个功能板块不能无限制地膨胀，当板块大到一定程度时，就要切分。

在客户/企业层面，SaaS产品需要考虑的是账号体系相关的内容。比如不同租户的数据隔离、账号与功能套餐之间的配置、账号对不同客户的权限，以及相应的安全性等。

需要说明的是，行业与产品的映射关系也是不严谨的，一个行业会有多个产品，一个产品也可以服务于多个行业，从颗粒度上我们可以粗略地对应二者，毕竟我们在定义一款产品的时候是从行业服务的角度出发的。在产品层面，主要考虑的是赛道选择、价值主张、市场切分，以及形态和架构等。

当一款产品逐渐成熟之后，在构建护城河、业务拓展、异业合作的时候，就会关注行业的生态闭环，从中扩展出新的产品链，使产品不再孤立，逐渐打造生态平台。

产品到业务的映射是产品经理几乎每天都要思考和面对的问题，我们单独拿出来用图 19-13 表示，功能满足需求，功能板块满足业务段。了解业务到产品的分层和映射关系，可以让 SaaS 产品经理跳出局限的视角进行思考。

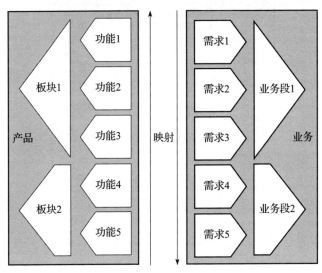

图 19-13　产品到业务的映射

19.4　系统思维、抽象思维与模型思维

本节主要介绍 3 种实战型思维，包括系统思维、抽象思维和模型思维。

19.4.1　系统思维

系统的含义是由部分构成整体，即由若干要素以一定结构构成具有某种功能的有机整体。在这个定义中包括要素、结构、功能、系统 4 个概念，表明了要素与要素、要素与系统、系统与环境三方面的关系，如图 19-14 所示。

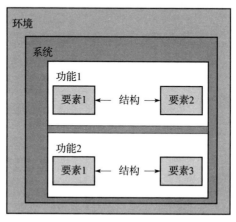

图 19-14　要素与要素、要素与系统、系统与环境三方面的关系

读者是否会联想到产品体系呢？我们也经常把产品叫作系统，要素就像是构成系统功能的元素，比如导入功能的要素包括下载导入模板、上传导入文件，当然也可以说这些是整个导入功能的子功能。导入文件本身就是一个子功能，那么它的要素包括选择文件、交易文件、执行逻辑、汇报结果等。每个子功能有组成要素，要素之间的结构就是逻辑关系。比如文件校验功能的要素包括文件表头、文件大小、文件格式、内容规范性等。很显然，要素、功能、系统都是可以分出子级的。

系统论认为，整体性、关联性、等级结构性、动态平衡性、时序性是所有系统共同的基本特征，也是系统方法的基本原则。以亚里士多德"整体大于部分之和"的观点来看，任何系统都是一个有机的整体，并不是各个部分的机械组合或简单相加，系统的整体功能是各要素在孤立状态下所没有的。

系统论给我们的启发是，要用整体的系统观念去看待要分析的问题和对象，而不要孤立地看待问题。在规划产品的整体架构和模型时也要从整体出发，找到系统、要素、环境三者的逻辑关系和变化的规律。

系统论是控制论、信息论的基础。信息论以通信系统的模型为对象，以概率论和数理统计为工具，从量的方面描述了信息的传输和提取等问题。信息论的研究领域扩大到机器、生物和社会等系统，发展成为一门利用数学方法来研究如何计量、提取、变换、传递、存储和控制各种系统信息的一般规律的科学。

控制论运用信息、反馈等概念，通过黑箱系统辨识与功能模拟仿真等方法，研究系统的状态、功能和行为，调节和控制系统稳定、最优地趋近目标。控制论充分体现了现代科学整体化和综合化的发展趋势，具有十分重要的意义。

19.4.2　抽象思维

抽象是产品设计中最重要的概念，也是人类独有的能力。

1. 抽象可以让事情规律化

随着意识水平的发展，人类开始有意识地将具有相同特征的事物归并到一起，图19-15是一幅抽象画，可以感受到抽象之后就像一个模型一样，只要是牛都逃不过这几根线，这就是最本质的共性属性集合。

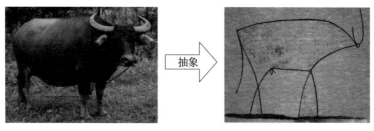

图 19-15　一头牛到一幅画的抽象

2. 抽象的不同层次

对同一个对象的抽象是有不同层次的。层次越往上，抽象程度越高，所包含的信息越多；层次越往下，抽象程度越低，所包含的信息越少。

分层抽象是软件产品架构的核心。分层架构的核心就是抽象的分层，每一层抽象只需要而且只能关注本层相关的信息，从而简化整个系统的设计。

3. 如何进行抽象

（1）归类分组　归类分组就是将有内在逻辑关系或者共性的事物放在一起，总结归纳后给这一个分组或者分类命名，这个名字就代表了这组分类的抽象。

实际工作中的抽象会遇到一些障碍，比如很多共性并不是那么容易就能被发现的，即使被发现了也不是那么容易就能被归类，只能通过练习提升抽象思维。

（2）提升抽象层次　当发现有些事物不能归到一个类别中时，我们应该怎么办呢？此时，我们可以通过提高一个抽象层次的方式，让它们在更高抽象层次上产生逻辑关系。

如图 19-16 所示，我们可以合乎逻辑地将苹果和梨归类为水果，也可以将桌子和椅子归类为家具。怎样才能将苹果和椅子放在同一组中呢？仅提高一个抽象层次是不够的，因为上一个抽象层次是水果和家具的范畴。因此必须提高到更高的抽象层次，比如将二者概括为"商品"。如果要把感冒病毒也纳入其中，那么"商品"这个抽象层次显然也不够了，需要再提高一个抽象层次，比如"物质"。这样的抽象太过宽泛，难以说明思想之间的逻辑关系。显然，抽象的层次高度关系到抽象的方法和效果。

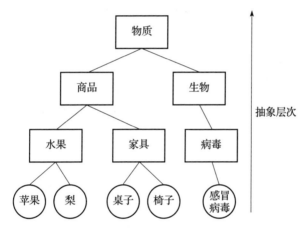

图 19-16　苹果、梨、桌子、感冒病毒等抽象分组示意图

19.4.3　模型思维

面向对象与面向过程原本是技术领域的方法论，但是用在 SaaS 需求推演上毫不违和。换个说法可能更适合 SaaS 产品设计的场景，那就是面向流程和面向模型。

在 SaaS 产品经理的工作中，"模型"是经常提到的词汇，这可能与互联网产品的信息属性有关。互联网产品的生命周期中，会有大量抽象、虚拟、碎片化的内容需要思考、沟通、提炼。于是我们需要借助一些形象化的模式，把相关信息表述出来。

模型是指对于某个实际问题或客观事物、规律进行抽象后的一种形式化表达。任何模型都是由 3 个部分组成的，即目标、变量和关系。模型的呈现可以是公式，可以是实物，也可以是图表。模型的种类很多，数学模型是在对实际问题进行分析和高度抽象的基础上建立起来的一组表达式。程序模型可以是一个问题的处理流程（框图或步骤），甚至可以是我们常用来解决某个实际问题的计算机语言程序模块等。管理模型是对某个问题和业务管理控制方式的统称。

在信息系统开发方法中讨论的系统模型一般指一个信息系统的结构模型，常用结构图来表达。模型的作用很多，举例如下。

- ❑ 使用模型可以在不同细节层次上描述系统，有助于提取系统需求信息。
- ❑ 建立模型的过程能帮助系统分析员厘清思路和改良设计，有助于系统分析员整理思路。
- ❑ 在系统分析阶段对系统需求建模有助于问题的简化以及系统的分解和集成，能够帮助系统分析员集中精力在重要的环节上。
- ❑ 通用规范的模型是项目小组成员之间进行交流和协作的有效工具，有助于系统开发小组以及小组成员之间进行交流，为维护和升级提供文档参考。

面向流程的需求从调研到输出 PRD 再到开发，都是线性的结构，到处充斥着 if else 判断。在需求传达的过程中容易出现场景化遗漏和多个流程重叠互斥等问题，最终不利于维护与扩展。那么基于模型的思维就是通过抽象，将要表达的需求场景加以模型化，而不仅仅是流程化。

举一个例子，我们要描述分派医生订单的场景，基于流程和基于模型的表达方式如图19-17所示。左图是一个完整的流程图，很显然缺少扩展性，右图将"获取分派对象源""规则过滤"这两部分做了抽象并构建模型。这样设计的好处是结构清晰、可扩展、可配置，无论业务、产品、开发都能直观感受到上述两部分属于变量区。

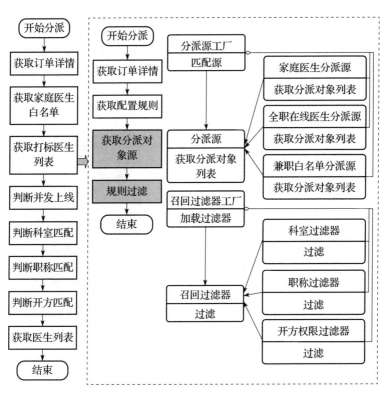

图 19-17　基于流程和基于模型的需求分析

AB实验：科学归因与增长的利器

作者：刘玉凤 ISBN：978-7-111-70713-4

ToB增长实战：获客、营销、运营与管理

作者：朱强 鲁扬 彭罕妮 等 ISBN：978-7-111-71013-4

营销数字化：一路向C，构建企业级营销与增长体系

作者：吴超 赵静 罗家鹰 陈新宇 等 ISBN：978-7-111-70438-6

用户增长方法论：找到产品长盛不衰的增长曲线

作者：黄永鹏 ISBN：978-7-111-63771-4

推荐阅读

客户成功

作者：刘徽 ISBN：978-7-111-65713-2

SaaS增长方法论

作者：田原 ISBN：978-7-111-70706-6

SaaS攻略：入门、实战与进阶

作者：胡文语 ISBN：978-7-111-69781-7

SaaS商业实战：好模式如何变成好生意

作者：代珂 ISBN：978-7-111-67958-5